AF252373

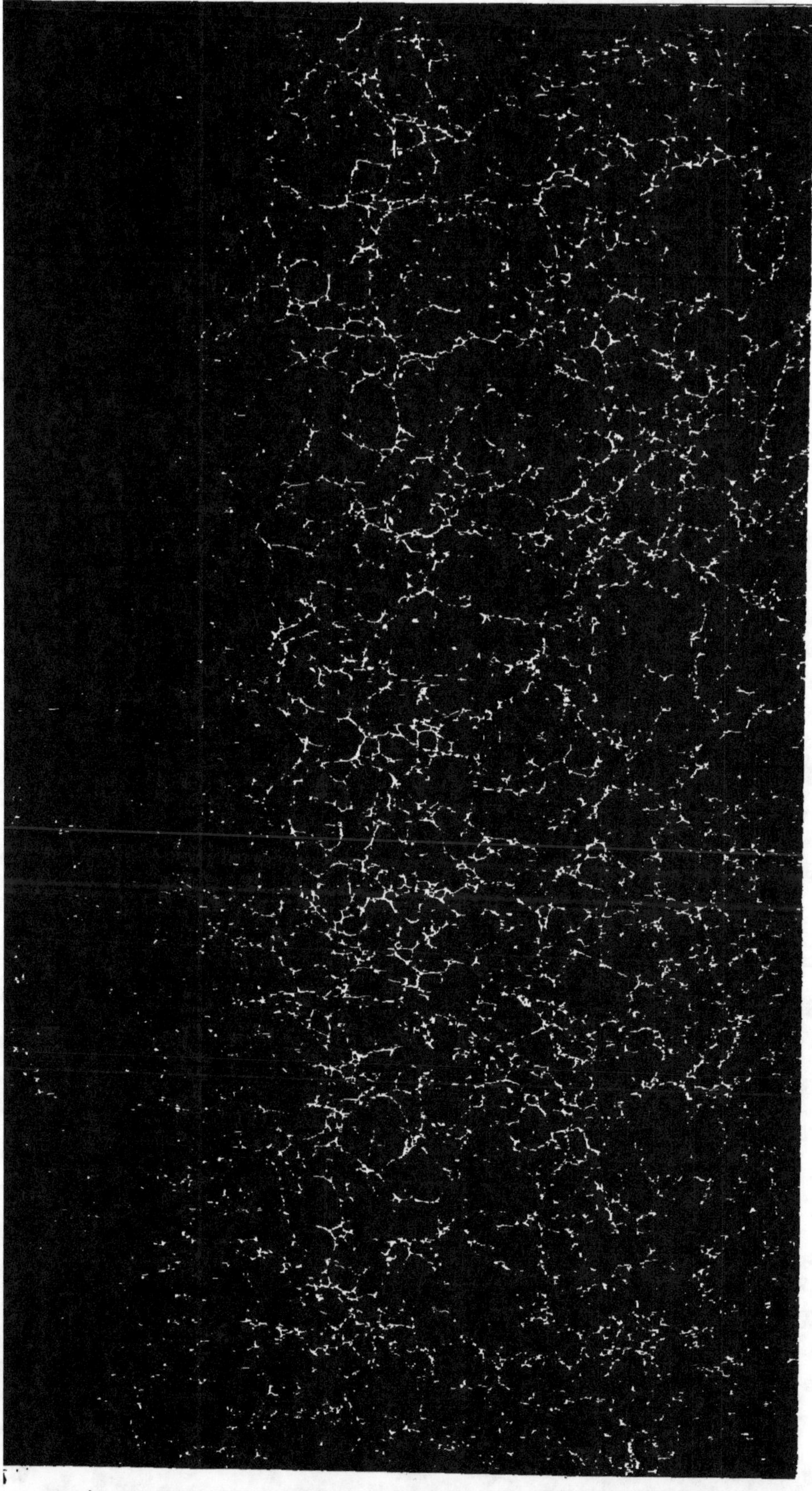

# ABRÉGÉ

## DE

# L'HISTOIRE ANCIENNE.

## TOME III.

Notice [illegible]

of

[illegible]

[illegible]

# ABRÉGÉ

## DE

# L'HISTOIRE ANCIENNE,

## DE ROLLIN,

### PAR M. L'ABBÉ TAILHIÉ, PRÊTRE.

### SIXIÈME ÉDITION,

Soigneusement revue, corrigée et augmentée d'une Table géographique, par l'Auteur ; avec les figures et indices nécessaires.

---

## TOME TROISIÈME.

## A LYON,

### CHEZ PERISSE FRÈRES, LIBRAIRES,
rue Mercière, n.º 33.

## A PARIS,

### AU DÉPÔT CENTRAL DE LIBRAIRIE,
rue du Pot-de-Fer St.-Sulpice, n.º 8.

## 1834.

# HISTOIRE

# ANCIENNE.

## LIVRE ONZIÈME.

SUITE DE L'HISTOIRE DES GRECS ET DES PERSES,
PENDANT LES QUINZE PREMIÈRES ANNÉES DU
RÈGNE D'ARTAXERXE MNÉMON.

### CHAPITRE PREMIER.

Ce chapitre renferme les troubles domestiques de la cour de Perse, la mort d'Alcibiade, le rétablissement de la liberté à Athènes.

#### ARTICLE PREMIER.

Arsace, en montant sur le trône, prit le nom d'Artaxerxe; c'est celui à qui les Grecs, à cause de sa mémoire prodigieuse, ont donné le surnom de Mnémon. Le désir qu'il avait de gouverner sagement ses peuples, le porta à demander à son père, un moment avant qu'il expirât, quelle avait été la règle de sa conduite pendant un règne si long et si heureux, afin de pouvoir l'imiter : *Ç'a été*, lui répondit son père, *de faire toujours ce que la justice et la religion demandaient de moi.* Paroles mémorables, qui méritent d'être gravées en lettres d'or, dans les palais des

An. M. 3600.
Av. J. C. 404.

*Athen. l. 12.*
p. 548.

Tom. III.                                                     A rois et des grands , pour les faire souvenir continuellement de ce qui doit régler toutes leurs actions.

Sacre d'Artaxerxe Mnémon.
*Plutare. in Artax.*

Peu de jours après la mort de Darius , le nouveau roi partit de sa capitale , et alla à la ville de Pasargades , pour s'y faire sacrer , selon la coutume , par les prêtres de Perse. Le sacre des rois était accompagné de cérémonies très-singulières qui , sans doute , avaient un sens caché , mais qu'on n'explique point. Le prince , qui devait être sacré , dépouillait sa robe , et y prenait celle du grand Cyrus. Il paraît assez clair qu'on voulait , par cette cérémonie , faire entendre au nouveau roi qu'il devait aussi être revêtu des grandes qualités et des rares vertus de ce prince.

Cyrus attente à la vie du roi son frère.

Le jeune Cyrus , dévoré d'ambition , était au désespoir d'être frustré pour toujours de l'espérance du trône , dont sa mère l'avait toujours flatté. Les crimes les plus noirs ne coûtent rien à un ambitieux. Celui-ci résolut d'égorger son frère dans le temple même , en présence de toute la cour , dans le moment qu'il quitterait sa robe pour prendre celle de Cyrus. Artaxerxe en eut avis par le prêtre même qui avait élevé son frère , et à qui ce jeune prince avait fait confidence de son dessein. Cyrus fut arrêté et condamné à mort ; mais Parysatis sa mère , étant accourue , obtint son pardon par ses cris et par ses prières , et le fit renvoyer dans les provinces maritimes.

Ctes c 57, 55.

Artaxerxe avait épousé Statira. A peine son mari fut-il monté sur le trône , qu'elle employa l'empire que sa beauté lui donnait sur lui, pour tirer vengeance de la mort de son frère Tériteuchme. C'est une des scènes les plus tragiques que fournisse l'histoire. Il faut reprendre les choses de plus haut, pour mettre le lecteur au fait.

Hidarne, père de Statira, Perse de fort grande qualité, était gouverneur d'une des principales provinces de l'empire. Statira était d'une rare beauté ; ce qui avait engagé Artaxerxe à l'épouser. Il portait alors le nom d'Arsace. Tériteuchme, frère de Statira, épousa en même temps Hamestris, sœur d'Arsace, une des filles de Darius et de Parysatis. Et en faveur de ce mariage, Tériteuchme, quand son père fut mort, eut son gouvernement. Il y avait encore dans cette famille, Roxane, qui n'était pas moins belle que Statira, et qui, avec cela, excellait dans l'art de tirer de l'arc et de lancer le dard. Tériteuchme, son frère, conçut pour elle une passion criminelle, et pour la satisfaire, il résolut de se mettre en liberté, et de tuer Hamestris qu'il avait épousée. Darius, ayant été informé de ce complot, engagea, à force de présens et de promesses, Udiaste, ami intime de Tériteuchme, à prévenir ce funeste dessein, en l'assassinant. Il obéit, et eut pour récompense le gouvernement de celui qu'il avait assassiné de ses propres mains.

Parmi les gardes de Tériteuchme, il y avait un fils d'Udiaste, nommé Mithridate, fort attaché à son maître. Ce jeune cavalier, ayant appris que son père avait lui-même commis le meurtre, fit contre lui toutes sortes d'imprécations ; et plein d'horreur pour cette lâche et noire action, il s'empara de la ville de Zaris ; et se révoltant ouvertement, il voulut rétablir le fils de Tériteuchme. Ce jeune homme ne put pas tenir long-temps devant Darius. On le renferma dans sa place avec le fils de Tériteuchme, qu'il avait auprès de lui, et tout le reste de la famille d'Hidarne fut mis en prison, et livré à la discrétion de Parysatis. Cette cruelle princesse commença par faire scier en deux Roxane, la cause de tout le mal, et ordonna de faire mourir tout le reste, excepté Statira, qu'elle accorda aux larmes d'Arsace son époux, quoique Darius son père crût que, pour son bien même, il convenait de l'envelopper dans le sort du reste de sa famille. Voilà l'état où étaient les choses à la mort de Darius.

Statira, dès que son mari fut sur le trône, se fit livrer Udiaste. Elle lui fit arracher la langue, et le fit mourir dans les tourmens les plus cruels qu'elle put inventer, pour punir la noire action qui avait causé la ruine de sa famille ; et elle donna son gouvernement à Mithridate, pour récompense de l'attachement qu'il avait eu aux intérêts de sa maison. Parysatis de son côté se vengea sur le fils de Tériteuchme. Elle le fit empoisonner, et l'on verra bientôt venir le tour de Statira. Voilà des exemples bien terribles de la vengeance des femmes.

Cyrus, ayant résolu de détrôner son frère, se servit de Cléarque, lacédémonien, pour faire lever un corps d'armée de troupes grecques, sous prétexte d'une guerre que ce Lacédémonien allait faire en Thrace. Mais Alci-

biade démêla sans peine le secret des levées
que faisait Cyrus. Il se mit en marche pour
se rendre à la cour de Perse, et pour donner avis à Artaxerxe de ce qui se tramait
contre lui. Les Lacédémoniens, craignant les
intrigues d'un génie supérieur comme le sien,
écrivirent au satrape Pharnabaze, et le pres-
sèrent de les délivrer, à quelque prix que ce
fût, d'un ennemi si formidable. Le satrape *Mort d'Al-*
les servit à leur gré. Il envoya aussitôt après *cibiade.*
lui des gens avec ordre de le tuer; ce qui fut
exécuté sans délai. Telle fut la fin d'Alcibiade,
en qui de grandes qualités étaient étouffées
par des vices encore plus grands.

Le conseil des trente, que Lysandre avait *Xenoph. His.*
établi à Athènes, y exerçait d'horribles cruau- *l. 2. p. 462.*
tés. Quiconque s'opposait à leur injustice et  *479.*
                                               *Diod. l. 14.*
à leur violence, en devenait la victime. Les *p. 235. 238.*
richesses étaient un crime qui attirait une *Justin. l. 5.*
condamnation certaine à leurs maîtres. Ces *c. 8. 10.*
                                            *Cruauté des*
trente tyrans firent mourir, dit Xénophon, *trente.*
plus de gens en huit mois de paix, que les
ennemis n'en avaient tué en trente ans de
guerre. Du nombre des trente était Théramène, qui avait de l'honneur, et aimait sa
patrie. Quand il vit les violences et les excès
où se portaient ses collègues, il se déclara
ouvertement contre eux, et par là s'attira
leur haine. Les tyrans, ne pouvant soutenir
sa liberté, prirent la résolution de le faire
mourir. Critias, qui d'abord avait été fort
uni avec lui, devint son plus mortel ennemi,
et se porta pour son délateur devant le sénat,
l'accusant de troubler l'Etat, et de vouloir
renverser le gouvernement présent. Comme

il s'aperçut qu'on écoutait avec silence et approbation la défense de Théramène, il craignit que, si on laissait la chose à la disposition du sénat, il ne le renvoyât absous. Ayant donc fait approcher des barreaux la jeunesse qu'il avait armée de poignards, il dit qu'il croyait que c'était le devoir d'un souverain magistrat d'empêcher que la justice ne fût surprise, et qu'il le voulait faire en cette rencontre. « Mais, continua-t-il, puisque la loi » ne veut pas qu'on fasse mourir ceux qui » sont du nombre des trois mille, autrement » que par l'avis du sénat, j'efface Théramè- » ne de ce nombre, et le condamne à mort, » en vertu de mon autorité et de celle de mes » collègues. » A ce mot, Théramène, sautant sur l'autel : « Je demande, dit-il, Athé- » niens, que mon procès me soit fait con- » formément à la loi, et l'on ne peut me le » refuser sans injustice. Ce n'est pas que je » ne voie assez que mon bon droit ne me ser- » vira de rien, non plus que la franchise des » autels ; mais je veux montrer au moins » que mes ennemis ne respectent ni les Dieux » ni les hommes. Je m'étonne seulement que » des gens sages comme vous, ne voient point » qu'il n'est pas plus difficile d'effacer leur » nom du nombre des citoyens, que celui » de Théramène. » Alors Critias ordonna aux officiers de la justice de l'arracher de l'autel. Tout était dans le silence et dans la crainte, à la vue des soldats armés qui environnaient le sénat. De tous les sénateurs, Socrate seul, dont Théramène avait reçu les leçons, prit sa défense, et se mit en devoir de s'opposer

aux officiers de la justice. Mais ses faibles efforts ne purent délivrer Théramène ; et, malgré lui, il fut conduit au lieu du supplice, à travers une foule de citoyens qui fondaient tous en larmes, et qui voyaient, dans le sort d'un homme également considérable par son zèle pour la liberté, et par ses grands services, ce qu'ils devaient craindre pour eux-mêmes.

Les tyrans, délivrés d'un collègue dont la présence seule était pour eux un reproche continuel, ne gardèrent plus de mesures. Ce ne fut, dans toute la ville, qu'emprisonnemens et que meurtres. Chacun craignait pour soi-même ou pour les siens. Nulle ressource dans une désolation si générale ; nulle espérance de recouvrer la liberté. Le découragement avait saisi tous les esprits. Socrate seul demeura intrépide. Il consolait les sénateurs affligés, il ranimait les citoyens réduits au désespoir, et donnait à tous un exemple admirable de courage et de fermeté, conservant sa liberté, et marchant tête levée au milieu de trente tyrans qui faisaient tout trembler, mais qui ne purent jamais, par leurs menaces, ébranler la constance de Socrate.

*Senec. de tranq. anim. c. 3.*

Tout ce qu'il y avait alors à Athènes de citoyens un peu considérables, et qui conservaient encore quelque amour de la liberté, sortirent d'une ville réduite à une honteuse et dure servitude, et allèrent chercher ailleurs un asile et un lieu de retraite, où ils pussent vivre en sûreté. Ils avaient à leur tête Thrasybule, citoyen d'un rare mérite, et qui sentait avec une vive douleur les maux de sa patrie. Deux villes seules reçurent ces illustres exilés, Mégare et Thèbes : et cette dernière fit un édit pour punir quiconque, voyant un Athénien attaqué par ses ennemis, ne lui prêterait pas main-forte.

Thrasybule attaque les tyrans, se rend maître d'Athènes, et y rétablit la liberté.
An. M. 3601.
Av. J. C. 403.

Ce fut encore dans cette dernière ville, que Thrasybule forma le noble et généreux dessein d'aller attaquer les tyrans, et d'éteindre dans leur sang la cruelle tyrannie qu'ils exerçaient à Athènes. Lycias, orateur de Syracuse, que les trente avaient exilé, informé de cette résolution, leva à ses dépens cinq cents soldats, et les envoya au secours de la patrie commune de l'éloquence. Thrasybule, à qui ce secours fut envoyé, ne perdit pas de temps. Après avoir pris Philé, petit fort de l'Attique, il marcha vers le Pyrée, et s'en rendit maître. Les trente y accoururent avec leurs troupes. Il se donna un combat qui fut assez rude. Mais comme les soldats combattaient, d'un côté, avec force et vigueur pour leur liberté, et de l'autre, avec mollesse et nonchalance pour la domination d'autrui, le succès ne fut pas douteux et suivit la bonne cause. Les trente tyrans furent chassés d'Athènes, et on substitua à leur place dix hommes pour gouverner ; mais ceux-ci ne se conduisirent pas mieux que leurs prédécesseurs.

Il est étonnant qu'une conspiration contre le bien public si subite, si universelle, si persévérante, si uniforme, s'empare toujours de ces compagnies qu'on établit pour le gouvernement. On l'a vu dans les quatre cents choisis ci-devant à Athènes : on l'a vu dans

les trente : on le voit dans ces dix. Ce qui aug-
mente l'étonnement, c'est que cette passion tyrannique saisisse si promptement même des
républicains, nés dans le sein de la liberté,
accoutumés à vivre dans l'égalité qui en est
le fondement, et nourris dans la haine de
tout assujettissement et de toute dépendance.
Il faut que, d'un côté, il y ait dans le commandement et dans la domination une force
bien violente pour entraîner ainsi tant de
personnes, dont plusieurs ne manquaient pas
sans doute de sentimens de vertu et d'honneur, et pour les arracher tout d'un coup
aux principes et aux mœurs qui faisaient leur
caractère naturel; et que de l'autre, il y ait
dans l'homme un penchant bien furieux à
s'assujettir ses égaux, et à les dominer avec
empire, pour le porter aux derniers excès
de violence et de cruauté, et pour lui faire
oublier, en même temps, toutes les lois de
la nature et de la religion.

Les trente, déchus de leur pouvoir et de
leurs espérances, députèrent à Lacédémone,
pour demander du secours. Il ne tint pas à
Lysandre, qui y fut envoyé avec des troupes,
que les tyrans ne fussent rétablis; mais le roi
Pausanias, qui marcha aussi contre Athènes, touché de compassion pour l'état pitoyable où était réduite cette ville, autrefois
si florissante, eut la générosité d'en favoriser
secrètement les citoyens, et enfin leur procura la paix, qui fut scellée par le sang des
trente tyrans. Thrasybule, pour donner une
paix solide à sa patrie, fit rappeler tous les
exilés, et proposa cette célèbre amnistie par

A 5

laquelle les citoyens s'engagèrent, avec serment, à oublier tout le passé. On rétablit le gouvernement tel qu'il était auparavant. On remit en vigueur les lois, et l'on nomma des magistrats, selon la forme ordinaire.

Je ne puis m'empêcher de faire remarquer ici la sagesse et la modération de Thrasybule, si salutaires et si nécessaires après de longs troubles domestiques. C'est un des beaux événemens de l'antiquité, digne de la douceur des Athéniens, et qui a servi de modèle aux siècles suivans dans les bons gouvernemens.

Jamais tyrannie n'avait été plus cruelle ni plus sanglante que celle dont Athènes venait de sortir. Chaque maison était en deuil, chaque famille pleurait la perte de quelque parent. Ç'avait été un brigandage public, où la licence et l'impunité avaient fait régner tous les crimes. Les particuliers avaient droit de demander le sang de tous les complices d'une si criante oppression ; et l'intérêt même de l'Etat paraissait autoriser leurs désirs, pour arrêter à jamais, par l'exemple d'une sévère punition, de pareils attentats. Mais Thrasybule, s'élevant au-dessus de tous ces sentimens par une supériorité d'esprit plus étendue, et par les vues d'une politique plus éclairée et plus profonde, comprit que, de songer à punir les coupables, ce serait laisser des semences éternelles de division et de haine, affaiblir par ces dissensions domestiques les forces de la république, qu'elle avait intérêt de réunir contre l'ennemi commun, et faire perdre à l'Etat un grand nombre de citoyens qui pouvaient lui rendre d'importans services, dans la vue même de réparer leurs premières fautes.

Cette conduite, après de grands troubles, a toujours paru aux plus habiles politiques le moyen le plus sûr et le plus prompt de rétablir la paix et la tranquillité. Cicéron, *Phil. 1.n. 1* voyant Rome partagée en deux factions, à l'occasion de la mort de Jules-César, qui avait été tué par les conjurés, rappela le souvenir de cette célèbre amnistie, et proposa d'ensevelir dans l'oubli, à l'exemple des Athéniens, tout ce qui s'était passé. Le cardinal Mazarin faisait remarquer à don Louis de Haro, premier ministre d'Espagne, que c'était cette conduite de bonté et de douceur, qui faisait qu'en France les troubles et les révoltes n'avaient point de suites funestes; et que, *jusque là, elles n'avaient pas encore fait perdre un pouce de terre au roi:* *Lettre XV, du cardinal Mazarin.* au lieu que la sévérité inflexible des Espagnols *faisait que les sujets qui avaient une fois levé le masque, ne retournaient jamais à l'obéissance que par la force; ainsi qu'il paraît assez,* dit-il, *par l'exemple des Hollandais, qui sont paisibles possesseurs de plusieurs provinces qui étaient le patrimoine du roi d'Espagne, il n'y a pas encore un siècle.* « C'est que la gran- *L. 14. p. 234.* » deur et la majesté des princes, comme le » remarque Diodore, ne peut se soutenir que » par la bonté et la justice à l'égard de leurs » sujets; comme, au contraire, elle se ruine » et se détruit par un gouvernement dur et in- » juste, qui leur attire la haine des peuples. »

6

Lysandre abuse de sa puissance.
*Plut. in Lys.* p. 443. 445.

Les grands exploits de Lysandre lui avaient tellement enflé le cœur, qu'il se laissa emporter à une présomption et à une vanité plus grandes encore que sa puissance. Il poussa l'esprit de domination à un excès insupportable, et ne garda plus de mesures ni dans les récompenses ni dans les punitions. On aurait pu mettre sur son tombeau ce que Sylla fit mettre sur le sien : *Que jamais personne ne l'avait surpassé, ni à faire du bien à ses amis, ni à faire du mal à ses ennemis.* Pharnabaze, las de souffrir les injustices de Lysandre, qui pillait et ravageait les provinces où il commandait, envoya des ambassadeurs à Sparte pour se plaindre des torts qu'il avait reçus. Les éphores rappelèrent Ly-

Il est rappelé à Sparte.

sandre sur-le-champ. Cet ordre le jeta dans une grande consternation. Comme il craignait surtout les plaintes et les accusations de Pharnabaze, il se hâta de s'expliquer avec lui, dans l'espérance qu'il l'adoucirait et ferait sa paix. Il alla donc le trouver, et le pria d'écrire aux éphores une autre lettre où il marquerait qu'il était content de lui. Mais Lysandre, dit Plutarque, ignorait ce proverbe: *A fourbe, fourbe et demi.* Le satrape écrivit en présence de Lysandre une lettre telle qu'il pouvait la désirer ; mais il en coula une autre où il marquait tout le contraire de ce qui était dans la première.

Lysandre partit bien content, et étant arrivé à Lacédémone, il alla descendre au palais où le sénat était assemblé, et rendit aux éphores la lettre de Pharnabaze. Mais il fut étrangement surpris quand il en entendit le contenu, et se retira fort troublé. Peu de jours après, il revint au sénat et dit aux éphores, qu'il était obligé d'aller au temple d'Ammon, pour s'acquitter des sacrifices qu'il avait voués à ce Dieu avant ses combats. Ce pélerinage n'était qu'un prétexte, qui couvrait la peine qu'il avait de vivre en simple particulier à Sparte, et d'y subir le joug de l'obéissance, lui qui, jusque là, avait toujours commandé. Accoutumé depuis long-temps au commandement des armées, il ne pouvait souffrir cette égalité humiliante, qui le confondait dans la multitude, ni se réduire à la simplicité d'une vie privée. Ayant obtenu son congé, après beaucoup de difficultés, il s'embarqua.

## CHAPITRE II.

*Le jeune Cyrus entreprend de détrôner son frère Artaxerxe.*

L'ANTIQUITÉ ne présente guère d'événemens plus mémorables que ceux dont j'entreprends ici de faire le récit. On voit d'une part un jeune prince, rempli d'ailleurs d'excellentes qualités, mais dévoré d'ambition, porter au loin la guerre contre son frère et son souverain, et l'aller attaquer presque dans son palais pour lui arracher la couronne et la vie : on le voit, dis-je, tomber mort dans le combat, aux pieds de ce même frère, et terminer, par une fin si funeste, une entreprise également éclatante et criminelle. De l'autre côté, les Grecs qui l'ont suivi, destitués de tout secours après la perte de leurs chefs, réduits à moins de dix mille hommes, font, avec une fière et intrépide assurance, leur retraite devant une armée d'un million d'hommes, et victorieuse; traversent cinq ou six cents lieues, et arrivent enfin dans leur pays, à travers mille nations féroces et barbares, vainqueurs de tous les obstacles qu'ils ont rencontrés sur leur route.

## ARTICLE I.

Cyrus lève des troupes.
An. M. 3601.
Av. J.C. 403.
*Diod. l. 14.
p. 243. 252.*
*Justin. l. 5.
c. 11.*
*Xenoph. de
expedit. Cyr.
l. 1. p. 243.
248.*

Dès que le jeune Cyrus fut arrivé dans son gouvernement, il songea sérieusement à se venger de l'affront qu'il prétendait avoir reçu de son frère, et à le détrôner. Dans cette vue, il tâcha de gagner le cœur des barbares qui étaient sous ses ordres, et s'appliqua surtout à lever secrètement, et sous différens prétextes, des troupes grecques, sur lesquelles il comptait beaucoup plus que sur celles des barbares. Il trouva moyen d'allumer une guerre entre lui et le satrape Tissapherne, ce qui fit prendre le change à la cour. Artaxerxe, croyant que tous les préparatifs de Cyrus ne regardaient que le satrape, et persuadé qu'il n'avait rien à craindre pour lui-même, demeura tranquille.

*Plut. in Art.
p. 1013.*

Cyrus sut bien profiter de l'imprudente sécurité et de la molle nonchalance de son frère. Il mit sur pied une armée de cent mille barbares, et de treize mille Grecs. Sa flotte était composée de soixante vaisseaux, dont trente-cinq étaient de Lacédémone. Elle suivait l'armée de terre, en côtoyant les bords de la mer,

et avait Tamus, égyptien, pour amiral. Lorsque tout fut prêt pour le départ, ce jeune
prince, âgé pour lors de vingt-trois ans, partit de Sardes, et prit sa route par les hautes
provinces de l'Asie.

Tissapherne, jugeant bien que tous ces
grands préparatifs avaient pour objet quelque grande entreprise, était parti en poste
pour en donner avis au roi. Cette nouvelle
jeta la cour dans un grand trouble. Parysatis,
mère d'Artaxerxe et de Cyrus, fut regardée
comme la principale cause de cette guerre.
Statira, la reine régnante, ne cessait de lui
en faire de violens reproches, qui étaient
d'autant plus vifs, que l'antipathie était déjà
grande entre les deux reines. Nous verrons
dans la suite que Parysatis s'en vengea par le
poison. Cependant Artaxerxe assembla une
armée de douze cent mille hommes, tant
infanterie que cavalerie. Ce fut avec cette
nombreuse armée que, par le conseil de ses
officiers, il se détermina à marcher à la rencontre de Cyrus.

Les deux armées s'étant rencontrées en un
lieu appelé Cunaxa, à vingt-cinq lieues environ de Babylone, on se prépara de part et
d'autre au combat, et on en vint aux mains.
Cyrus se mit au centre de l'armée où était
l'élite des Perses et autres barbares, ayant
en tête Artaxerxe, qui était également au
centre de son armée, environné de six mille
cavaliers. Un peu avant le combat, Cléarque
conseilla à Cyrus de ne point s'engager dans
la mêlée, et de mettre sa personne en sûreté
derrière les bataillons Grecs. *Que me dis-tu*

Cyrus se
met en mar-
che
An. M. 3603.
Av. J.C. 401.

Bataille de
Cunaxa.
*Xenoph. in
expedit. Cyr.
l. 1. p.* 263.
266.
*Diod. l.* 14.
*p.* 253. 254.
*Plut p.* 1014.
1017.

*là ?* répliqua Cyrus. *Quoi ! tu veux que dans le temps même que je cherche à me faire roi, je me montre indigne de l'être ?* Cette sage et généreuse réponse fait voir qu'il savait quel est le devoir d'un général d'armée, surtout dans un jour de bataille.

Les Grecs coururent de toutes leurs forces contre les barbares, qui ne les attendirent pas, mais lâchèrent le pied et s'enfuirent tous. Cyrus, déjà victorieux du centre, s'abandonnant trop à son ardeur, se jeta imprudemment et presque seul sur le roi, qui était environné de six mille chevaux. Il tue, abat et renverse tout ce qui s'oppose à lui, parvient jusqu'au roi, et lui porte deux bles-sures. Le roi, comme un lion blessé par les chasseurs, qui n'en devient que plus furieux, s'élance avec impétuosité sur Cyrus, le frappe de sa javeline dans la tempe, et le couche mort par terre. Ces deux frères, transportés de fureur, et acharnés l'un contre l'autre, cherchant à enfoncer chacun le fer dans le sein de son rival, et à s'assurer du trône par sa mort, rappellent au lecteur la dispute que deux autres frères, ancêtres de ceux-ci, eurent ensemble pour un pareil sujet. Mais, quelle différence ! Ici ce n'est que fureur, que rage, que brutalité et ambition ; au lieu que dans la dispute qu'eurent Xerxès et Artabazane, au sujet du trône, on y voit régner, avec une admiration qui va jusqu'à l'enchantement, la douceur, la politesse, l'humanité, l'amitié et la confiance la plus parfaite. Ces deux princes se disputent le plus grand empire du monde, avec autant de

tranquillité que s'il ne se fût agi que d'un arpent de terrain.

Artaxerxe, après avoir fait couper la tête et la main droite de Cyrus par l'eunuque Mésabate, poursuivit les ennemis jusque dans leur camp, qu'il pilla. A son retour, il rencontra Cléarque avec ses Grecs. Le combat recommença de nouveau, mais toujours à l'avantage des Grecs, devant qui cette armée innombrable ne put tenir un instant. Elle prend la fuite précipitamment, et toutes les troupes se débandent de tous côtés. Après cette double victoire, les Grecs retournèrent au camp, comptant y trouver Cyrus. Le lendemain ils apprirent qu'il avait été tué dans le combat.

On ne peut douter que Cyrus n'eût de grandes qualités et un mérite supérieur. C'était, dit Xénophon, au jugement de tous ceux qui l'ont connu, le prince, après le grand Cyrus, le plus digne de commander, et il avait l'ame la plus noble et la plus royale. Il était reconnaissant, libéral, obligeant, affable, et se faisait aimer de tout le monde. Mais tous ces traits brillans et propres à le faire admirer, sont obscurcis et effacés par des défauts plus grands encore que ses vertus. Peut-on assez condamner cette ambition démesurée, qui était l'ame de toutes ses actions, qui lui mit les armes à la main contre son frère aîné et contre son roi, et qui fut enfin la cause de sa perte ?

Les Grecs ayant appris, le lendemain de la bataille, que Cyrus était mort, députèrent vers Ariée, général des barbares, pour

Eloge de ce prince.

Xenoph. in expedit. Cyr. l. 2. p. 272, etc.

*Diod. l. 14.* lui offrir, comme vainqueurs, la couronne
*p. 255. 257.* de Perse à la place de Cyrus. Ce général,
qui était sage et modéré, répondit qu'il y avait
plusieurs autres Perses plus considérables
que lui, qui ne le souffriraient pas sur le
trône, et qu'il partirait le lendemain de grand
matin pour retourner en Ionie; que s'ils voulaient être de la partie, ils vinssent le joindre pendant la nuit. Les Grecs se rendirent
au camp d'Ariée sans différer, et y arrivèrent
sur le minuit. Les officiers l'allèrent trouver
dans sa tente, où ils jurèrent alliance. Pour
confirmation du traité, on égorgea un loup,
un belier, un sanglier et un taureau. On tâcha d'abord de faire de grandes journées,
pour éviter la poursuite du roi; mais ils n'y
purent réussir.

Le roi les ayant atteints, les Grecs et les
barbares se rangèrent dans le même ordre de
bataille qu'ils étaient au jour du combat. Une
contenance si hardie épouvanta le roi. Il envoya des hérauts, non plus pour demander,
comme auparavant, qu'on livrât les armes,
mais pour parler de paix et de traité. Cléarque répondit qu'il fallait commencer par se
Traité de battre, parce que son armée manquant de
paix. vivres, ne pouvait pas attendre plus long-
temps. Sur le rapport du héraut, le roi donna des ordres pour les conduire dans les vil-
lages voisins, où l'on trouverait des vivres
en abondance. L'armée y séjourna trois jours,
pendant lesquels Tissapherne, qui traitait
pour le roi, s'engagea de les conduire dans
leur patrie, à condition que les Grecs, de
leur côté, ne feraient aucun acte d'hostilité

ni aucune violence dans leur passage. Ces
conditions furent jurées de part et d'autre,
et ils partirent tous ensemble sous la conduite de Tissapherne, qui leur faisait fournir des vivres. La marche se fit d'abord en
bonne intelligence, mais cela ne dura pas
long-temps. Les barbares donnaient tous les
jours quelque sujet de défiance aux Grecs.
Cléarque voulant s'en éclaircir une bonne
fois avec Tissapherne, alla chez le satrape,
avec les quatre autres colonels et vingt capitaines, suivis d'environ deux cents soldats.
Tissapherne, contre la foi du traité, fit arrêter Cléarque et les quatre autres généraux, *Cléarque,
et massacrer les capitaines et ceux qui les *avec ses col-
avaient accompagnés. Cléarque fut mené avec *lègues, est
ses collègues vers le roi, qui leur fit tran- *arrêté et mis
cher la tête. *à mort.*

Cléarque était brave, hardi, intrépide, et *Caractère
propre à former de grandes entreprises. Son *de Cléarque.
courage était conduit par la prudence; et
au milieu du plus grand danger, il conservait tout son sang-froid. Il aimait les troupes, et ne les laissait manquer de rien. Il
savait se faire obéir, mais par la crainte. Il
avait la mine sévère, la parole rude, le châ-
timent prompt et rigoureux. Sa grande maxime était qu'on ne saurait rien faire d'une
armée sans une sévère discipline; et c'est de
lui qu'on tient ce mot, qu'un soldat doit plus
craindre son général que les ennemis.

## ARTICLE II.

### *Retraite des dix mille Grecs, depuis la province de Babylone jusqu'à l'Hellespont.*

*Xenoph. in expedit. Cyr. L. 3 et 4.*

Les généraux grecs ayant été arrêtés, et ceux qui les avaient suivis massacrés, les Grecs furent dans une grande consternation. Ils étaient à cinq ou six cents lieues de la Grèce, environnés de grands fleuves et de nations ennemies, sans guide ni conducteur, et sans ressources pour trouver des vivres. Dans l'abattement général où l'on était, on ne songeait à prendre ni nourriture ni repos. Mais enfin, ranimés et encouragés par leurs officiers, et surtout par Xénophon, jeune Athénien, ils se nomment cinq généraux, forment la hardie et généreuse résolution de retourner dans leur patrie, et se mettent en marche, résolus de faire leur route sans violence, si l'on ne s'opposait point à leur retraite.

Avant la pointe du jour on assembla l'armée. Les chefs parlèrent pour animer les troupes, et entre autres Xénophon. « Cama- » rades, dit-il, il est bien triste pour nous » d'avoir perdu tant de braves gens par une » lâche trahison, et de nous voir abandon- » nés de nos amis; mais il ne faut point suc- » comber à notre malheur ; et, si nous ne » pouvons vaincre, choisissons plutôt de pé- » rir glorieusement, que de tomber sous la » puissance des barbares, qui nous feraient » souffrir les maux les plus extrêmes. Sou- » venons-nous des célèbres journées de Pla- » tée, des Thermopyles, de Salamine, et de

» tant d'autres, où nos ancêtres, quoiqu'en
» petit nombre, ont terrassé et vaincu des
» armées innombrables de Perses, et leur
» ont rendu pour toujours formidable le nom
» seul des Grecs. C'est à leur courage invin-
» cible que nous sommes redevables de l'hon-
» neur que nous avons, de ne reconnaître,
» sur la terre, d'autres maîtres que les Dieux,
» ni d'autre bonheur que la liberté. Ils nous
» seront favorables, ces Dieux vengeurs du
» parjure, et témoins de la perfidie de nos
» ennemis; et comme c'est à eux qu'on s'at-
» taque en violant les traités, et qu'ils se plai-
» sent à abaisser les grands et à élever les pe-
» tits, ce sont eux aussi qui combattront avec
» nous et pour nous. Au reste, camarades,
» comme nous n'avons de ressource que dans
» la victoire, qui nous tiendra lieu de tout,
» et nous dédommagera avec usure de tout
» ce que nous avons pu perdre, je croirais,
» si c'est votre avis, que pour faire une
» retraite plus prompte et moins embarras-
» sée, il serait à propos de nous défaire de
» tout le bagage inutile, et de ne garder que
» celui dont on ne peut se passer absolu-
» ment. » Tous les soldats, dans le moment,
levèrent les mains, pour marque d'approbation et de consentement à ce qu'on venait
de dire ; et sans perdre de temps, allèrent
brûler leurs tentes et leurs chariots. Ceux
qui avaient trop d'équipages en donnèrent
aux autres, et le reste fut consumé. Après
cette généreuse expédition, l'armée se mit en
marche, résolue de faire sa route sans violence, si l'on ne s'opposait point à sa retraite.

Il serait difficile de dire les obstacles qu'ils rencontrèrent dans leur marche. Il semble que toute la nature, de concert avec les ennemis qui les harcelaient sans cesse, avait juré leur perte. A la pénible difficulté de passer les fleuves, les montagnes et les défilés, venaient se joindre la pluie, le froid et la neige de cinq à six pieds de hauteur ; et ce qui les incommodait encore plus que tout cela, c'était la faim, ennemi intérieur, bien plus à redouter que tous les ennemis extérieurs. Enfin, après cinq mois environ de marche, ils arrivèrent sur le détroit de l'Hellespont, triomphans et victorieux de tous ces obstacles, et des dangers sans nombre qu'ils avaient courus.

Cette retraite des dix mille a toujours passé, parmi les connaisseurs, pour un modèle parfait dans ce genre, et qui n'a jamais eu rien de pareil. En effet, on ne peut pas voir une entreprise, ni formée avec plus de hardiesse et de courage, ni conduite avec plus de prudence, ni exécutée avec plus de bonheur. Elle est aussi honorable pour les Grecs, que honteuse pour Artaxerxe, qu'elle décria dans l'esprit de ses peuples, et surtout des Grecs, qui, animés par l'heureux succès de cette retraite, firent trembler Artaxerxe jusque sur son trône, et mirent l'empire des Perses à deux doigts de sa ruine.

Je reviens à ce qui se passa après la bataille de Cunaxa, à la cour d'Artaxerxe. Ce prince, qui attribuait à son courage la mort de Cyrus, et qui regardait cette action comme la plus glorieuse de sa vie, voulait que tout le monde en pensât de même ; et c'était le blesser par l'endroit le plus délicat, que de lui disputer cet honneur, ou de le vouloir partager avec lui. Il fut extrêmement piqué de ce qu'un soldat carien, et un officier nommé Mithridate, s'arrogeaient cet honneur. Ce prince, par une basse et cruelle jalousie, les livra tous deux à Parysatis sa mère, qui avait juré la perte de tous ceux qui avaient eu part à la mort de Cyrus, son cher fils. Cette princesse leur fit souffrir les plus horribles supplices que la fureur peut imaginer.

*Cruauté de Parysatis.*

Il ne restait à Parysatis, pour exécuter tout son projet et assouvir pleinement sa vengeance, que de punir l'eunuque du roi, nommé Mésabate, qui, par l'ordre de son maître, avait coupé la tête et la main de Cyrus. Cette princesse, qui était extrêmement adroite, surprit le roi, et se fit livrer cet eunuque par adresse. Dès qu'elle l'eut entre ses mains, elle le livra aux exécuteurs, et leur commanda de l'écorcher tout vif, de le coucher ensuite tout de travers sur trois croix, et d'étendre sa peau à part sur des pieux dressés tout auprès ; ce qui fut exécuté.

Toutes ces cruautés n'étaient, ce semble, que des essais et des préparatifs d'un autre crime que méditait Parysatis. Elle conservait depuis long-temps dans son cœur une haine violente contre la reine Statira, femme du roi. Jalouse du crédit dont cette princesse jouissait auprès du roi son époux, elle résolut de se défaire, à quelque prix que ce fût, d'une rivale si redoutable. Pour parvenir plus sûrement à ses fins, elle feignit de

*Sa jalousie contre Statira.*

se réconcilier avec sa belle-fille, et lui donna extérieurement toutes les marques d'une sincère amitié et d'une vraie confiance. Les deux reines paraissaient avoir oublié leurs anciens soupçons et leurs anciennes querelles. Elles se voyaient souvent, et se donnaient mutuellement à manger. Mais comme elles connaissaient toutes deux le fond qu'il faut faire sur les amitiés et les caresses de la cour, surtout parmi les femmes, elles se tenaient sur leurs gardes, et ne mangeaient que des mêmes viandes et des mêmes morceaux.

Statira est empoisonnée. Croirait-on qu'il fût possible de tromper une vigilance si attentive et si précautionnée? Parysatis, un jour qu'elle donnait à manger à sa belle-fille, prit sur la table un oiseau fort rare, le partagea par le milieu, en donna la moitié à Statira, et mangea l'autre. Statira, bientôt après, sentit de vives douleurs, et, étant sortie de table, elle mourut dans des convulsions horribles. Le roi, qui aimait éperdument Statira sa femme, fut extrêmement touché de sa mort. Il fit une exacte recherche du crime. Tous les officiers et domestiques de la reine mère furent arrêtés et appliqués à la question. Gigis, femme de chambre de Parysatis, et la confidente de tous ses secrets, avoua tout. La reine avait fait frotter de poison un côté du couteau, et ayant coupé l'oiseau en deux parts, elle mit promptement le côté sain dans sa bouche, et donna à Statira le côté empoisonné. Gigis fut mise à mort. Pour Parysatis, le roi se contenta de la confiner à Babylone,

où

où elle demanda de se retirer, et il lui dit que tant qu'elle y serait, il n'y mettrait jamais le pied.

## CHAPITRE III.

CE chapitre renferme principalement les enreprises des Lacédémoniens dans l'Asie mineure, leur défaite près de Cnidos, le rétablissement des murailles et de la puissance d'Athènes, la fameuse paix d'Antalcide, prescrite aux Grecs par Artaxerxe Mnémon, les guerres de ce prince contre Evagore, roi de Cypre, et contre les Cadusiens. Les personnages qui y paraissent le plus, sont Lysandre et Agésilas du côté des Lacédémoniens, et Conon de celui des Athéniens.

### ARTICLE PREMIER.

Les villes d'Ionie, qui avaient suivi le parti de Cyrus, craignant le ressentiment de Tissapherne et du roi, eurent recours aux Lacédémoniens, comme aux libérateurs de la Grèce, pour les prier de les maintenir dans la possession où elles étaient de leur liberté, et d'empêcher qu'on ne ravageât leur pays. A Sparte, on entra dans leurs vues, et on envoya à Ephèse des troupes sous la conduite de Dercyllidas. Quand celui-ci fut arrivé à Ephèse, il apprit que Tissapherne et Pharnabaze n'étaient pas bien ensemble. Il fit trève avec le premier, pour ne les avoir pas tous les deux en même temps sur les bras, entra dans la province de Pharnabaze,

Sparte envoie du secours aux Ioniens.<br>Xenoph.<br>Hist. gr. l. 3.<br>p. 479. 487.<br>An. M. 3605.<br>Av. J. C. 399.

et s'avança jusque dans l'Eolie. Toutes les places de cette province, soit de gré, soit de force, se rendirent à lui. Ensuite, il accorda une trève à Pharnabaze, et alla prendre ses quartiers d'hiver dans la Bithynie, pour n'être point à charge aux alliés.

An. M. 3605.
Av. J.C. 399.
Xenoph. p.
487. 488. 490.
Diod. l. 14.
p. 207.

L'année suivante, Tissapherne et Pharnabaze, quoique secrètement ennemis l'un de l'autre, avaient, sur les ordres du roi, réuni leurs troupes pour s'opposer aux entreprises de Dercyllidas, qui était passé en Carie. Ils le poussèrent dans un terrain si désavantageux, qu'il y aurait infailliblement péri, s'ils l'eussent chargé dans le moment, sans lui laisser le temps de se reconnaître. Ils se contentèrent de lui proposer une entrevue, qui fut acceptée. Dercyllidas demanda que les villes grecques demeurassent libres ; et les satrapes, que l'armée et les généraux de Lacédémone se retirassent ; ils firent trève jusqu'à ce qu'ils pussent avoir réponse de leurs maîtres.

Mort d'Agis.
Xenoph. p.
493.
Plut. in Lys.
p. 415.
In Ages. p.
597.
Agésilas
lui succède.

Cependant Agis, à son retour d'une expédition en Elide, tomba malade, et mourut en arrivant à Sparte. On lui rendit des honneurs plus qu'humains ; et après avoir laissé passer quelques jours, selon la coutume, Léotychide et Agésilas, l'un fils et l'autre frère du défunt, se disputèrent la couronne. Agésilas, par ses grandes qualités et par la puissante protection de Lysandre, l'emporta sur son neveu, qu'on croyait, avec assez de fondement, et sur l'aveu même de la reine sa mère, être bâtard et fils d'Alcibiade, et non pas du roi Agis. Agésilas fut donc déclaré roi. Ce prince était d'un rare mérite. Il réunissait, à un caractère de douceur et de complaisance, une vivacité d'esprit, un courage et une fermeté insurmontables. Il était boiteux ; mais ce défaut était couvert par la grâce de sa personne, et encore plus par la gaîté avec laquelle il le supportait, et en raillait le premier. Il gagna si fort les cœurs de tous les Spartiates par ses manières officieuses et obligeantes ; que les éphores le condamnèrent à une amende, parce, disaient-ils, qu'Agésilas s'attachait à lui seul les cœurs de tous les citoyens, qui appartiennent à la république.

Caractère<br>de ce prince.

Agésilas ne voulut jamais souffrir, de son vivant, qu'on tirât son portrait ; et en mourant même défendit très-expressément qu'on fît de lui aucune image, soit en plate peinture, soit en relief. Sa raison était, que ses belles actions, s'il en avait fait, lui tiendraient lieu de monument, sans quoi toutes les statues du monde ne pourraient lui faire aucun honneur. Il n'y a qu'une ame aussi grande que celle d'Agésilas, qui puisse penser et agir d'une manière si noble et si sublime. C'est penser en roi de Lacédémone. On sait qu'Agésilas était de fort petite taille, ce que les Lacédémoniens n'aimaient pas dans leurs rois ; et Théophraste assure que les éphores condamnèrent à une amende leur roi Archidamus, père d'Agésilas, parce qu'il avait épousé une femme fort petite : *Car,* disaient-ils, *elle ne nous donnera pas des rois, mais des roitelets.*

*Plut. in Mo<br>ral. p. 192.*

Après qu'Agésilas eut été déclaré roi, il

fut mis en possession de tous les biens de son frère Agis, dont Léotychide fut privé comme bâtard. Mais voyant que les parens de ce prince, du côté de sa mère, tous gens de bien, étaient très-pauvres, il partagea avec eux tous les biens dont il avait hérité; et par cette générosité, il acquit une grande réputation, et gagna la bienveillance de tout le monde, au lieu de l'envie et de la haine qu'il se serait attirées par cette succession. Il est beau, mais bien rare, de faire de ces sortes de sacrifices; on sent trop ce qu'ils coûtent, et l'on n'estime pas assez l'avantage qui en revient. Agésilas eut encore cela de particulier, qu'il ne parvint pas à commander sans avoir auparavant parfaitement appris à obéir, à être humain, populaire et sensible aux besoins du peuple; ce qui est un grand avantage pour savoir commander et régner. Tel était Agésilas, dont il sera beaucoup parlé dans la suite, et dont, par cette raison, il importait de faire connaître par avance le caractère.

A peine ce prince était-il monté sur le trône, qu'il fut nommé généralissime des troupes qu'on envoyait contre les Perses, pour délivrer de la servitude de ces barbares les Grecs d'Asie, et pour faire cesser les outrages et les violences dont ils les accablaient continuellement. Les Lacédémoniens l'avaient déjà tenté par le moyen de leur capitaine Timbron, puis de Dercyllidas. Tous leurs efforts jusque là ayant été inutiles, enfin ils remirent le soin de cette guerre entre les mains d'Agésilas. Il leur promit, ou de con-

An. M. 3608.
Av. J. C. 396.
*Xenoph.
Hist. grec. l.
3. p. 495.*
Départ d'A-
gésilas pour
l'Asie.

clure une paix glorieuse avec les Perses , ou
de leur susciter tant d'affaires , qu'ils n'auraient ni le temps ni l'envie de porter leurs
armes dans la Grèce. Ce roi avait de grandes
vues, et il ne songeait à rien moins qu'à aller
attaquer Artaxerxe dans la Perse même.

Quand il fut arrivé à Ephèse, Tissapherne
lui fit demander quel était le sujét qui l'a-
vait attiré en Asie , et qui lui avait fait prendre les armes. Il répondit que c'était pour
secourir les Grecs qui y habitaient , et pour
les rétablir dans leur ancienne liberté. Le sa-
trape , qui n'était pas encore prêt, substitua *Xenoph. p. 496 et 652. Plut. in Agesil. p. 600.*
l'artifice à la force, et lui donna parole que
son maître laisserait aux villes grecques de
l'Asie leur liberté , pourvu qu'il ne fît aucun
acte d'hostilité jusqu'au retour des courriers.
Agésilas y consentit, et la trève fut jurée de
part et d'autre. Le satrape profita de ce délai
pour assembler des troupes de tous côtés.
Après qu'il eut reçu celles que le roi lui envoyait, et qu'il eut réuni toutes ses forces, il
envoya commander à Agésilas de se retirer
de l'Asie , et lui déclara la guerre en cas de
refus. Le général lacédémonien ordonna aux
hérauts de dire à leur maître qu'il lui avait
une très-grande obligation, *de ce que par
son parjure il avait rendu les Dieux ennemis des Perses et favorables aux Grecs.*
Il entra sans différer en campagne , et par
une ruse permise, il fit semblant de vouloir
attaquer la Carie; mais dès que le barbare eut *Conquêtes de ce prince.*
fait marcher ses troupes de ce côté-là, il
tourna tout court et se jeta dans la Phrygie,
où il prit plusieurs villes , et amassa d'im-

menses richesses qu'il distribua aux officiers et aux soldats.

Pour redoubler la valeur des soldats par le mépris des ennemis, voici ce qu'il imagina. Un jour il commanda aux commissaires chargés de la garde du butin, de dépouiller les prisonniers et de les vendre. Il se présentait beaucoup de gens pour acheter leurs habits, mais pour les corps on les trouvait si délicats, si tendres et si blancs, qu'on s'en moquait, les regardant comme de nul service et de nul prix. Alors Agésilas s'approchant, dit à ses soldats, en leur montrant les hommes : *Voilà contre qui vous combattez ;* et en leur montrant leurs riches dépouilles : *Voilà pour quoi vous combattez.*

Quand le temps de se remettre en campagne fut venu, Agésilas dit tout haut qu'il marcherait en Lydie. Tissapherne, qui ne voulait pas être une seconde fois la dupe des ruses du Lacédémonien, fit marcher ses troupes vers la Carie, ne doutant point que, pour cette fois, Agésilas ne tournât ses armes de ce côté-là. Il fut lui-même sa dupe. Agésilas entra en Lydie et s'approcha de Sardes. Le satrape accourut au secours de cette place avec sa cavalerie. Agésilas, sachant que son infanterie ne pouvait pas encore être arrivée, crut devoir profiter de cette occasion pour lui livrer bataille. Les barbares ne soutinrent pas le premier choc et prirent d'abord la fuite. Les Grecs les poursuivirent, se rendirent maîtres de leur camp, y firent un grand carnage et un plus grand butin encore. Le général persan fut accusé de trahison, comme n'ayant pas fait son devoir dans le combat dont on vient de parler. Le roi donna des ordres pour l'arrêter, et lui couper la tête; ce qui fut exécuté. *Xenoph. ibid.*<br>*Plut. in Artax. p.* 1022.<br>*et in Agesil.*<br>*p.* 601.<br>*Diod. l.* 14.<br>*P.* 299.<br>*Polyœn.*<br>*Strat.* 17.

Sparte, extrêmement satisfaite des grands exploits d'Agésilas, lui ordonna de prendre le commandement de l'armée navale, avec pouvoir de mettre en sa place qui il lui plairait. Par ce nouveau pouvoir, il se vit maître absolu de toutes les troupes de terre et de mer, que cette république avait en Asie. On prit ce parti-là, afin que toutes les opérations étant dirigées par une seule tête, et les deux armées agissant de concert, le plan qu'on formerait s'exécutât avec plus d'uniformité, et que tout conspirât au même but. Jamais Sparte jusque là n'avait fait cet honneur à aucun de ses généraux de lui confier en même temps le commandement des armées de terre et de mer: Aussi tout le monde tombait d'accord qu'Agésilas était le plus grand personnage de son temps, et qui soutenait le mieux la haute réputation dont il jouissait.

Il y avait deux ans qu'Agésilas était à la tête de l'armée, et déjà son nom faisait trembler les provinces de la haute Asie: tout y retentissait du bruit de sa grande sagesse, de son désintéressement, de sa modération, de son courage intrépide dans les plus grands dangers, et de son invincible patience pour supporter les plus rudes fatigues. Toute l'Asie était déjà émue, et la plupart des provinces prêtes à se révolter, lorsque Tithrauste, qui commandait pour le roi en Asie, envoya dans la Grèce Thimocrate de Rhodes, avec de Révolte<br>contre Sparte.

grosses sommes, pour corrompre les villes, et les faire révolter contre Sparte. Le satrape n'eut pas de peine à détacher les villes alliées du parti des Lacédémoniens. La sévérité de leur gouvernement avait généralement indisposé les esprits, et excité contre eux une jalousie, qui n'attendait qu'une occasion pour éclater. Thèbes, Argos, Corinthe et Athènes entrèrent dans ses vues.

Mort de Lysandre.

Les Lacédémoniens, de leur côté, se mirent en campagne sans perdre de temps, et entrèrent dans la Phocide. Lysandre alla mettre le siége devant Haliarte; mais n'ayant pas été secouru à propos, il fut obligé de donner le combat, et il y fut tué. La pauvreté de Lysandre ayant été reconnue après sa mort, fit beaucoup d'honneur à sa mémoire. Il faut avouer qu'un généreux désintéressement, au milieu de tout ce qui peut irriter la cupidité, est bien rare et bien digne d'admiration ; mais ce désintéressement était accompagné dans Lysandre, de grands défauts, qui en ternissaient tout l'éclat.

Rappel d'Agésilas.
An. M. 3610.
Av. J. C. 394.
*Plut. in. Agésil.* p. 603. 604.
*Xenoph. in Ages.* p. 657.

Dans le temps qu'Agésilas se préparait à mener ses troupes dans la Perse, il reçut un ordre des éphores qui le rappelaient et lui ordonnaient de venir au secours de sa patrie. Agésilas ne délibéra pas un moment, et montra par sa prompte obéissance, la vérité de ce qu'on disait, *qu'à Sparte c'étaient les lois qui commandaient aux hommes, et non les hommes aux lois.* En partant, il dit *que trente mille archers du roi le chassaient d'Asie ;* désignant par ces mots, une monnaie de Perse, qui avait d'un côté la figure d'un archer, parce qu'on avait répandu dans la Grèce trente mille pièces de cette monnaie, pour corrompre les orateurs, et ceux qui avaient le plus de pouvoir dans les villes.

Les ennemis de Sparte s'étant assemblés pour concerter ensemble comment ils devaient faire la guerre, il fut arrêté qu'on attaquerait les Lacédémoniens chez eux, et s'il était possible jusque dans leur capitale. Mais les Lacédémoniens ne leur en laissèrent pas le temps. Ils se mirent en campagne, vinrent présenter la bataille aux ennemis dans leur pays. Le combat fut fort rude, et l'avantage que remportèrent les Lacédémoniens, fut très-considérable. Dans le même temps, les deux flottes ennemies s'étant rencontrées près de Cnidos, ville de Carie, celle de Sparte commandée par Pisandre, et celle des Perses par Conon, athénien, en vinrent aux mains. Le combat fut très-vif. Pisandre eut d'abord quelque avantage ; mais les alliés de Sparte ayant pris la fuite, il ne put se résoudre à les suivre, et mourut les armes à la main. Conon prit cinquante galères, le reste se sauva à Cnidos. La suite de cette victoire fut la révolte presque générale des alliés de Sparte, dont plusieurs se déclarèrent pour les Athéniens, et les autres se rétablirent dans leur ancienne liberté.

Agésilas était alors en Béotie, prêt à donner bataille, quand il apprit cette fâcheuse nouvelle. Dans la crainte qu'elle ne décourageât et n'effrayât ses troupes, il fit courir le bruit dans l'armée, que les Lacédémoniens

Bataille de Coronée.
Plut. in Ages. p. 605.

avaient remporté sur mer une victoire considérable. Il parut lui-même à la tête de son armée, couronné d'un chapeau de fleurs. La mêlée fut très-âpre et très-sanglante. Agésilas y reçut plusieurs blessures ; mais enfin,

Xenoph.
Hist. grec. p. 518. 520.
In Ages. p. 659. 660.
An. M. 3610.
Av. J. C. 394.

il resta victorieux. Son premier soin après la victoire (car Agésilas n'était pas moins religieux que brave), fut de sacrifier aux Dieux, et de leur offrir la dîme du butin qu'il avait fait en Asie, qui montait à cent mille écus. C'est là la fameuse bataille de Coronée, qui, au rapport de Xénophon, qui y était, fut la plus furieuse de toutes les batailles qui se donnèrent de son temps.

Plut. in Ages p. 606.

Après les actions de grâces, Agésilas s'en retourna par mer à Sparte. Ses citoyens le reçurent avec toutes les marques d'une véritable joie, et le regardèrent avec admiration, voyant ses mœurs simples, et sa vie pleine de frugalité et de tempérance.

A son retour à Sparte, il ne changea rien à ses repas, ni à ses bains, ni à l'équipage de sa femme, ni aux meubles de sa maison. Il ne se distinguait des autres citoyens, que par une plus grande soumission aux lois, et un plus inviolable attachement aux coutumes de sa patrie ; persuadé qu'il n'était roi que pour en donner l'exemple aux autres. Il ne faisait consister la grandeur que dans la vertu. Un jour qu'on parlait en termes magnifiques du grand roi (c'est le nom qu'on donnait aux rois de Perse), et qu'on relevait ex-

Plut. de sui laude. p. 546.

trêmement sa puissance : « Je ne comprends » pas, dit-il, comment il est plus grand que » moi, s'il n'est pas plus vertueux. »

Dans le même temps, Pharnabaze et Conon, avec la flotte du roi, s'étant rendus maîtres de la mer, ravageaient toute la côte de la Laconie. Ce satrape retournant dans son gouvernement de Phrygie, laissa à Conon la flotte avec des sommes très-considérables, pour travailler au rétablissement d'Athènes. Conon victorieux et couvert de gloire, s'y rendit et y fut reçu avec un applaudissement général. Il ne perdit point de temps, et commença aussitôt l'ouvrage. Secondé par les Thébains, autrefois les plus cruels ennemis d'Athènes, il releva en peu de temps les murs de cette ville, la rétablit dans son ancien éclat, et la rendit plus formidable que jamais à ses ennemis.

Sparte ne put voir sans douleur un rétablissement si glorieux. Elle regardait la grandeur et la puissance d'une ville anciennement rivale, et presque toujours ennemie, comme sa propre ruine. C'est ce qui fit prendre aux Lacédémoniens la lâche résolution de se venger en même temps d'Athènes et de Conon son restaurateur, en faisant la paix avec le roi de Perse. Dans cette vue, ils envoyèrent Antalcide à Téribaze. Sa commission renfermait deux articles principaux. Le premier était d'accuser Conon d'avoir volé au roi l'argent qu'il avait employé au rétablissement d'Athènes, et d'avoir formé le dessein d'enlever aux Perses l'Eolide et l'Ionie. Par le second, il livrait au roi, avec la dernière injustice, les Grecs établis en Asie.

Les plus considérables villes de la Grèce envoyèrent en même temps des députés aux

An. M. 3611.
Av. J. C. 393.

*Xenoph.*
*Hist. grec l.*
4. *p.* 534.
553.
*Diod. l.* 14.
*p.* 103.
*Justin. l.* 6.
*c.* 5.
Conon rétablit les murs d'Athènes.
An. M. 3611.
Av. J.C. 393.

Jalousie de Sparte.
*Xenoph.*
*Hist. grec.*
*l.* 4.
*Plut. in Ages.*
*p.* 608.

satrapes, et Conon était à la tête de ceux d'Athènes. Tous d'un commun accord rejetèrent de telles propositions. Le barbare n'eut aucun égard à leurs justes remontrances. Il arrêta Conon, et le fit mettre en prison. Après ces précautions, il partit pour la cour, et alla rendre compte au roi de sa négociation. Le prince en fut très-content, et le pressa fort d'y mettre la dernière main.

Paix d'Antalcide.
An. M. 3617.
Av. J. C. 387.
*Xenoph. l. 5.*
p. 548. 551.

Dès que Téribaze fut de retour, il manda les députés des villes de Grèce, pour faire la lecture du traité. Il portait que toutes les villes grecques de l'Asie demeureraient soumises au roi, et que toutes les autres, tant petites que grandes, conserveraient leur liberté. Toutes les villes de la Grèce, à l'exception de Sparte, qui avait proposé de telles conditions, rejetaient avec horreur un traité si infâme. Cependant, comme ces peuples étaient affaiblis par les divisions domestiques, ils furent contraints malgré eux d'y consentir, excepté les Thébains, qui eurent le courage de s'y opposer d'abord ouvertement, mais qui furent enfin obligés de l'accepter comme les autres, de qui ils se voyaient généralement abandonnés.

Ce traité, qui est le fruit de la jalousie et des dissensions qui armèrent les villes grecques les unes contre les autres, sera à jamais la honte et l'opprobre de Sparte et d'Athènes. Il est une preuve que ces deux villes, jusqu'ici invincibles au fer et aux armes, trouvèrent leur perte dans leur jalousie mutuelle, qui les obligea tour-à-tour de recourir lâchement aux Perses, pour en obtenir du secours aux dépens de leurs véritables intérêts, de leur liberté et de leur gloire ; bien éloignées en cela du caractère des anciens Grecs, qui n'estimaient que la vertu. Nulle dissension entre ces peuples, nulle jalousie de commandement, nulle vue particulière d'intérêt ; enfin, nul autre combat entre eux, que pour se disputer l'honneur et la gloire d'aimer tendrement la patrie, et de la bien servir.

### Guerre d'Artaxerxe contre Evagore, roi de Salamine.

Artaxerxe, délivré des soins et de l'embarras que lui causait la guerre contre les Grecs, songea à terminer celle de Cypre qui durait depuis quelques années, mais qui était poussée faiblement. Il tourna alors le gros de ses forces de ce côté-là, et attaqua Evagore, roi de Salamine, avec une armée de trois cent mille hommes, et une flotte de trois cents galères, qui avait pour amiral Téribaze. Evagore, de son côté, rassembla le plus de troupes et de vaisseaux qu'il lui fut possible. Sa flotte n'était que de quatre-vingt-dix galères, et son armée ne montait à guère plus de vingt mille hommes. Comme il avait beaucoup de frégates légères, il tendit des piéges à celles des ennemis, qui portaient des vivres à l'armée, en coula à fond un grand nombre, en prit plusieurs, et empêcha les autres d'approcher ; ce qui mit la famine parmi les Perses, et y excita de violentes séditions qu'on ne put apaiser qu'en faisant venir de Cilicie de nouveaux convois.

An. M. 3618.
Av. J. C 386.
Isoc. in Evag.
p. 180.

Succès d'Evagore.

Evagore, avec ses troupes de terre, attaqua d'abord une partie de l'armée ennemie qui était séparée du reste, et la mit entièrement en déroute. Cette première action fut suivie de près du combat naval, où les Perses eurent encore du dessous dans le commencement ; mais animés par les reproches et les vives remontrances de l'amiral de la flotte, ils reprirent courage, et remportèrent une pleine victoire. Salamine aussitôt fut assiégée par terre et par mer. Evagore, se voyant sans ressource et sans espérance, fut contraint de capituler. Les conditions du traité qu'on lui proposa, furent qu'il abandonnerait toutes les villes de Cypre, excepté Salamine, où il se contenterait de régner ; qu'il payerait au roi un tribut annuel, et qu'il lui demeurerait soumis comme un serviteur à son maître. L'extrémité où il était réduit, l'obligea d'accepter les deux premières conditions, quelque dures qu'elles fussent ; mais il ne put jamais se résoudre de consentir à la dernière, et persista toujours à déclarer qu'il ne pouvait traiter que de roi à roi. Le général persan, voyant que les assiégés se défendaient vigoureusement, se désista de cette dernière et humiliante condition, qui avait empêché jusqu'alors la conclusion du traité. Ainsi le siége fut levé, et Evagore demeura roi de Salamine, et tributaire du roi de Perse.

Evagore descendait de Teucer de Salamine, qui, au retour du siége de Troie, alla s'établir dans l'île de Cypre, et y bâtit la ville de Salamine. C'était un prince accompli, sage, modéré, sobre, courageux. Il avait une gran-

An. M. 3618.
Av. J C. 386.

Il est battu dans un combat naval.

Il capitule avec les Perses.
An M. 3619.
Av. J. C. 385.

Isoc. in Evag.

Eloge d'Evagore.

deur d'ame et une élévation dignes d'un grand trône. Mais ce qu'il y avait de plus royal en lui, et qui lui attirait pleinement la confiance de ses sujets, de ses voisins, et même de ses ennemis, était sa sincérité, sa bonne foi, son respect pour les engagemens qu'il avait pris, sa haine ou plutôt la détestation qu'il témoignait pour tout déguisement, tout mensonge, toute fourberie. Une simple parole de sa part était regardée comme un serment sacré, et l'on savait que rien n'était capable de le porter à y donner la plus légère atteinte.

Artaxerxe, après avoir terminé la guerre de Cypre, en commença une nouvelle contre les Cadusiens, qui s'étaient apparemment révoltés, et avaient refusé de payer le tribut ordinaire. Ces peuples habitaient une montagne située entre le Pont-Euxin et la mer Caspienne, au nord de la Médie. Le roi marcha en personne contre eux, à la tête de trois cent mille hommes de pied et de dix mille chevaux. Comme ce pays est extrêmement ingrat, l'armée souffrit une disette affreuse. On fut obligé de se nourrir de bêtes de somme, et elles devinrent si rares, que la tête d'un àne y valait soixante drachme. (1). La table du roi vint à manquer.

Dans cette fâcheuse conjoncture, Téribaze sauva le roi et l'armée, par un stratagème dont il s'avisa, et qui lui réussit. Le roi, dans cette marche, se fit beaucoup admirer. Ni l'or dont il était couvert, ni sa robe de pourpre, ni les pierreries qui brillaient sur sa personne, et qui montaient à la somme de

_____
(1) Trente livres.

trente-six millions, ne l'empêchaient point de se livrer à la fatigue comme le moindre soldat ; on le voyait le carquois sur l'épaule, et le bras chargé de son bouclier, laisser son cheval, et marcher le premier dans ces chemins raboteux et difficiles.

Un des principaux officiers qui périrent dans l'expédition contre les Cadusiens, fut Canusare, carien de nation, gouverneur de Leuco-Syrie, province enclavée entre la Cilicie et la Cappadoce. Son fils Datame lui succéda dans ce gouvernement, fruit et récompense de ses bons services dans cette même expédition. C'était le plus grand capitaine de son temps. Il paraît, par la vie qu'en a écrite Cornélius Nepos, que personne ne l'a jamais surpassé en hardiesse et en valeur, en habileté à inventer des ruses et des stratagèmes, en activité, en présence d'esprit ; en un mot, dans tout ce qui regarde la science de la guerre.



Il commença à se distinguer dans une commission qui lui fut donnée de réduire Thyus, prince très-puissant, et gouverneur de Paphlagonie, qui s'était révolté contre le roi. Comme il était son proche parent, il employa d'abord les voies de douceur et de conciliation, qui pensèrent lui coûter la vie, par les embûches que lui dressa le perfide Thyus. Echappé d'un si grand péril, il l'attaqua à force ouverte. Il se saisit de lui, et le prit vif, avec sa femme et ses enfans. Il partit avec son illustre prisonnier, sans en donner avis à la cour. Thyus était un homme d'une haute taille, d'un visage hagard et terrible ;

il avait le teint noir, les cheveux fort longs,
et la barbe de même. Il le revêtit d'un habit
magnifique, lui mit au cou et aux bras un
collier et des bracelets d'or, et lui donna
tout l'équipage d'un roi, comme il l'était en
effet. Pour lui, couvert d'un habit grossier
de paysan, et vêtu comme un chasseur, la
main droite armée d'une massue, il conduisait de la gauche Thyus en lesse, comme on
mène une bête qu'on a prise. La nouveauté
du spectacle attira toute la ville. Personne
ne fut plus surpris ni plus content que le roi,
quand il les vit paraître l'un et l'autre devant
lui, dans ce plaisant appareil. Il voulut qu'il
partageât avec Pharnabaze et Tithrauste, les
deux premiers hommes de l'Etat, le commandement de l'armée qu'on destinait contre l'Egypte. Artaxerxe lui ordonna de marcher contre Aspis, qui avait fait révolter le
pays où il commandait dans le voisinage de
la Cappadoce. Il fallait aller chercher ce gouverneur dans un pays fort éloigné. Le roi
s'aperçut qu'il ne devait pas envoyer un général pour cette expédition, et contremanda
Datame; mais ce général était parti sur-le-
champ avec une poignée de gens, persuadé
qu'il n'avait besoin que de diligence pour surprendre et vaincre l'ennemi. Il le surprit en
effet, et les courriers que le roi lui avait dé-
pêchés, rencontrèrent en chemin Aspis, qu'on
menait à Suze, pieds et mains liés.

Il n'était parlé à la cour que de Datame.
Une gloire si brillante lui fit des ennemis secrets, qui conspirèrent ensemble pour le ruiner dans l'esprit du roi, et ils n'y réussirent

que trop. Un ami intime de Datame lui donna avis de ce qui se passait, et lui représenta que, si l'expédition d'Egypte allait mal, il se trouverait exposé à un grand danger ; que la coutume des rois était de s'attribuer à eux seuls les heureux succès, et d'imputer les mauvais à leurs généraux ; qu'il courait d'autant plus de risque, que tous ceux qui environnaient le roi étaient ses ennemis déclarés, et avaient juré sa perte.

Sur ces avis, Datame se détermine à quitter le service du roi, sans pourtant rien faire encore qui fût contraire à la fidélité qu'il lui devait. Il remit le commandement de l'armée à Mandrocle de Magnésie, s'empara avec ses troupes particulières de la Paphlagonie, s'unit avec Ariobarzane ; assembla des troupes, s'assura des places, et y mit bonne garnison. Il apprit que les Pisidiens armaient contre lui : il fit marcher contre eux son fils puîné, qui fut tué dans un combat. Mithrobarzane, son beau-père, qui commandait la cavalerie, croyant son gendre absolument perdu, passa du côté des ennemis. Datame, sans se troubler, publia que c'était une feinte concertée entre son beau-père et lui. On en vint aux mains ; Mithrobarzane fut taillé en pièces avec les siens. L'armée des Pisidiens prit la fuite, et laissa Datame maître du champ de bataille, et de tout le riche butin qui se trouva dans le camp des vaincus.

*Diod. l. 15. p. 399.*

Jusque là, Datame ne s'était point déclaré ouvertement contre le roi. Son propre fils aîné, nommé Scismas, se rendit son accusateur, et découvrit au roi tous les desseins de son père. Artaxerxe en fut effrayé, connaissant le mérite de ce nouvel ennemi. Il envoya contre lui une armée de deux cent mille hommes, sous la conduite d'Autophradate. Les troupes de Datame n'égalaient pas la vingtième partie de celles du roi ; toute sa ressource était en lui-même. Autophradate, croyant qu'il était honteux pour lui de demeurer dans l'inaction devant une petite poignée de soldats, donna le signal de la bataille. La première attaque fut rude ; mais les troupes d'Autophradate plièrent enfin, et furent mises en déroute.

Autophradate, voyant ses efforts inutiles, parla d'accommodement, et proposa à Datame de rentrer en grâce avec le roi, à des conditions honorables. Datame comprenait bien qu'il est rare que les princes se réconcilient de bonne foi avec un sujet qui a manqué à son devoir envers eux ; cependant, conservant toujours pour son prince des sentimens d'affection et de zèle, il promit d'envoyer des députés au roi. Les actes d'hostilité cessèrent, et Autophradate se retira dans la Phrygie, qui était son gouvernement.

Artaxerxe, outré de dépit contre Datame, avait changé en une haine implacable l'estime et l'affection qu'il lui avait autrefois témoignées. Voyant qu'il ne pouvait pas le vaincre par la force et par les armes, il ne rougit point d'employer l'artifice et la trahison pour s'en défaire : moyens indignes de tout homme d'honneur, combien plus d'un prince ! Il aposta plusieurs meurtriers pour l'assassiner ; et enfin Mithridate, fils d'Ariobarzane,

à qui le roi avait fait de magnifiques promesses, s'étant insinué dans l'amitié de Datame, et lui ayant donné, pendant un assez
long temps, bien des marques d'une fidélité
à toute épreuve, pour gagner sa confiance,
profita d'un moment favorable où il le trouva
seul, et le perça de son épée, avant qu'il fût
en état de se défendre (1). Ainsi périt, dans
les piéges d'une fausse amitié, ce brave capitaine, qui s'était toujours fait honneur de
garder une fidélité inviolable à l'égard de ceux
qui s'étaient attachés à lui. Heureux s'il s'é-
tait toujours piqué d'être aussi fidèle sujet,
et s'il n'avait pas terni, sur la fin de ses jours,
l'éclat de ses qualités héroïques !

---

## CHAPITRE IV.

### *Histoire abrégée de Socrate.*

Comme la mort de Socrate est un des plus
considérables événemens de l'antiquité, j'ai
cru devoir traiter ce sujet avec quelque étendue. Dans cette vue, je reprendrai les choses
d'un peu plus haut, pour donner aux lecteurs une juste idée de ce prince des philosophes

#### ARTICLE PREMIER.

An. M. 3533.
Av. J C. 471.
Naissance,
origine et
profession de
Socrate.

Socrate naquit à Athènes, la quatrième
année de la soixante et dix-septième olympiade. Son père était sculpteur, et se nommait Sophronisque ; sa mère était sage-fem-

*Diogen.
Laert. in
Socrat. p. 10.*

(1) Ita vir qui multos consilio, neminem perfidiâ ce-
perat, simulatâ captus est amicitiâ. *Corn. Nepos.*

me, et s'appelait Phénérète. Il s'appliqua d'a-
bord à la profession de son père, et s'y rendit fort habile. On dit que ce fut Criton qui
le retira de la boutique de son père, ravi de
la beauté de son esprit, et ne jugeant pas
raisonnable qu'un jeune homme, capable des
plus grandes choses, demeurât perpétuelle-
ment attaché sur la pierre, le ciseau à la
main. Il eut pour maître dans la philosophie,
le célèbre Archélaüs, qui le prit fort en affection. Il porta les armes comme faisaient
tous ceux d'Athènes. Il fit plusieurs campagnes, se trouva à plusieurs actions, et s'y
distingua toujours par son courage et sa bravoure.

Il s'était accoutumé de bonne heure à une
vie sobre, dure, laborieuse. Il est difficile de
porter plus loin qu'il le fit le mépris des richesses et l'amour de la pauvreté. Voyant la
pompe et l'appareil que le luxe étalait dans
certaines cérémonies, et la quantité d'or et
d'argent qu'on y portait : « Que de choses,
» disait-il en se félicitant lui-même sur son
» état, que de choses dont je n'ai pas be-
» soin ! » *Quantis non egeo !* Socrate n'é-
tait pas seulement pauvre ; mais, ce qui est
admirable, il aimait cet état, et ne rougis-
sait pas de faire connaître ses besoins : *Si
j'avais de l'argent*, dit-il un jour dans une
assemblée de ses amis, *j'aurais acheté un
manteau* (1). Ce fut un combat entre ses
disciples à qui lui ferait ce petit présent.

L'austérité dans laquelle il vivait en par-

Vertus de<br>Socrate.

____

(1) *Emissem, inquit, pallium, si nummos heberem.
Senec. de benef. l. 7. c. 24.*

ticulier, ne le rendait point sombre ni sauvage, comme cela était assez ordinaire pour lors aux philosophes. Dans les compagnies et les conversations, il était fort gai et fort enjoué. C'était lui qui faisait la joie et l'agrément des repas. Quoique très-pauvre, il se piquait d'être très-propre sur lui et dans sa maison. Il dit un jour à Antisthène, qui affectait de se distinguer par des habits sales et déchirés, qu'à travers les trous de son manteau et de ses vieux haillons, on entrevoyait beaucoup de vanité.

Une des qualités les plus marquées dans Socrate, était une tranquillité d'ame, que nul accident, nulle perte, nulle injure, nul mauvais traitement ne pouvait altérer. Il ne se laissait jamais emporter par la colère. Se sentant de l'émotion contre un esclave : «Je te frapperais, dit-il, si je n'étais en colère:» *Cœderem nisi irascerer.* Ayant reçu un soufflet, il se contenta de dire en riant : *Il est fâcheux de ne savoir pas quand il faut s'armer d'un casque.*

Sans sortir de sa propre maison, il trouva de quoi exercer sa patience dans toute son étendue. Xanthippe sa femme le mit aux plus rudes épreuves par son humeur bizarre, violente et emportée. Il n'y eut sorte d'outrage ni d'avanie qu'il n'eût à essuyer de sa part. Un jour, après avoir vomi contre lui toutes les injures dont son dépit était capable, à la fin elle lui jeta un pot d'eau sale sur la tête. Il ne fit qu'en rire, disant *qu'il fallait bien qu'il plût, après un si grand tonnerre.* On croit que le caractère de cette femme était de

Senec. de ird. l. 1. c. 15. l. 3. c. 11.

son choix, et qu'il l'avait épousée à dessein d'être exercé. Il eut tout lieu d'être satisfait d'avoir si bien rencontré.

Ce ne serait pas bien connaître Socrate, que de ne rien savoir du génie qu'il prétendait lui avoir servi de conseil et de guide dans la plupart de ses actions. On ne convient pas de ce qu'était ce génie, appelé ordinairement le démon de Socrate. On rapporte différens sentimens ; mais il est de la sagesse de s'en tenir à celui de tous, qui paraît le plus naturel et le plus raisonnable.

*Génie ou esprit familier de Socrate.*

*Cicer. de Divinit. l. 1. n. 122.*

On peut croire, avec assez de vraisemblance, que le démon de Socrate, dont on a parlé si diversement, n'était autre chose que la justesse et la force de son jugement, qui par les règles de la prudence, et par le secours d'une longue expérience, soutenue de sérieuses réflexions, lui faisait prévoir quel devait être le succès des affaires et des entreprises sur lesquelles il était consulté, ou sur lesquelles il délibérait pour lui-même. On peut penser aussi en même temps, que Socrate n'était pas fâché de laisser croire au peuple que c'était en effet une Divinité qui l'inspirait et lui découvrait l'avenir. Cette opinion pouvait le relever beaucoup dans l'esprit des Athéniens.

Ce qui faisait le caractère principal et dominant de Socrate, était le soin qu'il prenait d'instruire les hommes, et surtout de former la jeunesse d'Athènes. Il semblait, dit Libanius, qu'il était le père commun de la république, tant il était attentif au bien et à l'utilité de tous les citoyens. Il n'avait point

*Caractère dominant de Socrate.*

*In Apol. Socrat. p. 641.*

*Plut. an Seni sit ger. Resp. p. 795.*

une école ouverte comme les autres philosophes, ni d'heure marquée pour ses leçons.
C'était un philosophe de tous les temps et de
toutes les heures. Il enseignait en tout temps
et en toute occasion; dans les repas, dans les
conversations, à la promenade et à la maison, à l'armée et au milieu du camp. Jamais
maître n'eut plus de disciples, ni de plus illustres disciples. Platon et Xénophon, quand
ils seraient les seuls, en vaudraient une foule. L'ardeur des jeunes Athéniens pour le
suivre était incroyable. Ils quittaient père et
mère, et renonçaient à toutes leurs parties
de plaisir pour s'attacher à Socrate, et pour
l'entendre.

Son grand soin, par rapport à ceux qui
aspiraient aux charges, était de les former
aux bonnes mœurs, de jeter en eux de soli-
des principes de probité et de justice, et surtout de leur inspirer un sincère amour de la
patrie, un grand zèle pour le bien public, et
une haute idée de la bonté et de la providence des Dieux; parce que, sans ces qualités, toutes les autres connaissances ne ser-
vent qu'à rendre les hommes plus méchans
et plus capables de faire du mal.

An. M. 3602.   L'accusation de Socrate fut intentée peu
Av. J. C. 402.   de temps après que les trente tyrans eurent
été chassés d'Athènes, la soixante-neuvième
année de son âge; mais elle avait été préparée long-temps auparavant. L'oracle de Del-
*Plut. in*   phes, qui l'avait déclaré le plus sage des hom-
*Apolog. p. 19*   mes, le décri où il mettait la doctrine et les
mœurs des sophistes de son temps, qui étaient
auparavant fort estimés, la liberté avec laquelle

quelle il attaquait tous les vices, l'attachement singulier de ses disciples pour sa personne et pour ses maximes; tout cela avait
indisposé les esprits contre lui, et lui avait
attiré beaucoup d'envieux.

Ses ennemis ayant juré sa perte, et sen- *Ælian. l. 2.*
tant la difficulté de l'entreprise, dressèrent *p. 13.*
de loin leurs batteries. On dit que, pour son-
der les dispositions du peuple à l'égard de
Socrate, ils engagèrent Aristophane à le jouer
sur le théâtre dans une comédie où il jette-
rait les semences de l'accusation qu'ils mé-
ditaient contre lui. Ce poète, qui ignorait
ce noir complot, à la honte de la poésie,
prêta sa plume à la mauvaise volonté des
ennemis de Socrate, et employa tous ses talens et tout son génie à décrier le plus homme de bien qu'ait jamais eu le paganisme.
Tout ce que dit Aristophane contre Socrate,
était accompagné d'une finesse de raillerie
et d'un sel qui ne pouvaient manquer de plai-
re à un peuple d'un goût aussi délicat et raf-
finé qu'était celui d'Athènes. Cette pièce jeta
un grand ridicule sur la personne de Socrate,
et accoutuma insensiblement le peuple à le
mépriser. C'est l'avantage que s'en étaient
promis ses ennemis, et qui les enhardit, dans
la suite, à lui intenter un procès dans les
formes.

Voilà les premiers coups qu'on lui porta,
qui servirent comme d'essai et d'épreuve pour
la grande affaire qu'on songeait à lui susciter. On la laissa dormir long-temps, et ce ne
fut que plus de vingt ans après qu'elle éclata.
Alors Mélitus se porta pour accusateur, et

TOM. III.                              C

intenta un procès dans les formes à Socrate.
Il formait contre lui deux chefs d'accusation : le premier, qu'il n'admettait point les
Dieux qui étaient reconnus dans la république, et qu'il introduisait de nouvelles Divinités; le second, qu'il corrompait la jeunesse
d'Athènes ; et il conclut à la mort. Mélitus
soutint son accusation par un discours travaillé, où, à la place de bonnes raisons, il
substitua l'éclat séduisant d'une éloquence
vive et brillante.

Plut. in apolog. p. 24.

Socrate, pour se défendre, n'employa ni
les artifices ni les couleurs de l'éloquence. Il
n'eut point recours aux sollicitations ni aux
prières. Il ne fit point venir sa femme ni ses
enfans pour fléchir ses juges par leurs gémissemens et leurs larmes. Il aurait cru déshonorer la bonté de sa cause, s'il avait mis en
usage de pareils moyens. Son apologie fut
un discours mâle, ferme et généreux, où l'on
voyait briller partout le caractère et le langage de l'innocence. D'abord il eut la plura-
lité des voix pour lui ; et Mélitus, son accusateur, allait être condamné, selon l'u-
sage, à une amende de mille drachmes; mais
Anytus et Lycon s'étant joints à lui, et por-
tés pour accusateurs de Socrate, leur crédit
entraîna un grand nombre de suffrages ; il y
en eut deux cent quatre-vingt-un contre
Socrate, et par conséquent deux cent vingt
pour lui. Les juges étaient au nombre de cinq
cents, sans compter le président.

Par une première sentence, les juges dé-
claraient simplement que Socrate était coupable, sans rien statuer sur la peine qu'il

devait souffrir, lui laissant le choix de la peine qu'il croyait mériter. Socrate répondit que, puisqu'on l'obligeait à se taxer lui-même, il se condamnait, pour avoir passé toute sa vie à instruire les Athéniens, à être nourri le reste de ses jours dans le Prytanée, aux dépens de la république. Cette dernière réponse révolta tous les juges. Ils le condamnèrent à boire de la ciguë; ce qui était une sorte de supplice fort usitée parmi eux.

Cette sentence n'ébranla en rien la constance de Socrate. Aussitôt qu'elle fut prononcée, il s'achemina avec une fermeté admirable vers la prison, qui perdit ce nom dès qu'il y fut entré, dit Sénèque, étant devenue le séjour de la probité et de la vertu (1). Apollodore, l'un de ses amis et de ses disciples, s'étant avancé pour lui témoigner sa douleur de ce qu'il mourait innocent : *Voudriez-vous*, lui répondit-il en souriant, *que je mourusse coupable?* Ses amis voulurent lui faciliter son évasion; ils avaient corrompu le geôlier à force d'argent ; mais Socrate ne pût jamais se résoudre à profiter de leurs bons offices. Il exigea qu'on lui montrât que la démarche qu'on lui proposait était juste et permise. Toutes les raisons que vous alléguez, leur disait-il, d'intérêt, de réputation, de famille, d'amitié, ne prouvent rien. Il faut me démontrer la justice de la démarche que vous voulez exiger de moi.

Socrate employa le dernier jour de sa vie à entretenir ses amis sur ce grand et impor-





(1) Socrates carcerem intrando purgavit, omnique honestiorem curiâ reddidit. *Senec. de vit. beat. c. 27.*

2

tant sujet. La conversation fut des plus in-
téressantes et des plus convenables au moment où il se trouvait. Elle roula tout entière sur l'immortalité de l'ame. Ensuite il
but la coupe, et mourut quelques momens
après.

Le temps ayant dissipé les préventions et
donné lieu aux réflexions, l'injustice de la
mort de Socrate se montra aux Athéniens
dans toute sa noirceur. Tout déposait dans
la ville, tout parlait en faveur de Socrate ;
Athènes ne pouvant soutenir plus long-
temps les reproches d'un jugement si inique,
demanda compte aux accusateurs du sang
innocent qu'ils avaient fait répandre. Mélitus fut condamné à mort, et les autres furent bannis. Les Athéniens, non contens
d'avoir ainsi puni les calomniateurs de Socrate, lui firent élever une statue de bronze,
de la main du célèbre Lysippe, et la placè-
rent dans un lieu des plus apparens de la
ville. Leur respect et leur reconnaissance pas-
sèrent jusqu'à une vénération religieuse : ils
lui dédièrent une chapelle, comme à un héros et à un demi-Dieu, et la nommèrent
en leur langue, Σωκρατεῖον, c'est-à-dire, la
chapelle de Socrate.

Il faut avouer que le paganisme n'a jamais rien eu de plus parfait que Socrate.
Quand on voit jusqu'où il a porté la subli-
mité de ses sentimens, non-seulement sur
les vertus morales, la tempérance, la sobriété, la patience dans les maux, l'amour de la
pauvreté, le pardon des injures; mais ce qui
est bien plus considérable, sur la Divinité,

sur son unité, sur son souverain pouvoir, sur sa providence, sur l'origine de l'ame, sur son immortalité, sur sa fin dernière et sur sa destinée éternelle, sur les récompenses des bons et la punition des méchans; quand on envisage toutes ces sublimes connaissances, on se demande à soi-même, si c'est donc un païen qui pense et qui parle ainsi; et l'on a peine à se persuader, que d'un fond aussi ténébreux qu'est celui du paganisme, puissent sortir des lumières si vives et si brillantes.

Il est vrai que sa réputation n'a point été sans atteinte, et qu'on a prétendu que la pureté de ses mœurs ne répondait pas à celle de ses sentimens. C'est une question agitée parmi les savans, dans laquelle mon plan ne me permet pas d'entrer. Il me suffit de remarquer qu'il serait bien difficile de séparer Socrate du nombre de ces philosophes que Dieu, par un juste jugement, a livrés à un sens réprouvé, et qu'il a abandonnés aux passions les plus honteuses, pour les punir de ce qu'ayant connu clairement qu'il n'y a qu'un seul vrai Dieu, ils ne l'avaient pas honoré comme ils devaient, en lui rendant un témoignage public, et n'avaient pas rougi de lui associer une multitude innombrable de Divinités, selon eux-mêmes, ridicules et infâmes.

*S. Paul. ad Rom. c. r. v. 17. 32.*

C'est là, à proprement parler, le crime de Socrate, qui ne le rendait pas coupable aux yeux des Athéniens, mais qui l'a fait justement condamner par la vérité éternelle. Elle l'avait éclairé des lumières les plus pures et

3

les plus sublimes dont le paganisme fût capable. Il avait sur la Divinité des principes
admirables. Il parlait souvent, et en termes
magnifiques, de l'existence d'un seul Dieu,
éternel, invisible, créateur de l'univers, souverain maître et arbitre de tous les événemens, vengeur des crimes, et rémunérateur
des actions vertueuses; mais il n'osait rendre
un témoignage public à toutes ces vérités.
La philosophie n'est pas capable d'un tel courage, ni de tels sentimens de générosité : ils
ne peuvent être l'effet que de la grâce du
Médiateur, que Socrate ne méritait pas de
connaître.

# LIVRE DOUZIÈME.

Ce livre renferme principalement l'histoire de deux chefs de Thèbes fort illustres, Epaminondas et Pélopidas; la mort d'Agésilas, roi de Sparte, et celle d'Artaxerxe Mnémon, roi de Perse.

### ARTICLE PREMIER.

## État de la Grèce depuis la paix d'Antalcide.

Jamais, ce semble, la fortune de Sparte n'avait été plus brillante, ni sa domination plus fortement établie. Tout lui était soumis dans la Grèce, soit par force, soit par amitié. Elle avait trouvé le moyen d'humilier Argos, et de la tenir dans la dépendance; Corinthe lui était entièrement dévouée, et suivait en tout ses ordres. Les Athéniens, abandonnés de leurs alliés, et réduits presque à eux seuls, n'étaient pas en état de lui tenir tête. Elle était maîtresse de Thèbes, dans la citadelle de laquelle elle tenait garnison, après s'en être emparée par une perfidie criante. Voici le fait.

*An. M. 3617. Av. J.C. 387. Prospérité de Sparte. Xenoph. p. 565. Diod. l. 334.*

Les Lacédémoniens ayant déclaré la guerre aux Olynthiens, firent partir sur-le-champ leurs troupes, sous la conduite d'Eudamidas, qui s'empara de Potidée, ville alliée des Olynthiens, et mit ensuite le siége devant Olynthe.

*Sparte déclare la guerre à Olynthe. An. M. 3621. Av. J.C. 383.*

Phébidas, autre général de Sparte, se mit en marche peu de temps après. Etant arrivé près de Thèbes, il campa hors la ville, vers le Gymnase, qui était le lieu public d'exercices. Pendant le séjour qu'il fit devant Thèbes, Léontide, qui en était polémarque, c'est-à-dire, général d'armée, alla le trouver, et lui proposa de s'emparer de la citadelle, appelée Cadmée, et de la mettre sous la puissance des Lacédémoniens.

La citadelle de Thèbes est prise par fraude.
An. M. 3622.
Av. J.C. 382.

Phébidas, qui avait beaucoup d'ambition et peu de tête, sans examiner les suites ni les conséquences de cette démarche, se laissa persuader. Pendant que les Thébains, tranquilles et en sûreté sur la bonne foi du traité de paix, célébraient les fêtes de Cérès, et ne s'attendaient à rien moins qu'à un acte d'hostilité, Phébidas, conduit par le traître Léontide, s'empara de la citadelle. La nouvelle de l'entreprise de Phébidas, qui, en pleine paix, s'était emparé par violence d'une citadelle sur laquelle il n'avait aucun droit, avait excité à Sparte de grands murmures et de grandes plaintes. Le sénat s'assembla à ce sujet, et mit l'affaire en délibération.

Ecoutons la sentence que va prononcer l'auguste assemblée de Sparte, si renommée pour la sagesse et l'équité de ses jugemens. L'affaire mûrement pesée, les moyens discutés de part et d'autre, et mis dans tout leur jour, le résultat de l'assemblée fut, que Phébidas serait privé du commandement, et condamné à une amende de cent mille drachmes ou cinquante mille livres ; mais qu'on retiendrait la citadelle, et qu'on y mettrait bonne garnison. Quelle étrange perversité, s'écrie Polybe! quel renversement de toute règle et de toute raison! punir le criminel, et approuver le crime, et non-seulement approuver le crime en passant, et sans y prendre part; mais le ratifier du sceau de l'autorité publique, et le continuer au nom de l'Etat, pour en recueillir le fruit. *Liv. 4. p. 296.*

Une prospérité qui n'est fondée que sur l'injustice, ne peut être de longue durée. Les coups qui vont abattre la puissance de Sparte, partiront de l'endroit même où elle avait exercé les plus injustes violences, et d'où il semble qu'elle n'avait rien à craindre, c'est-à-dire, de Thèbes. Deux illustres citoyens de cette ville paraîtront dans la suite avec éclat sur le théâtre de la Grèce, et méritent, par cette raison, d'être connus par avance.

Je parle de Pélopidas et d'Epaminondas, tous deux citoyens de Thèbes, et des premières familles. Pélopidas, nourri dans une grande opulence, et devenu, encore jeune, seul héritier d'une maison très-riche et très-opulente, employait dès lors son bien à secourir ceux qui en avaient besoin et qui en étaient dignes; montrant, par ce sage emploi de ses richesses, qu'il en était véritablement le maître, et non l'esclave. Pour Epaminondas, la pauvreté était son partage, et faisait son bonheur; on pourrait presque dire sa joie et ses délices. La nature l'avait richement partagé du côté de l'esprit et du cœur. Il était modeste, prudent, grave; il possédait dans un souverain degré la science de la guerre, également homme de tête et de main. *Caractère de Pélopidas et d'Epaminondas. Plut. t. Pelop. p. 279.* *Corn. Nep. in Epamin. c. 3.*

Il se piquait surtout de droiture et de sincérité, jusque là qu'il se faisait un scrupule de mentir, même par manière de récréation (1). Ils avaient tous deux un égal penchant pour la vertu : mais Pélopidas prenait plus de plaisir aux exercices du corps, et Epaminondas à la culture de, l'esprit. C'est pourquoi ils employaient tout leur loisir, l'un à la palestre et à la chasse, et l'autre à la conversation et à l'étude de la philosophie.

Mais, ce que les gens de sens et de bon esprit doivent le plus admirer en eux, et ce qui se trouve le plus rarement dans les personnes de leur rang, c'est cette parfaite union et cette amitié constante qui subsistèrent toujours entre eux, pendant tout le temps qu'ils furent ensemble au maniement des affaires publiques, soit en paix, soit en guerre. Qu'on examine l'administration d'Aristide et de Thémistocle, celle de Cimon et de Périclès, celle de Nicias et d'Alcibiade ; on remarquera qu'elles ont été pleines de troubles, de dissensions, de disputes. Les deux amis dont nous parlons, occupaient les premières charges de l'Etat ; toutes les grandes affaires passaient par leurs mains ; tout était confié à leurs soins et à leur autorité. Dans des conjonctures si délicates, que d'occasions, pour l'ordinaire, de pique et de jalousie ! Jamais ni la différence de sentimens, ni la diversité d'intérêts, ni le plus léger mouvement d'envie, n'altérèrent leur union et leur bonne intelligence. C'est qu'elle était fondée sur

(1) Adeò veritatis diligens, ut ne joco quidem mentiretur. *Cornel. Nep.*

un principe inaltérable, c'est-à-dire, sur la
vertu, qui leur faisait chercher dans toutes
leurs actions, dit Plutarque, non la gloire
ni les richesses, sources funestes de querelles
et de divisions, mais le seul bien public ; et
qui leur faisait désirer, non d'avancer leur
famille, ou d'illustrer leur maison, mais de
rendre leur patrie plus puissante et plus florissante. Voilà les deux grands hommes qui
vont paraître sur la scène, et qui vont donner le branle aux grands événemens qui chan-
geront la face des affaires de la Grèce.

Lorsque le traître Léontide livra aux Lacédémoniens la citadelle de Thèbes, Pélopidas, avec quatre cents citoyens, qui étaient
tous opposés à la tyrannie, sortit de la ville
et se retira à Athènes. Pour Epaminondas,
il demeura en repos à Thèbes, comme un
homme sans conséquence, et dont l'étude
de la philosophie et la pauvreté ne laissent
rien à craindre de sa part. Pélopidas, après
quelque séjour à Athènes, alla trouver tous
les bannis l'un après l'autre ; et les ayant
tous assemblés, il leur représenta : « Qu'il
» fallait tout hasarder, à l'exemple de Thra-
» sybule, et se proposer, pour modèle, son
» courage intrépide et sa généreuse hardies-
» se ; afin que, comme Thrasybule, parti de
» Thébes, était allé heurter et briser les ty-
» rans d'Athènes ; eux de même, partis d'A-
» thènes, allassent rendre à Thèbes sa pre-
» mière liberté. »

Ce discours fit sur l'esprit des bannis toute
l'impression qu'on en devait attendre. Ils
envoient secrètement à Thèbes apprendre



An. M. 3626.
Av. J.C. 378.
*Xenoph.*
*Hist. græc.*
*l.* 5. *p.* 566.
568.
*Plut. in Pe-*
*lap. Id. de So-*
*crat.  Ge*.
*D.od. l.* 15.
*Corn. Nep.*
*Pelopid. c.* 1.
4.

à leurs amis ce qu'ils avaient résolu, partent sans différer, et entrent furtivement dans la ville pendant la nuit. Les conjurés s'étant partagés en deux troupes, les uns, sous la conduite de Pélopidas, marchent vers Léontide ; les autres, contre Aschias et Philippe, qui étaient les premiers magistrats de la ville, qu'on appelait polémarques, ayant à leur tête Charon. Ceux-ci entrent, l'épée à la main, chez les magistrats, qu'ils trouvent à un festin, plongés dans la bonne chère et la débauche. Ils font main-basse sur tous les convives, et égorgent sans peine, avec eux, les magistrats qui étaient pleins de vin, et hors d'état de se défendre. Pélopidas trouva plus de résistance. Léontide était couché et endormi. Réveillé au bruit qu'il entendit, il sauta brusquement de son lit, s'arma de son épée, en fit tomber à ses pieds quelques-uns ; mais enfin il fut lui-même égorgé.

*Pélopidas rend la liberté à sa patrie.*

Toute la ville était remplie de frayeur et de trouble, toutes les maisons éclairées de flambeaux, et les rues pleines de gens qui allaient et venaient. Le peuple, consterné de ce qui venait d'arriver, et n'étant pas encore bien informé de son sort, attendait le jour avec impatience. Le lendemain, à la pointe du jour, on convoque une assemblée du peuple. Epaminondas y mène Pélopidas et sa troupe, environnée de tous les sacrificateurs, qui portaient dans leurs mains les bandelettes sacrées, et qui exhortent tous les citoyens à secourir leur patrie et leurs Dieux. A ce spectacle, toute l'assemblée se lève avec de grands cris et des battemens de mains,

et reçoit les conjurés comme ses bienfaiteurs
et ses libérateurs. Ce jour même, Pélopïdas
est nommé béotarque ( commandant ou gouverneur de la Béotie ) avec Mélon et Charon.
Tous les bannis de Thèbes revinrent, et furent suivis d'une troupe de cinq mille hommes de pied et de cinq cents chevaux, que
les Athéniens envoyèrent à Pélopidas.

Ce général, sans perdre de temps, forma
le siége de la citadelle, pour s'en rendre maître avant qu'il pût arriver du secours de Sparte. Les assiégés se défendaient vigoureusement, dans l'espérance d'un prompt secours,
et paraissaient déterminés à mourir plutôt
que de céder la place ; mais les vivres commençant à manquer, et la faim se faisant
sentir, ils demandèrent à capituler. Toute
la garnison eut la vie sauve, avec permission
de se retirer où elle voudrait. A peine était-
elle sortie, que le secours arriva. Les Lacédémoniens firent le procès aux trois commandans ; deux furent punis de mort, et le
troisième condamné à une si grosse amende,
que, ne pouvant la payer, il se bannit lui-
même du Péloponnèse.

Pélopidas eut tout l'honneur de ce grand
exploit, le plus mémorable de tous ceux qui
ont été exécutés par surprise et par ruse. Plutarque a raison de le comparer à celui de
Thrasybule. L'un et l'autre, bannis et exilés,
dénués par eux-mêmes de toute ressource,
réduits à implorer un secours étranger, forment le hardi dessein d'attaquer, avec une
poignée de gens, une puissance si formidable ; et ayant vaincu, par leur seul coura-

ge , tous les obstacles qui s'opposaient à leur entreprise , ils eurent tous deux le bonheur de délivrer leur patrie , et d'y changer entièrement la face des affaires : car c'est à Thrasybule qu'Athènes doit cet heureux et subit changement, qui, la tirant de l'oppression où elle gémissait , non - seulement la rétablit dans sa liberté , mais lui rendit tout son ancien éclat , et la mit en état d'humilier à son tour et de faire trembler Sparte , son ancienne et perpétuelle rivale. Nous verrons que la guerre , qui bientôt abaissera l'orgueil de Sparte , et qui lui ôtera l'empire de la terre et de la mer, fut l'ouvrage de cette seule nuit, dans laquelle Pélopidas , sans prendre ni château ni place , mais entrant, lui douzième , dans la ville de Thèbes , délia et rompit les chaînes dont l'empire des Lacédémoniens s'était servi pour tenir les autres Etats dans l'esclavage , et qui paraissaient ne pouvoir jamais être déliées ni brisées.

## ARTICLE II.

An. M. 3627.
Av. J.C. 377.
Xenoph. l. 5.
p. 568.
  Plut in
Ages. p. 609.
610.
  Id. in Pélopid. p. 284.
285.

Les Lacédémoniens , après l'injure qu'ils prétendaient avoir reçue par l'entreprise de Pélopidas , ne demeurèrent pas en repos, et songèrent sérieusement à s'en venger. Ils envoyèrent le roi Cléombrote à la tête d'une armée , dans la Béotie. Cette première campagne fut assez languissante, et se termina à quelques ravages de terre , après quoi le roi se retira. La campagne suivante, on engagea Agésilas à se mettre à la tête de ses troupes. Les deux armées étaient tous les jours aux mains ; mais ce n'étaient pas tant des combats que des escarmouches, dont les deux partis se retiraient avec égal avantage et égale perte. Il faut en excepter cependant la rencontre de Tégyre, où les Lacédémoniens eurent le dessous, furent rompus, mis en fuite, et perdirent beaucoup de monde. Cette action fut comme le prélude de la bataille de Leuctres, et comme la semence et le germe des grandes actions et des grands événemens dont nous allons parler.

Tous les peuples de la Grèce, las et fatigués d'une guerre qui n'avait d'autre cause que l'ambition et l'injustice de Sparte, et d'autre but que son agrandissement, songeaient sérieusement à faire une paix générale ; et, dans cette vue, ils avaient envoyé à Lacédémone des députés, pour concerter ensemble les moyens de parvenir à une fin si désirée et si nécessaire. Parmi ces députés, Epaminondas tenait un des premiers rangs. Il fit une harangue, dans laquelle il insista beaucoup sur la nécessité qu'il y avait de fonder la paix sur l'égalité et sur la justice. Son discours, fondé en raison et en justice, fit sur l'assemblée toute l'impression qu'il pouvait désirer. Mais la crainte de déplaire à Lacédémone, ferma la bouche aux autres députés.

*An. M. 3633.*
*Av. J.C. 371.*
*Xenoph.*
*Hist. gr. l. 6.*
*Diod. p. 365*
*366.*

Agésilas, pour détourner l'effet du discours d'Epaminondas, lui demanda *s'il estimait qu'il fût juste et raisonnable de laisser la Béotie libre et indépendante.* Le député de Thèbes, tout aussitôt lui demanda à son tour, avec beaucoup de vivacité, *s'il estimait qu'il fût juste et raisonnable de lais-*

*Plut. in*
*Ages. p. 613.*

*ser la Laconie dans la même indépendance et la même liberté.* Alors le Lacédémonien, se levant de son siége plein de colère, le pressa de déclarer nettement, *s'il laisserait la Béotie libre.* Epaminondas lui fit encore la même question, et lui demanda *s'il laisserait de son côté la Laconie libre.* Agésilas, qui ne cherchait qu'un prétexte pour rompre avec les Thébains, effaça sur-le-champ leur nom du traité qu'on était sur le point de conclure ; et tous les autres alliés le signèrent, moins par inclination que pour ne pas mécontenter les Lacédémoniens, dont ils redoutaient le pouvoir.

Sparte déclare la guerre à Thèbes.

An. M. 3634.
Av. J.C. 370.
*Xenoph. l. 6.*
*p. 593.*

La guerre fut donc résolue contre Thèbes, et les éphores mandèrent sur l'heure à Cléombrote de mener ses troupes contre les Thébains. L'alarme fut grande d'abord à Thèbes. Ils se voyaient seuls, sans alliés et sans secours. Tous les Grecs alors regardèrent Thèbes comme perdue. Les Thébains, revenus de leur première alarme, nomment général Epaminondas, et lui associent plusieurs collègues. Le nouveau commandant, sans différer, assemble six mille hommes de pied et quatre cents chevaux ; et, avec cette troupe, se met en marche, va au-devant des ennemis, qui étaient au nombre de plus de vingt-quatre mille, et les joint à Leuctres, petit bourg de la Béotie. On délibéra, de part et d'autre, si l'on donnerait la bataille, et elle fut résolue des deux côtés.

Bataille de Leuctres

Quand le jour du combat fut venu, les deux armées se mirent en bataille dans une plaine. L'action fut très-rude et très-opiniâ tre. Tant que Cléombrote put agir, la victoire demeura douteuse, et balança longtemps entre les deux partis. Mais lorsque le roi fut tombé mort, les deux partis firent de nouveaux efforts. Les Lacédémoniens, pour n'avoir pas la honte d'avoir abandonné le corps de leur roi, se battirent avec tant de fureur, qu'enfin ils vinrent à bout de l'emporter; les Thébains, pour ne pas perdre leur avantage, combattirent avec encore plus de fureur, et forcèrent la victoire de se déclarer pour eux. Ils mirent en fuite les Lacédémoniens, demeurèrent maîtres du champ de bataille, érigèrent un trophée, et permirent aux ennemis d'enterrer leurs morts.

Jamais les Lacédémoniens n'avaient reçu un pareil échec. Il demeura sur la place quatre mille hommes, dont il y avait mille Lacédémoniens, et quatre cents Spartiates. Les Thébains ne perdirent que trois cents hommes. Cette triste nouvelle fit à Sparte différentes impressions. Les pères et les mères de ceux qui avaient été tués, se saluaient et s'embrassaient les uns les autres, avec la sérénité et la joie peintes sur leur visage; au lieu que les autres se tenaient cachés dans leurs maisons, affligés et abattus de tristesse. De tels sentimens sont bien opposés à nos mœurs, et bien contraires à la nature. Cette affectation était une suite de la férocité, qui faisait, en quelque sorte, le caractère propre des Lacédémoniens.

On se trouva dans un grand embarras à Sparte, au sujet de ceux qui s'étaient enfuis de la bataille. Comme ils étaient en grand nombre, et des plus puissans de la ville, on n'osait leur faire souffrir les peines ordonnées par les lois. Pour se tirer de cet embarras, on choisit Agésilas pour législateur, avec un souverain pouvoir de faire dans les lois tous les changemens qu'il lui plairait. Agésilas, sans y rien ajouter, sans y rien retrancher, sans y rien changer, trouva le moyen de sauver les fuyards et l'Etat. S'étant rendu à l'assemblée, il dit en plein conseil : *Que pour ce jour il fallait laisser dormir les lois, et après ce jour leur rendre toute leur autorité.* Par ce peu de mots, il conserva à Sparte ses lois entières, et lui rendit aussi ce grand nombre de citoyens, qui seraient devenus inutiles à la république.

Après la bataille de Leuctres, les deux partis travaillèrent, les uns à réparer leur perte, les autres à profiter de leur victoire. Epaminondas, de concert avec Pélopidas, qu'on venait de lui donner pour collègue, entra dans la Laconie, avec une armée de soixante et dix mille hommes de bonnes troupes. Tous les alliés, sans ordre et sans décret public, se rangeaient avec un respectueux silence sous leurs enseignes, et marchaient pleins de courage et de confiance sous leur conduite. Les Thébains et leurs alliés parcoururent le pays la flamme à la main, le saccagèrent et le pillèrent jusqu'à la rivière d'Eurotas, sans que personne se mît en devoir de les en empêcher.

Agésilas se conduisit, dans cette occasion, avec beaucoup d'habileté et de sagesse. Il se renferma dans la ville, bien déterminé à ne point sortir, et à ne point hasarder de combat. Il demeura insensible aux railleries, aux insultes et aux menaces des Thébains, qui le défiaient et le pressaient de sortir pour défendre son pays, lui qui seul avait allumé cette guerre. Mais ce qui attristait encore davantage Agésilas, c'était de voir périr, sous son règne, la gloire et la réputation de Sparte, et perdre sous lui tout son ancien éclat. Il avait encore un secret dépit de voir démentir la vanterie dont il avait souvent usé lui-même, *que jamais femme de Sparte n'avait vu la fumée d'un camp ennemi.*

Le général thébain aurait fort souhaité de donner un combat dans Sparte même, et d'y ériger un trophée. Il n'osa pas néanmoins entreprendre de forcer la ville; et n'ayant pu engager Agésilas à en sortir, il prit le parti de se retirer. Habile comme il était, il appréhenda de s'attirer sur les bras toutes les forces du Péloponnèse, et plus encore d'exciter la jalousie des Grecs, qui n'auraient pu lui pardonner d'avoir, pour son coup d'essai, détruit une si puissante république, et *arraché*, comme disait Leptine, *un œil à la Grèce.* Il se borna donc à la gloire d'avoir terrassé des superbes, en qui le langage laconique redoublait la fierté du commandement, et de les avoir, ainsi que lui-même s'en vantait, réduits à la nécessité d'allonger leurs monosyllabes. Dans cette expédition, Epaminondas réunit toute l'Arcadie en un seul et même corps, et ôta la Messénie aux Spartiates. Il bâtit une ville, qui, du nom de l'ancienne, fut appelée Messène, et qu'il peupla de ses anciens habitans, qui accoururent de toutes parts au premier signal ; ce qui causa à Sparte une vive douleur et un sensible déplaisir, à cause de la haine irréconciliable qu'il y avait toujours eu entre Sparte et Messène, et qui paraissait ne pouvoir s'éteindre que par la ruine totale de l'une ou de l'autre.

Les deux chefs thébains sont accusés et absous.

Il semble que les deux grands généraux thébains, à leur retour dans leur patrie, après de si mémorables actions, doivent être reçus avec un applaudissement général, et comblés de toutes sortes d'honneurs : il n'en fut pas ainsi. On les appela tous deux en justice, comme criminels d'Etat, pour n'avoir pas remis, au commencement du premier mois, le commandement aux nouveaux officiers, et l'avoir retenu quatre mois entiers au delà du terme.

Pluc. de sui laude. p. 540.

Pélopidas fut cité le premier devant le tribunal. Il se défendit avec moins de force et de grandeur d'ame qu'on n'avait sujet de l'attendre d'un homme de son caractère ; car il était vif et bouillant. Ce courage fier et intrépide dans les combats, l'abandonna dans le jugement. Son air et son discours, qui avaient je ne sais quoi de timide et de rampant, annonçaient un homme qui craignait la mort, et ne disposèrent point les juges en sa faveur : ce ne fut point sans peine qu'ils le renvoyèrent absous. Epaminondas parut avec un air assuré, et parla d'un ton plein de hardiesse. Au lieu de se justifier, il fit son éloge. Il raconta en termes magnifiques tous ses grands exploits, et finit son discours en disant qu'il mourrait avec joie, si les Thébains voulaient lui laisser à lui seul la gloire de toutes les grandes actions qu'il venait de faire contre Sparte, et déclarer qu'il les avait faites de son chef et sans leur aveu. Tous les suffrages furent pour lui, et il sortit de ce jugement comme il avait coutume de sortir des combats, couvert de gloire, et généralement applaudi.

Les Lacédémoniens ayant tout à craindre de la part d'un ennemi que la victoire qu'il venait de remporter rendait encore plus fier et plus entreprenant que jamais, eurent recours aux Athéniens, et députèrent vers ce peuple, pour implorer son secours. Les Athéniens n'avaient pas oublié les mauvais traitemens qu'ils avaient reçus de Sparte en plus d'une occasion, et surtout depuis la déroute de Sicile ; mais le danger commun l'emporta sur le ressentiment des anciennes injures. Il fut résolu qu'Athènes secourrait les Lacédémoniens de toutes ses forces. Un léger avantage qu'Archidamus, fils d'Agésilas, remporta sur les Arcadiens, tira les Lacédémoniens de l'abattement où ils avaient été jusqu'alors. Cette bataille fut appelée *la bataille sans larmes*, parce qu'il ne perdit pas un homme, et qu'il tua beaucoup de monde aux ennemis.

Pour former avec plus de sûreté une ligue contre les Thébains, les Lacédémoniens, conjointement avec leurs alliés, avaient député vers le grand roi. Ceux de Thèbes y envoyèrent aussi de leur côté Pélopidas. La renommée, après la bataille de Leuctres, avait porté son nom et fait retentir le bruit de sa victoire jusqu'aux provinces de l'Asie les plus reculées. Quand il fut arrivé à la cour, et qu'il parut devant les satrapes : *Voilà, s'écriaient-ils, pleins d'admiration, voilà cet homme qui a ôté aux Lacédémoniens l'empire de la terre et de la mer, et réduit Sparte à se renfermer entre le Taigète et l'Eurotas, Sparte qui, depuis peu encore, sous la conduite d'Agésilas, ne tendait à rien moins qu'à nous venir attaquer dans Suze et dans Ecbatane.* Artaxerxe, ravi de son arrivée, lui rendit des honneurs extraordinaires. Pélopidas, en habile politique, lui fit sentir de quelle importance il était pour les intérêts de sa couronne, de favoriser une puissance naissante, qui n'avait jamais porté les armes contre les Perses, et de la protéger contre Sparte et Athènes, ennemies perpétuelles et irréconciliables de la Perse. Le roi accorda à Pélopidas tout ce qu'il souhaitait. Les Thébains furent déclarés amis et alliés du roi, et Messène demeura libre et affranchie du joug de Lacédémone.

Pélopidas, après avoir obtenu tout ce qu'il pouvait souhaiter, partit de la cour d'Artaxerxe, et s'en retourna à Thèbes. L'estime et la considération que les Thébains avaient pour Pélopidas, ne furent pas peu augmentées par l'heureux succès de cette ambassade. Le théâtre où le courage de Pélopidas parut avec plus d'éclat, fut la Thessalie, dans l'expédition dont il fut chargé par les Thébains, contre Alexandre, tyran de Phères. C'est ce qui va faire la matière de l'article suivant.

### ARTICLE III.

## *Expédition de Pélopidas dans la Thessalie.*

Alexandre était fils de Polydore, tyran d'une grande partie de la Thessalie. Comme ce prince faisait ouvertement la guerre à plusieurs peuples de Thessalie, et s'ouvrait secrètement un chemin pour les assujettir tous, les villes de ce pays envoyèrent à Thèbes des ambassadeurs, pour demander des troupes et un général. Pélopidas fut chargé de cette expédition. Il part donc pour la Thessalie avec une armée, se rend maître de Larisse, et oblige Alexandre de venir à ses pieds. Après avoir terminé les troubles qui agitaient la Thessalie, il prit le chemin de la Macédoine, où on l'appelait. Pélopidas ne fut pas plus tôt arrivé, qu'il termina tous les différens, rétablit tous les bannis, et obligea les princes à vivre en bonne intelligence. Ayant pris pour otage Philippe, frère du roi Perdicas, et trente autres enfans des plus grandes maisons de la Macédoine, il les mena à Thèbes, pour faire voir aux Grecs jusqu'où s'étendait l'autorité des Thébains par la réputation de leurs forces, et par la confiance entière que l'on avait en leur justice et en leur fidélité. Ce fut ce Philippe, père d'Alexandre-le-Grand, qui, dans la suite, fit la guerre aux Grecs pour les asservir.

Alexandre de Phères, ne pouvant contenir son penchant brutal et cruel, donnait tous les jours occasion de se plaindre de sa cruauté tyrannique. Les Thébains, sur les plaintes réitérées qu'ils en reçurent, envoyèrent une

Pélopidas passe en Thessalie.

An. M. 3635.
Av. J. C. 369.

Plut. in Pelop. p. 291.
Diod. l. 15. p. 379.
En Macédoine.
Il retourne à Thèbes.

Il retourne en Thessalie. Il est arrêté par trahison, et fait prisonnier.

seconde fois Pélopidas vers le tyran, pour se plaindre de l'infraction des traités. Le tyran, sans aucun égard pour la dignité d'ambassadeur, dont Pélopidas était revêtu, le fit mettre en prison. Les premiers jours il permit à tout le monde de le voir, s'imaginant que cette aventure aurait humilié sa fierté et abattu son courage; mais, dans la suite, il restreignit cette faveur à Thébé sa femme, à qui il ne put refuser cette permission. Il l'aimait tendrement, si on peut dire qu'un tyran aime quelqu'un. Malgré cette tendresse, il la traitait fort rudement; il n'entrait chez elle que précédé d'un esclave, qui tenait à la main une épée nue, et envoyait des gardes pour voir dans les coffres si l'on n'y trouverait point quelque poignard caché. Malheureux prince, s'écrie Cicéron, qui se fiait plus à un esclave et à un barbare qu'à sa propre femme! Cette princesse trouva Pélopidas dans un triste état, couvert d'un méchant habit, les cheveux fort négligés, et dénué de toute consolation. Ne pouvant retenir ses larmes à un tel spectacle: *Ah! s'écria-t-elle, infortuné Pélopidas, que je plains votre pauvre femme! Non*, lui répliqua-t-il, *c'est vous-même qui êtes à plaindre, Thébé, de pouvoir souffrir un monstre comme Alexandre, n'étant point sa prisonnière.* Ce mot toucha Thébé jusqu'au vif; car elle ne supportait qu'avec peine la cruauté, les violences et les débauches infâmes du tyran.

Epaminondas le délivre.

Quand on eut appris cette nouvelle à Thèbes, les Thébains, irrités d'un si cruel attentat, envoyèrent sur-le-champ une armée en

Thessalie,

Thessalie, dont ils donnèrent le commandement à Epaminondas. Il partit peu de jours
après, à la tête de son armée, et entra en
Thessalie. Son arrivée étonna extrêmement
Alexandre, qui lui envoya des députés pour
se justifier. Le général Thébain ne voulut pas
souffrir que les Thébains fissent ni paix ni
alliance avec un si méchant homme. Il lui
accorda seulement une trève de trente jours;
et après avoir retiré de ses mains Pélopidas, il
ramena ses troupes.

La crainte n'est pas un maître dont les leçons fassent une profonde et durable impression sur les esprits. Le tyran de Phères revint
bientôt à son naturel. Il ruina plusieurs villes
de Thessalie, et mit garnison dans celles des
Achéens et des Magnésiens. Ces villes députèrent à Thèbes, pour demander un secours
de troupes, priant qu'on en donnât le commandement à Pélopidas : ce qui leur fut accordé. Il était personnellement animé contre
Alexandre, par le ressentiment des outrages
qu'il en avait reçus. Après avoir donc assemblé son armée à Pharsale, il marcha contre
le tyran. Les deux armées s'étant rencontrées, on en vint aux mains. Déjà les troupes
d'Alexandre commençaient à plier, lorsque
Pélopidas apercevant le tyran, ne fut plus
maître de lui-même ; mais enflammé à cette
vue, et abandonnant à son ressentiment seul
le soin de sa vie et le succès de l'action, il
courut de toutes ses forces sur lui, en l'appel-
lant et le défiant. Le tyran ne répondit pas
à son défi, et n'osa l'attendre, mais alla se
cacher dans le bataillon de ses gardes. Pélo-

Plat. in Pe-<br>lop. p. 295.

pidas en tua plusieurs, mais enfin il fut tué lui-même, avant de pouvoir parvenir à Alexandre.

Cette action de Pélopidas, quoiqu'elle semble partir d'un grand fonds de valeur, n'est point excusable, et elle a été généralement condamnée, parce qu'il n'y a point de véritable valeur sans sagesse et sans prudence. Le courage, quand il est grand, est froid et tranquille ; il se ménage où il faut, et s'expose où il est nécessaire. C'est donc avec raison qu'on reproche à Pélopidas d'avoir sacrifié à sa valeur toutes ses autres vertus, en prodiguant ainsi sa vie, et d'être mort plutôt pour lui-même que pour sa patrie. Thèbes regretta extrêmement son général ; mais elle ne se contenta pas de le pleurer, elle songea à le venger. Elle envoya sur-le-champ contre Alexandre un petit corps d'armée de sept mille hommes de pied, et de sept cents chevaux, qui mit le tyran à la raison, et le rendit presque vassal de Thèbes.



C'était une punition bien légère. Aussi, dit Plutarque, ne parut-elle pas aux Dieux suffisante, ni proportionnée à ses crimes ; ils lui en réservaient une digne d'un tyran. Thébé sa femme, qui voyait avec horreur et détestait la cruauté et la perfidie de son mari, et qui n'avait pas oublié les leçons et les avis que lui avait donnés Pélopidas dans les visites qu'elle lui rendait dans sa prison, fit, avec ses trois frères, le complot de le tuer. L'assassinat fut exécuté au contentement et à la satisfaction de tous les peuples, qui gémissaient sous la tyrannie de ce cruel et infâme prince. Son cadavre fut exposé à toutes sortes d'outrages, foulé aux pieds par ses sujets, et livré en proie aux chiens et aux vautours ; digne salaire de toutes ses violences et de toutes ses cruautés !

La prospérité extraordinaire de Thèbes était devenue un sujet d'alarmes pour les peuples voisins. Tout était alors en mouvement dans la Grèce. Il s'y éleva une nouvelle guerre dans l'Arcadie. Ceux de Thégée appelèrent à leur secours les Thébains, et ceux de Mantinée les Lacédémoniens et les Athéniens. Les premiers donnèrent le commandement de leurs troupes à Epaminondas. Il entra aussitôt dans l'Arcadie, et se campa à Thégée, dans le dessein d'attaquer les Mantinéens. Ayant été averti qu'Agésilas s'était mis en marche avec des troupes, et qu'il s'avançait vers Mantinée, il forma le dessein de surprendre Sparte, et se mit aussitôt en marche, par un chemin différent de celui que tenait Agésilas. Il aurait certainement pris d'emblée la ville qui était sans murs, sans défense et sans troupes; mais heureusement pour Sparte, un soldat crétois ayant informé en diligence Agésilas de ce qui se passait, celui-ci dépêcha sur l'heure un cavalier, pour avertir la ville du danger qui la menaçait, et il y arriva lui-même bientôt après fort à propos.

An. M. 3641.
Av. J.C. 363.
*Xenoph. l. 7.*
*Plut. in*
*Ages. p.* 615.
*Diod. p.* 391.
392.

Epaminondas, qui vit son dessein découvert, crut cependant ne pas devoir se retirer sans avoir fait une tentative. Il s'avance donc avec ses troupes, et employant la force et le courage au lieu de la ruse, il attaque la ville

par différens endroits, perce jusque dans la
place publique, et s'empare de cette partie
de Sparte qui était du côté du fleuve. Agésilas fait face partout, et se défend avec beaucoup plus de valeur qu'on ne devait attendre
de son âge. Il vit bien que ce n'était pas alors,
comme la première fois, le temps de se ménager et de se précautionner seulement, mais
qu'il fallait payer d'audace, et combattre en
désespéré; moyens dont il ne s'était jamais servi, et dans lesquels il n'avait jamais mis sa confiance, mais qu'il employa alors fort utilement
pour repousser ce danger; car, par ce beau
désespoir, il arracha la ville des mains d'E-
paminondas. Son fils Archidamus, à la tête
de la jeunesse spartaine, se portait, avec un
courage incroyable, partout où le danger
était le plus grand; et avec sa petite troupe,
arrêtait partout l'ennemi, et lui faisait tête.

Epaminondas ayant manqué son coup, et
prévoyant que les Arcadiens ne manqueraient
pas d'accourir au secours de Sparte, et ne
voulant pas les avoir en même temps sur les
bras avec toutes les forces de Lacédémone,
retourna en diligence à Thégée. Les Lacédémoniens et les Athéniens, avec leurs alliés, l'y suivirent de près.

Ce général, considérant que son commandement allait expirer, et que s'il ne combat-
tait, c'en était fait de sa réputation, se détermina à livrer bataille aux ennemis. L'action
fut très-vive de part et d'autre, et la victoire
fut long-temps disputée. Mais enfin elle se
déclara pour les Thébains, qui demeurèrent
maîtres du champ de bataille. La victoire

Bataille de
Mantinée.
An. M. 3641.
Av. J.C. 363.

aurait été complète pour les Thébains, si elle n'avait été le tombeau de leur général, qui ayant reçu une blessure dans l'action, ne survécut que d'un moment à sa victoire. Avec lui périt la gloire des Thébains, comme elle avait pris naissance avec ce grand homme.

Les connaisseurs en vrai mérite, regardent Epaminondas comme le général le plus accompli qu'ait porté la Grèce. Cicéron paraît le mettre au-dessus de tous les grands hommes qui ont illustré ce pays (1). Mais ce qui met le comble à sa gloire, c'est qu'il n'était pas moins homme de bien, que grand capitaine. Il ne chercha point à dominer lui-même, mais à rendre sa patrie dominante ; et il porta le désintéressement si loin, qu'il ne laissa pas, en mourant, de quoi fournir aux frais de ses funérailles. Philosophe de bonne foi, et pauvre par goût, il méprisa les richesses, sans vouloir, ce semble, qu'on lui tînt compte de ce mépris ; et, si l'on en croit Justin, il ne fut pas plus avide de gloire *Justin. l. 6.* que d'argent. Ce fut toujours malgré lui qu'on lui donna les commandemens dont il fut chargé ; et il s'y conduisit de telle manière, qu'il fit plus d'honneur aux dignités qu'on lui conférait, que lui-même n'en fut honoré.

Il avait puisé ces sentimens de générosité et de noblesse dans l'étude des belles-lettres et de la philosophie, qui avaient fait, dès ses plus tendres années, sa plus ordinaire oc- *Ibid.* cupation et son unique plaisir ; de sorte que

_______

(1) Epaminondas princeps, meo judicio, Græciæ. *Acad. Quæst. l. 1. n. 4.*

l'on était étonné, et que l'on se demandait, comment et dans quel temps cet homme, toujours occupé de sciences, avait pu apprendre, ou plutôt saisir, dans un tel degré de perfection, l'art militaire. Sa modération le cachait si bien, qu'il vivait obscur, et presque inconnu. Son mérite le décela pourtant; on l'arracha de la solitude pour le mettre à la tête des armées; et il fit voir que la philosophie, l'étude des sciences et des belles-lettres, méprisées ordinairement par ceux qui aspirent à la gloire des armes, sont infiniment propres à former des héros. La raison en est bien simple; c'est qu'on apprend dans cette école les grandes maximes de la saine philosophie, la règle de tous les devoirs, les motifs de s'en bien acquitter, ce qu'on doit à sa patrie, l'usage qu'on doit faire de son autorité, en quoi consiste le vrai courage; en un mot, ce qui fait le bon citoyen, l'homme d'Etat, le grand capitaine.

On se plaint, et avec raison, que notre siècle est stérile en héros. Faut-il en être surpris, et en chercher ailleurs la cause que dans la mauvaise éducation que l'on donne aux enfans de condition? Qu'on les forme, dès l'enfance, dans l'école d'Epaminondas et des anciens, notre surprise et nos plaintes cesseront.

Epaminondas avait l'esprit orné en toutes manières; mais une modeste retenue jetait un voile sur toutes ses rares qualités, qui en augmentait encore le prix; et il ne savait ce que c'était que d'en faire parade. Spintharus, en faisant son éloge, disait *qu'il n'avait ja-*

*mais connu personne, qui sût plus que*    Plut. de
*lui, ni qui parlât moins.* Epaminondas fit <sup></sup>*Audit. p.* 39.
donc honneur à sa patrie, non-seulement par
ses grands exploits de guerre, mais encore,
par cette sorte de mérite que donnent la
beauté de l'esprit et l'étude des sciences.

Je finirai son portrait et son caractère,
par un trait qui ne le cède en rien à tous les
autres, et qu'on peut même leur préférer,
parce qu'il montre un bon cœur et une ame
sensible ; qualités rares, surtout parmi les
grands, mais infiniment plus estimables que
toutes ces qualités brillantes qui font l'objet
le plus ordinaire de l'admiration du commun
des hommes, et qui, presque seules, paraissent dignes d'être imitées et enviées. La victoire de Leuctres avait attiré sur Epaminondas les yeux et l'admiration de tous les peuples voisins, et le faisait regarder comme l'appui et le restaurateur de Thèbes, comme le
vainqueur et le triomphateur de Sparte, comme le libérateur de toute la Grèce; en un mot,
comme le plus grand homme et le plus grand
capitaine qui eût jamais été. Au milieu de
cet applaudissement général, si capable de
causer dans l'esprit d'un général d'armée une
sorte d'enivrement, Epaminondas n'était sensible à une gloire si flatteuse et si méritée,
*qu'à cause de la joie qu'il prévoyait que*    Plut. in
*causerait à son père et à sa mère la nou-* Coriol.p.215.
*velle de sa victoire.*

Il me semble que l'histoire n'a rien de plus
précieux que de pareils sentimens, qui font
honneur à l'humanité, et qui partent d'un
cœur que la fausse gloire et la fausse gran-

4

deur n'ont point corrompu. J'avoue qu'on ne peut voir sans douleur ces nobles sentimens s'éteindre parmi nous tous les jours de plus en plus, surtout dans ceux que leur naissance ou leur rang élèvent au-dessus des autres, qui souvent ne sont ni bons pères, ni bons fils, ni bons maris, ni bons amis, et qui croiraient se dégrader, s'ils témoignaient à l'égard de père et de mère, cette affectueuse tendresse dont un païen nous donne ici un si bel exemple.

ARTICLE IV.

### *Entreprise d'Artaxerxe contre l'Egypte.*

*An. M. 3627.*
*Av. J. C. 377.*

L'entreprise d'Artaxerxe contre l'Egypte, aurait dû trouver sa place plus haut. Mais pour ne point couper et interrompre les glorieuses conquêtes des Thébains, j'ai différé de parler de cet événement jusqu'à présent.

*Diod. l. 15.*
*p. 328.*

Artaxerxe, après avoir donné quelques années de relâche à ses peuples, avait formé le dessein de réduire l'Egypte, qui, depuis plusieurs années, avait secoué le joug de la domination des Perses. Il fit pour cela de grands préparatifs de guerre. Pharnabaze fut chargé

*Diod. p. 358.*
*359.*

de cette guerre, avec Iphicrate, athénien, qui commandait un corps de troupes grecques, que le roi avait à son service. Quand tout fut prêt pour attaquer l'Egypte, on forma un camp à Acé, appelée depuis Ptolémaïs, dans la Palestine, où était le rendez-vous général. L'armée de terre montait à deux cent mille Perses, et à vingt mille Grecs. Les forces de mer étaient proportionnées à celles de terre.

L'ouverture de la guerre devait se faire par

l'attaque de Péluse, mais on avait donné tant
de temps aux Egyptiens , que Nectanébus ,
roi d'Egypte , leur en rendit l'approche im-
praticable et par terre et par mer. Ainsi la
flotte, au lieu de faire là sa descente, comme
on l'avait projeté, passa outre, et alla dans
la bouche du Nil , appelée Mendésienne. Le
fort fut emporté l'épée à la main , et on n'y
fit quartier à personne.

Après cette action d'éclat , Iphicrate voulait qu'on remontât le Nil sans perdre de
temps, pour aller attaquer Memphis , la capitale de l'Egypte; mais ce ne fut point l'avis
de Pharnabaze , qui voulut attendre le gros
de son armée. Iphicrate, au désespoir de voir
qu'on laissât échapper une occasion qui ne
se trouverait jamais , demanda instamment
qu'au moins on lui permît d'y aller avec ses
vingt mille hommes. Pharnabaze lui en refusa la permission, par un sentiment de basse jalousie, craignant que, si cette entreprise
réussissait, tout l'honneur de la guerre ne fût
pour Iphicrate. Ce délai donna tout le temps
aux Egyptiens de se reconnaître. Ils rassem-
blèrent toutes leurs troupes en un corps,
mirent une bonne garnison dans Memphis,
et avec le reste tinrent la campagne, et ha-
rassèrent tellement l'armée des Perses, qu'ils
l'empêchèrent de s'avancer au dedans du
pays. Après cela survint l'inondation du Nil,
qui, ayant couvert toute la campagne, obligea les Perses de se retirer sans avoir rien
fait, après avoir perdu une bonne partie de
leur armée. Tel fut le succès de cette expédition, qui avait coûté des sommes immenses.

*Plut. in Agesil.p.616. Diod. l. 15. p. 397.*

Cependant, après la bataille de Mantinée, les deux partis, également las de la guerre, avaient fait avec tous les autres Etats de la Grèce une paix générale, sur le plan du roi de Perse, par laquelle on assurait à chaque ville la jouissance de ses lois et de sa liberté. Les Messéniens y furent compris, malgré tous les mouvemens que se donnèrent les Lacédémoniens pour l'empêcher. Le dépit qu'ils en eurent les sépara des autres Grecs. Ils furent les seuls qui voulurent continuer la guerre, dans l'espérance de recouvrer bientôt toute la Messénie.

*An. M. 3641. Av. J. C. 363. Xenoph. de reg. Agesil. p 663c Agésilas passe en Egypte. Corn. Nep. in Ages. c. 8.*

Pendant que ceci se passait en Grèce, Tachos, qui était monté sur le trône d'Egypte, ramassait autant de troupes qu'il pouvait, pour se défendre contre le roi de Perse, qui songeait à attaquer de nouveau l'Egypte, malgré le mauvais succès des efforts qu'il avait déjà faits pour réduire ce royaume. Pour cet effet, Tachos envoya à Sparte, et obtint des Lacédémoniens un corps de leurs troupes, et Agésilas pour les commander. Dès que le Lacédémonien fut abordé en Egypte, les principaux capitaines du roi, et les premiers officiers de sa maison se rendirent à son vaissseau pour le recevoir et pour lui faire la cour. On s'empressa d'abord de lui faire beaucoup d'honneur, mais cela ne fut pas soutenu. Tachos ne le nomma pas généralissime de ses troupes, comme il le lui avait promis. Il méprisait ses avis, et n'avait aucun égard pour lui dans toutes les autres occasions. Agésilas fut si outré de cette conduite de Tachos, qu'il se joignit aux Egypliens qui s'étaient révoltés contre lui, et qui avaient mis Nectanébus, son cousin, à sa place. Agésilas força Tachos de sortir de l'E-gypte, et de laisser la couronne à Necta-nébus.

Agésilas couvrait une action si noire et si lâche du voile de l'utilité publique. Mais, dit Plutarque, que l'on ôte ce voile trompeur, le nom le plus juste et le seul véritable que l'on puisse donner à cette démarche, est ce-lui de perfidie et de trahison. Il est vrai que les Lacédémoniens, faisant consister la plus grande partie du beau et de l'honnête dans ce qui était utile à leur patrie, dont ils se faisaient une idole, ne connaissaient d'autre justice que ce qui leur paraissait pouvoir ser-vir à augmenter la grandeur de Sparte, et à étendre sa domination.

Dans le même temps, un troisième prince de la ville de Mendès se mit sur les rangs, et voulut disputer la couronne à Nectanébus. Ce nouveau prétendant avait une armée de cent mille hommes, mais qui étaient tous de nouvelle levée. On en aurait eu bon mar-ché, si Nectanébus, selon l'avis d'Agésilas, les eût attaqués avant qu'ils fussent exercés et disciplinés. Mais ce prince leur donna le temps de se former et de se discipliner : son ennemi en profita avec succès, et força bien-tôt après Nectanébus d'abandonner la cam-pagne, et de se retirer dans une ville bien for-tifiée, où il alla l'assiéger. Agésilas, chargé des opérations de la guerre, les conduisit avec tant de prudence et de valeur, que les assiégeans furent battus et défaits, et que, dans la suite, il mit toujours en fuite le prince ennemi, et le fit enfin prisonnier.

An. M. 3643.
Av. J C. 361.
Mort d'A-
gésilas.

L'hiver suivant, après avoir bien établi Nectanébus sur le trône, il se mit en mer pour retourner à Lacédémone. Des vents contraires le poussèrent sur la côte d'Afrique, dans un endroit appelé le port de Ménélas, où il tomba malade et mourut, âgé de quatre-vingt-quatre ans, après un règne de quarante-un ans. Son corps fut transporté à Sparte. Ce prince jouit pendant plus de trente ans de la réputation du plus grand et du plus puissant de tous les Grecs, et fut regardé comme le chef et le roi de presque toute la Grèce, jusqu'à la bataille de Leuctres. Ses dernières années ne soutinrent pas parfaitement la réputation qu'il s'était acquise; et l'on trouve que Xénophon, dans l'éloge qu'il fait de ce prince, où il lui donne la préférence sur tous les autres capitaines, a trop exagéré ses vertus et dissimulé ses défauts.

Vers la fin de la guerre d'Egypte, éclatèrent les révoltes de la plupart des provinces soumises aux Perses. Artaxerxe Mnémon, sans le vouloir, y avait donné lieu. Ce prince, par lui-même, était bon, équitable, bienfaisant. Il aimait les peuples et en était aimé. Il avait beaucoup de douceur dans le caractère; mais une douceur qui dégénérait en mollesse, surtout dans les dernières années de sa vie, qui lui donnait de l'éloignement pour toute application et tout travail, et qui par là rendait inutiles les bonnes qualités qu'il avait d'ailleurs, aussi-bien que ses bonnes intentions. Les satrapes et les gouverneurs de province, abusant de sa bonté et de la faiblesse de son grand âge, vexaient les peuples, les traitaient avec hauteur et dureté, les accablaient d'impôts; et faisaient tout ce qu'il fallait pour leur rendre le joug de la domination persane insupportable.

Le mécontentement devint général; et, après une longue patience, il éclata presque en même temps de tous côtés. L'Asie mineure, la Syrie, la Phénicie et plusieurs autres provinces se déclarèrent ouvertement, et prirent les armes. Les principaux chefs qui entrèrent dans cette conspiration, étaient Ariobarzane, satrape de Syrie et de Phrygie; Mausole, roi de Carie; Oronte, gouverneur de Mysie; Autophradate, de Lydie; et Datame, qui commandait en Cappadoce; mais leur réunion ne dura guère; et ceux qui avaient été les premiers et les plus zélés à secouer le joug, furent aussi les premiers à le reprendre, et à trahir les intérêts des autres, pour faire leur paix avec le roi. Ainsi, cette formidable révolte, qui avait mis l'empire de Perse à deux doigts de sa ruine, se dissipa d'elle-même; ou, pour parler plus juste, elle fut suspendue pour quelque temps.

**ARTICLE V.**

*Troubles à la cour d'Artaxerxe. Mort de ce prince.*

La fin du règne d'Artaxerxe fut pleine de cabales. Tout le monde, à sa cour, prenait parti pour quelqu'un de ses fils qui prétendait à sa succession. Ce prince, pour arrêter tous ces mouvemens, désigna Darius, *Plut. in Artaxer. p. 1024. Diod. l. 15. p. 400. Justin. l. 10. c. 1. 2.*

qui était l'aîné de ses trois fils légitimes, pour son successeur; et afin d'ôter tout lieu de lui disputer son droit après sa mort, il lui permit dès lors de prendre le titre de roi, et de porter la tiare royale; mais ce jeune prince voulait quelque chose de plus réel. D'ailleurs, le refus que fit Artaxerxe de lui donner une de ses concubines, qu'il avait demandée, le piqua vivement, et il forma une conspiration contre la vie de son père, où il engagea cinquante de ses frères. Le roi, averti par un eunuque bien instruit de tout, voulut s'assurer par ses propres yeux de la vérité de l'avertissement. On laissa venir les conjurés jusque dans la chambre du roi, où on les arrêta. Darius et tous ses complices furent punis comme ils le méritaient.

Après la mort de Darius, les cabales recommencèrent de nouveau. Ochus, qui se voyait éloigné de la couronne par Araspe son frère aîné, et par Arsame ( qui, quoiqu'il ne fût fils que d'une concubine, avait la faveur du roi, et en était tendrement aimé); Ochus, dis-je, dévoré d'ambition, pour se frayer un chemin au trône, se défit de ses deux rivaux. Il obligea, par ses ruses et ses finesses, Araspe à s'empoisonner lui-même, et fit assassiner Arsame. Le roi, vieux et faible, n'eut pas assez de force pour soutenir le poids d'une telle affliction. Elle l'accabla et le mit au tombeau, après un règne de quarante-trois ans, qui pourrait passer pour heureux, s'il n'avait été troublé par beaucoup de révoltes.

An. M. 3643.
Av. J. C. 361.

Comme ces révoltes ont été très-fréquentes dans les dernières années de l'empire des Perses, et surtout sous le règne qui va suivre, j'ai cru qu'il était à propos de réunir, sous un même point de vue, les différentes causes de ces soulèvemens, qui annoncent pour l'empire des Perses une prochaine décadence.

Après le règne d'Artaxerxe *longue-main*, les rois de Perse s'abandonnèrent de plus en plus aux charmes de la volupté et du luxe, et à la douceur d'une vie indolente et désoccupée. Renfermés ordinairement dans leur palais, au milieu des femmes et d'une foule de courtisans flatteurs, ils se contentaient de goûter, dans une molle oisiveté, le plaisir d'être les maîtres de tout; et ils faisaient consister leur grandeur dans l'éclat des richesses et dans une somptueuse magnificence.

Ces princes étaient d'ailleurs sans talens pour le maniement des affaires, sans capacité pour le gouvernement, sans goût pour la gloire. Ne se sentant pas assez d'étendue d'esprit pour animer toutes les parties de ce vaste empire, ni assez de force pour en soutenir le poids, ils se déchargeaient sur leurs officiers du soin des affaires, des fatigues du commandement des armées, et des dangers qui accompagnent l'exécution des grandes entreprises, et leur ambition se bornait à porter seuls le titre fastueux de grand roi, et de roi des rois.

Les premières charges de la couronne, les gouvernemens des provinces, les commandemens des armées, étaient ordinairement donnés à des gens sans service et sans mérite:

c'étaient le crédit des favoris, les intrigues se-
crètes de la cour, les sollicitations des femmes du palais, qui décidaient du choix des
sujets pour remplir les plus importantes places
de l'empire, et qui faisaient tomber sur leurs
créatures les récompenses dues aux officiers
qui avaient le plus utilement servi l'Etat.

*Quatrième cause.*

Souvent ces courtisans, jaloux du mérite
qui leur faisait ombrage, éloignaient leurs
rivaux des affaires, et rendaient leurs ta-
lens inutiles à l'Etat. Quelquefois même ils *Pharnabaze.*
rendaient leur fidélité suspecte par d'artifi- *Tiribaze.*
cieuses délations, les faisaient citer en jugement comme des criminels de lèse-majesté, *Datame, etc.*
et forçaient les plus fidèles serviteurs du roi,
pour se défendre contre leurs calomniateurs,
de chercher leur sûreté dans la révolte, et
de tourner contre leur prince les armes qu'ils
avaient si souvent fait triompher pour sa
gloire et pour le service de l'empire

*Cinquième cause.*

Ces ministres, pour retenir les généraux
dans leur dépendance, les gênaient par des
ordres bornés, qui les mettaient dans la nécessité de laisser échapper les occasions de
vaincre, et les empêchaient, par l'attente de
nouveaux ordres, de pousser leurs avantages. Souvent ils les rendaient responsables
des mauvais succès, après les avoir laissé
manquer de tout ce qui était nécessaire pour
réussir.

*Sixième cause.*

Les rois de Perse avaient extrêmement dé-
généré de la frugalité de Cyrus et des anciens
Perses, qui se contentaient de cresson pour
nourriture, et d'eau pour boisson. Toute la
noblesse avait été entraînée par la contagion

de cet exemple. En conservant l'unique repas de leurs ancêtres, ils le faisaient durer
pendant la plus grande partie du jour, et le
prolongeaient jusque dans la nuit, par l'ivrognerie, dont, bien loin d'en rougir, ils se
faisaient gloire, comme on le voit dans le jeune Cyrus.

L'extrême éloignement des provinces, qui *Septième cause.*
s'étendaient depuis la mer Caspienne et le
Pont-Euxin jusqu'à la mer Rouge et à l'E-
thiopie, depuis les fleuves de l'Inde et du
Gange jusqu'à la mer Egée, était un grand
obstacle à l'attachement et à l'affection des
peuples, qui n'avaient jamais la satisfaction
de jouir de la présence de leurs maîtres; qui
ne les connaissaient que par la pesanteur des
impôts, par l'orgueil et l'avarice de leurs satrapes, et qui, en se transportant même à la
cour pour y porter leurs demandes et leurs
plaintes, ne pouvaient espérer de trouver accès auprès des princes, qui croyaient qu'il
était de leur majesté de se rendre invisibles
et inaccessibles.

Cette multitude de provinces assujetties *Huitième cause.*
aux Perses, ne composait pas un empire uniforme, ni un corps d'Etat régulier, dont tous
les membres fussent unis par des liens com-
muns d'intérêts, de mœurs, de langage et
de religion; qui fussent animés d'un même
esprit de gouvernement, et conduits par des
lois semblables. C'était plutôt un assemblage
confus, mal assorti, tumultuaire, et même
formé de différens peuples, autrefois libres
et indépendans, dont quelques-uns, arrachés
de leur patrie, et des sépultures de leurs pè-

res, se voyaient avec peine transportés dans des contrées inconnues ou ennemies, où ils continuaient de se gouverner par des lois particulières, et par une police propre. Ces différentes nations, qui non-seulement vivaient sans avoir de liaison ni de relation entre elles, mais qui conservaient une diversité d'usage et de culte, et souvent même une antipathie de caractères et d'inclinations, ne soupiraient qu'après la liberté et qu'après leur rétablissement dans leur patrie. Tous ces peuples ne s'intéressaient donc point à la conservation d'un empire qui, seul, mettait un obstacle à de si vifs et de si justes désirs; et ils ne pouvaient s'affectionner à un gouvernement qui les traitait toujours en étrangers et en vaincus, et qui ne leur donnait jamais part à son autorité ni à ses priviléges.

Neuvième cause.

L'étendue de l'empire et l'éloignement de la cour, obligeaient de donner aux vice-rois des provinces frontières une très-grande autorité pour toutes les parties du gouvernement. Une puissance si étendue et presque indépendante, dans laquelle on les continuait plusieurs années sans les relever, les accoutumait au plaisir de commander despotiquement. Ils souffraient ensuite avec peine qu'on les retirât de leurs gouvernemens, et souvent ils cherchaient à s'y maintenir par les armes.

Dixième cause.

Les gouverneurs de provinces, les généraux d'armée, et tous les autres officiers et ministres, se faisaient un honneur d'imiter dans leurs équipages, dans leurs tables, dans leurs meubles et dans leurs habillemens, la

pompe et l'éclat de la cour où ils avaient été
élevés. Pour soutenir un faste si ruineux,
et fournir à des dépenses qui passaient la fortune et les forces des particuliers, ils étaient
réduits à vexer les sujets de leurs départe-
mens, par des taxes arbitraires, par des concussions criantes, par le trafic honteux d'une
vénalité publique, qui faisait acheter à prix
d'argent des places qui n'auraient dû être ac-
cordées qu'au mérite. Tout ce que la vanité
prodiguait, tout ce que le luxe épuisait, était
remplacé par les artifices et par la violence
d'une avarice insatiable.

Ces excès, et beaucoup d'autres encore,
qui demeuraient sans remède, et que l'impunité augmentait tous les jours, lassèrent
enfin la patience des peuples, et répandi-
rent dans les esprits un mécontentement général, avant-coureur ordinaire de la ruine
des Etats. Leurs justes plaintes, long-temps
méprisées, en précipitèrent plusieurs dans
une rébellion ouverte, et les portèrent à se
rendre eux-mêmes la justice qui leur était
refusée. Ils manquaient en cela contre la
soumission et la fidélité que les sujets doivent à leurs souverains ; mais le paganisme
ne portait pas si loin ses lumières, et n'était
pas capable d'une perfection si sublime, ré-
servée à une religion qui enseigne que nul
prétexte, nulle injustice, nulle vexation, ne
peuvent jamais autoriser la rébellion contre
le prince.

# LIVRE TREIZIÈME.

## OCHUS MONTE SUR LE TRONE DE PERSE. SES CRUAUTÉS.

### ARTICLE PREMIER.

An. M. 3644.
Av. J.C. 360.

Plus la mémoire d'Artaxerxe Mnémon était honorée et respectée dans tout l'empire, plus Ochus, son fils et son successeur, croyait avoir à craindre pour lui-même, persuadé qu'en lui succédant, il ne trouverait pas des dispositions si favorables dans les peuples ni dans la noblesse, dont il venait de se rendre l'horreur par la mort de ses deux frères. Pour empêcher que cette haine ne lui fît donner l'exclusion, il gagna les eunuques et les autres qui se trouvaient auprès de la personne du roi, et fit cacher sa mort au public. Il commença à prendre le maniement des affaires, donnant des ordres et scellant des décrets au nom d'Artaxerxe, comme s'il eût toujours été en vie ; et dans un de ses décrets, il se fit proclamer roi par tout l'empire, toujours par ordre d'Artaxerxe. Après avoir gouverné ainsi près de dix mois, se croyant assez bien établi, il déclara enfin la mort de son père, et monta sur le trône.

Justin. l. 10.
c. 3.
Cruautés de
ce prince.

Ochus fut le premier de sa race le plus cruel et le plus méchant. Ses actions le firent bientôt connaître. Dans fort peu de temps il remplit le palais et tout l'empire de meurtres. Pour ôter aux provinces révoltées le prétexte de mettre sur le trône quelque autre prince de la famille royale, et se débarrasser tout d'un coup de toutes les peines que les princes ou les princesses du sang pourraient lui causer, il les fit tous mourir, sans aucun égard pour le sexe, l'âge ou la proximité. Il fit enterrer vive sa propre sœur Ocha, dont il avait épousé la fille. Ayant renfermé un de ses oncles, avec cent de ses fils ou de ses petits-fils, dans une cour, il les fit tous tuer à coups de flèches, uniquement parce que ces princes étaient fort estimés par les Perses pour leur probité et leur courage. Cet oncle est apparemment le père de Sisygambis, mère de Darius Codoman ; car Quinte-Curce nous apprend qu'Ochus avait fait massacrer quatre-vingts frères de Sisygambis, avec leur père, en un même jour.

*Val. Max. l. 9. c. 12.*

*Lib. 10. c. 5.*

Les cruautés qu'Ochus avait exercées, ne le délivrèrent pas de toute inquiétude. Artabaze, gouverneur d'une des provinces d'Asie, engagea dans son parti Charès, athénien, qui commandait une flotte et un corps de troupes grecques dans ces quartiers-là ; et, avec son assistance, il défit une armée du roi de soixante et dix mille hommes, qu'on avait envoyée pour le réduire. Les Athéniens ayant rappelé Charès avec ses troupes, Artabaze eut recours aux Thébains dont il obtint cinq mille hommes, qu'il prit à sa solde. Ce renfort le mit en état de remporter encore deux grandes victoires sur les troupes du roi. Mais enfin les Thébains ayant fait la paix avec

*An. M. 3648.
Av. J C. 356.
Diod. l. 16.
p. 433. 434.
Révolte
d'Artabaze.*

*An. M. 3651
Av. J. C. 353.*

*Diod. p. 438.*

le roi, Artabaze succomba, et fut obligé de se réfugier chez Philippe en Macédoine. Ochus, délivré d'un si dangereux ennemi, tourna toute son attention du côté de l'Egypte, qui depuis long-temps se soutenait dans sa révolte, sans pouvoir être réduite.

Lorsqu'il faisait de grands préparatifs pour cette importante expédition, il apprit le soulèvement de la Phénicie. Les peuples opprimés résolurent de secouer un joug insupportable, et firent une ligue avec Nectanébus, roi d'Egypte, contre laquelle la Perse faisait marcher ses armées. Cette révolte, qui fermait le seul passage de la Phénicie par où les Perses pouvaient venir en Egypte, vint à propos pour Nectanébus. Il envoya aux Phéniciens Mentor, rhodien, avec quatre mille hommes de troupes grecques. Les Phéniciens, avec ce renfort, se mirent en campagne, battirent les gouverneurs de Syrie et de Cilicie, qu'on avait envoyés contre eux, et chassèrent les Perses de la Phénicie.

*Diod. l. 16;*
*p. 440. 441.*
Les Cypriotes, qui n'étaient pas mieux traités, voyant l'heureux succès qu'avait eu cette révolte, suivirent l'exemple des Phéniciens, et entrèrent dans leur ligue avec l'Egypte. Par ordre d'Ochus, Idriée, roi de Carie, équipa une flotte, et l'envoya en Cypre, avec huit mille Grecs, commandés par Phocion l'athénien, et par Evagore. On fit une descente dans l'île, et on forma le siége de Salamine par mer et par terre. L'île de Cypre avait, dans ce temps-là, neuf villes assez considérables pour avoir chacune un petit roi; mais qui étaient tous sujets de la Perse.

Ochus, ayant remarqué que les guerres d'Egypte étaient malheureuses par la mauvaise conduite des généraux qu'on y envoyait, résolut d'y aller lui-même en personne. Quand il eut pris toutes ses mesures, et fait tous ses préparatifs, il se rendit sur les frontières de Phénicie, où il avait assemblé une armée de trois cent mille hommes de pied, et de trente mille hommes de cavalerie, à la tête de laquelle il se mit. Mentor était à Sidon avec les troupes grecques. La tête lui tourna à l'approche d'une si grande armée. Il envoya traiter secrètement avec Ochus, et de concert avec Tenne, roi de Sidon, il livra la place au roi de Perse.

Les Sidoniens avaient mis le feu à leurs vaisseaux, dès qu'ils avaient vu approcher les troupes du roi, afin de mettre tout le monde dans la nécessité de se défendre. Quand ils virent qu'ils étaient trahis, que l'ennemi était maître de la ville, et qu'il n'y avait plus moyen de se sauver ni par mer ni par terre; réduits au désespoir, ils se renfermèrent dans leurs maisons, et y mirent le feu. Quarante mille hommes, sans compter les femmes et les enfans, périrent de cette manière. Le sort de Tenne, leur roi, ne fut pas meilleur. Ochus, se voyant maître de Sidon, et n'ayant plus besoin de lui, le fit mourir; digne récompense de sa trahison, et preuve éclatante de la perfidie d'Ochus. La terrible destruction de cette ville opulente épouvanta le reste de la Phénicie, qui se soumit à des conditions assez raisonnables.

Sidon ne fut pas plus tôt prise, qu'Ochus

An. M. 3653.<br>Av. J C. 351.<br>Expédition<br>d'Ochus contre l'Egypte.

*Solin. c. 35.*
*Euseb. in*
*Chron. etc.*

entra en Judée, et y assiégea et emporta la
ville de Jéricho. Il paraît qu'il emmena quantité de Juifs captifs en Egypte, et qu'il en envoya beaucoup en Hircanie, où il les établit
le long de la mer Caspienne.

*Diod. l. 16.*
*p. 443. 444.*

Ochus termina aussi alors la guerre de
Cypre. Les neufs petits rois de cette île se soumirent, et furent conservés tous dans leurs
Etats. Evagore demandait d'être rétabli dans
le royaume de Salamine. On le convainquit
d'avoir été détrôné justement, par ses injustices criantes. On confirma à Protagore la
royauté de Salamine, et on donna à Evagore
un gouvernement d'un autre côté. Il ne s'y
conduisit pas mieux, et s'en fit encore chasser. Il retourna à Salamine : on l'y arrêta,
et on l'y fit mourir.

Après la réduction de l'île de Cypre et celle
de la Phénicie, Ochus s'avança enfin du côté
de l'Egypte, et alla camper devant Péluse,
dont il forma le siége. Cependant, Nicostrate,
un de ses principaux officiers, entra dans une
des bouches du Nil, et alla jusque dans le
cœur de l'Egypte, où il débarqua, et se for-
tifia bien dans un camp, dont la situation
était fort avantageuse. Toutes les troupes d'E-
gypte, qui se trouvèrent dans ces quartiers-
là, s'assemblèrent aussitôt sous Clinius, et
se mirent en devoir de chasser l'ennemi. Il
y eut une action des plus chaudes, où Clinius fut tué avec cinq mille de ses gens, et
le reste fut entièrement rompu et dissipé.

Cette action fut décisive pour le succès de
la guerre. Nectanébus, roi d'Egypte, craignant
qu'après cette victoire Nicostrate ne remou-

tât

tât le Nil et ne prît Memphis, la capitale du royaume, accourut en diligence pour la défendre, et abandonna les passages qu'il était de la dernière importance de bien garder pour fermer l'entrée à l'ennemi. Les Grecs, qui défendaient Péluse, se voyant ainsi abandonnés, traitèrent avec le roi, à condition qu'on les renverrait en Grèce, avec tout ce qui leur appartenait, sans leur faire souffrir aucun mauvais traitement ; ce qui leur fut accordé, et ils livrèrent la ville.

Nectanébus, désespérant de se pouvoir dé- An. M. 3654. fendre, ramassa ses meilleurs effets, et se Av.J.C.350. sauva avec ses trésors en Ethiopie, d'où il ne revint jamais. C'est le dernier roi de race égyptienne qu'ait eu l'Egypte. Elle a toujours été depuis sous une domination étrangère, selon qu'Ezéchiel l'avait prédit. Ochus retour- C. 29. v. 14. na en triomphe à Babylone, chargé des dé- 15. pouilles de l'Egypte.

La trop bonne opinion que Nectanébus avait de lui-même, lui fit perdre la couronne. Il avait été porté sur le trône par Agésilas. Diophante athénien, et Lamius lacédémonien, avaient rendu ses armes victorieuses contre les Perses. Ce prince, enflé de tant de succès, se croyant capable de conduire seul ses affaires, avait renvoyé ceux à qui tous ces succès étaient dûs. Il eut tout le temps de s'en repentir, et de reconnaître que la qualité de roi n'en donne pas le mérite.

Ochus récompensa fort généreusement les services que lui avait rendus Mentor le rhodien ; non-seulement il lui fit présent de cent talens en argent, et de plusieurs bijoux de grand prix, il le fit encore gouverneur de toute la côte d'Asie. Mentor se servit de sa faveur pour remettre bien dans l'esprit du roi son frère Memnon, et Artabaze qui avait épousé leur sœur. Depuis cette réconciliation, ils rendirent à Ochus et à ses successeurs des services signalés.

*Diod. l. 16. p. 490.*

Ochus, après la conquête de l'Egypte, et la réduction des provinces révoltées de son empire, s'abandonna aux plaisirs et à la mollesse, et y passa le reste de sa vie, laissant entièrement le soin des affaires à ses ministres. Le principal d'entre eux, et celui qui avait le plus d'autorité, était l'eunuque Bagoas, favori du roi. Ce ministre était Egyptien, et avait toujours conservé une grande amitié pour sa patrie. Il ne vit qu'avec une extrême douleur les cruautés d'Ochus contre l'Egypte, la profanation des temples et de la religion.

Non content d'avoir démantelé les villes, pillé les maisons et les temples, il avait encore emporté toutes les archives qui étaient déposées et gardées religieusement dans les temples des Egyptiens ; et pour se moquer de leur religion, il avait fait tuer le dieu Apis, c'est-à-dire, le taureau sacré qu'ils adoraient sous ce nom. Ce qui donna lieu à cette dernière action, c'est qu'Ochus étant aussi paresseux et pesant qu'il était cruel, les Egyptiens lui avaient donné le surnom de l'animal stupide, auquel ils trouvaient qu'il ressemblait. Outré d'un tel affront, il dit qu'il leur ferait bien sentir qu'il n'était point un âne, mais un lion ; et que cet âne, qu'ils méprisaient tant, mangerait leur bœuf. Il fit

*Ælian. l. 4. c. 8. Plut. de Isid. et Osir. p. 363.*

donc tirer leur Dieu Apis de son temple , le fit sacrifier à un âne , et le fit apprêter ensuite par son cuisinier, et servir aux officiers de sa maison. Ce trait outra Bagoas. Pour les archives , il les racheta dans la suite, et les renvoya dans les endroits où elles avaient coutume d'être gardées ; mais l'affront que l'on avait fait à sa religion ne se pouvait réparer. On croit que ce fut ce qui détermina ce ministre à empoisonner son maître, qui mourut après un règne de vingt-trois ans.

Mort d'O-chus.
An. M. 3666.
Av. J C. 338.
*Ælian. l. 6. c. 8.*

La vengeance du ministre ne s'en tint pas là. Il fit enterrer un autre corps au lieu de celui du roi ; et pour se venger de ce qu'il avait fait manger Apis par ses gens, il fit manger son corps mort par des chats, à qui il le donnait haché en petits morceaux ; et pour ses os, il en fit faire des manches de couteaux ou d'épées , symboles naturels de la cruauté de ce prince.

Après la mort d'Ochus, Bagoas, entre les mains de qui était alors tout le pouvoir, mit sur le trône Arsès, le plus jeune de tous les fils du feu roi, et fit mourir tout le reste, afin de jouir plus sûrement, et sans rival, de l'autorité qu'il avait usurpée. Il ne donnait à Arsès que le nom de roi, se réservant tout le pouvoir du gouvernement. Le roi, s'apercevant de la scélératesse de son ministre, résolut de s'en défaire ; mais Bagoas le prévint ; il le fit assassiner, et détruisit toute sa famille avec lui. Arsès avait régné environ deux ans. Bagoas mit sur le trône Darius Codoman. Ce prince commença à régner la même année qu'Alexandre-le-Grand.

## ARTICLE II.

### *Guerre des alliés contre les Athéniens.*

An. M 3646.
Av. J. C 358.

Dans le temps qu'Ochus était occupé à réduire l'Egypte, il se passa en Grèce quelques événemens assez considérables, que j'ai réservés jusqu'à présent, pour ne pas interrompre le fil de l'histoire d'Ochus.

Peu d'années après les révoltes de l'Asie mineure, dont j'ai parlé dans l'article précédent, Chio, Cos, Rhodes, Byzance, se révoltèrent contre Athènes, dont jusque là elles avaient dépendu. Elle employa, pour les réduire, de grandes forces et de grands capitaines, Chabrias, Iphicrate, Timothée. Ce

*Corn. Nep. in Timoth. c. 4.*

furent là les derniers des généraux athéniens qui firent honneur à leur patrie : aucun, depuis eux, ne s'étant distingué par son mérite ni par sa réputation.

Chabrias s'était déjà fait un grand nom, lorsqu'envoyé au secours des Thébains contre ceux de Sparte, et se voyant abandonné dans le combat par les alliés qui avaient pris la fuite, il soutint seul le choc des ennemis ; ses soldats, par son ordre, s'étant serrés l'un contre l'autre, un genou à terre, couverts de leurs boucliers, et étendant en avant leurs piques, de sorte qu'ils ne purent jamais être enfoncés ; et Agésilas, quoique vainqueur, fut obligé de se retirer. Les Athéniens érigèrent une statue à Chabrias, dans l'attitude où il avait combattu.

*Lib. in Orat. Demost. Contra Mid. p. 655.*

Iphicrate était d'une fort basse naissance, ayant eu pour père un cordonnier. Mais dans une ville libre comme Athènes, le mérite seul faisait la noblesse des citoyens. On le met de pair avec les plus grands hommes de la Grèce , surtout pour ce qui regarde la science de la guerre, et la discipline militaire. Dans un procès qu'on lui suscita , son accusateur, l'un des descendans d'Harmodius, qui faisait valoir extrêmement le nom de ses ancêtres, lui ayant reproché la bassesse de sa naissance : *Oui* , répliqua-t-il, *la noblesse de ma famille commence en moi, et celle de la vôtre finit en vous.* Il épousa la fille de Cotys, roi de Thrace.

*Plut. in Apoph. p. 87.*

Timothée était fils de Conon , si célèbre par ses grandes actions , et par les services importans qu'il rendit à sa patrie. Il ne dégénéra point de la réputation de son père , soit pour le métier de la guerre, soit pour l'habileté dans le gouvernement ; mais il y ajouta la gloire qui vient des talens de l'esprit, s'étant distingué particulièrement par le don de la parole, et par le goût pour les sciences. Aucun capitaine n'éprouva moins que lui, au commencement, l'inconstance du sort des armes. Il n'avait qu'à tenter pour réussir : le succès suivait toujours ses vues et ses désirs. Un si rare bonheur ne manqua pas d'exciter la jalousie. Ses envieux le firent peindre dormant, tandis que la fortune, près de lui, prenait des villes dans des filets. A cela , Timothée répondit froidement : *Puisque, tout endormi , je prends les villes, que ne ferai-je point quand je serai éveillé !* Voilà quels chefs furent employés dans la guerre des alliés.

*Corn. Nep. c. 1. Cicer. l. 1. de Offic. n. 116.*

*Plut. in Sylla.p. 454.*

L'ouverture de la guerre et de la campagne

3

se fit par le siége de Chio. Chabrias, qui commandait la flotte, ayant forcé l'entrée du port, y entra malgré l'effort des ennemis. Les autres galères n'ayant pas osé l'y suivre, il fut bientôt enveloppé de toutes parts, et son vaisseau percé de coups. Ce général aurait pu se sauver à la nage, comme firent ses soldats; mais par un principe de gloire mal entendu, il ne crut pas qu'il fût permis à un général d'abandonner ainsi son vaisseau, et il préféra une mort glorieuse, selon lui, à une fuite honteuse.

Cette première entreprise ayant mal réussi, on fit de part et d'autre de nouveaux efforts. Les Athéniens allèrent mettre le siége devant Byzance. Les alliés accoururent aussitôt pour la défendre. Les deux flottes étant en présence, on se préparait au combat, lorsqu'il survint tout-à-coup une violente tempête, malgré laquelle Charès, qui commandait soixante galères des Athéniens, voulait qu'on s'avançât contre l'ennemi. Iphicrate et Timothée, les deux autres chefs qui en commandaient soixante autres, plus prudens et plus expérimentés que lui, ne crurent pas qu'on dût hasarder le combat. Charès, indigné de voir qu'on ne se rendait point à son avis, prit les soldats à témoin, qu'il ne tenait pas à lui qu'on ne battît les ennemis. C'était un homme naturellement vain, plein d'ostentation et d'estime de lui-même, qui exagérait ses services, méprisait ceux des autres, et rapportait à lui seul toute la gloire des bons succès. Il écrivit à Athènes contre ses deux collègues, les accusant de lâcheté et

de trahison. Sur ses plaintes, le peuple (1),
qui était léger, vif, soupçonneux, et jaloux
à l'égard de quiconque se distinguait par un
crédit et un mérite éclatans, rappelle ces deux
chefs, et leur fait leur procès.

La faction de Charès fit condamner Timothée à une amende de cent talens, digne récompense du noble désintéressement qu'il
avait fait paraître dans une autre occasion,
en rapportant à sa patrie, du butin pris sur
l'ennemi, douze cents talens, sans en rien
réserver pour lui-même. Il ne put pas soutenir plus long-temps la vue d'une ville in-
grate; et hors d'état, pauvre comme il était,
de payer une si forte amende, il se retira à
Chalcide. Après sa mort, le peuple, touché
de repentir, réduisit l'amende à dix talens,
qu'il fit payer à son fils Conon, pour rétablir une certaine partie des murs. Ainsi, par
un événement assez bizarre, ces mêmes murs,
que son grand-père avait rebâtis des dépouilles des ennemis, le petit-fils, à la honte d'A-
thènes, les répara en partie de son propre
bien.

Iphicrate fut aussi appelé en jugement.  *Arist. Rhet.*
Ce fut dans cette occasion qu'Aristophon, *l. 2. c. 23.*
autre capitaine athénien, l'accusa d'avoir
trahi et vendu la flotte qu'il commandait.
Iphicrate, avec la confiance qu'inspire une
réputation établie, lui demanda : *Auriez-*
*vous été homme à faire une trahison de*
*cette nature ? Non*, répondit Aristophon ; *je*
*suis trop homme d'honneur pour cela.*

(1) Populus acer, suspicax, mobilis, adversarius, in-
vidus etiam potentiæ, domum revocat. *Corn. Nepos.*

*Quoi*, repartit alors Iphicrate, *ce qu'Aristophon n'aurait pas fait, Iphicrate l'aurait pu faire !*

Polian. Stratagem. l. 3.

Instruit par le mauvais succès de son collègue, il vit bien qu'il ne fallait pas tant songer à convaincre ses juges qu'à les intimider. Il avait placé autour du lieu où ils étaient assemblés, une troupe de jeunes gens armés de poignards, qu'ils avaient soin de faire entrevoir de temps en temps. Ils ne purent résister à cette sorte d'éloquence pressante et victorieuse, et renvoyèrent l'accusé absous. Comme on lui reprochait dans la suite ce violent procédé : *J'aurais été bien fou*, disait-il, *si, réussissant à faire la guerre pour les Athéniens, j'eusse négligé de la faire pour moi-même.*

Artabaze, ce satrape qui s'était révolté dans l'Asie mineure contre le roi de Perse son maître, investi par soixante-dix mille hommes, et prêt à succomber par l'inégalité de ses forces, débaucha Charès, devenu seul général de l'armée par le rappel de ses deux collègues. Charès, qui ne songeait qu'à s'enrichir, marcha aussitôt au secours d'Artabaze, le dégagea, et reçut une récompense proportionnée au bienfait. On traita de crime capital l'action de Charès. Le roi de Perse, irrité, menaça, par ses ambassadeurs, d'armer trois cents voiles en faveur des insulaires soulevés et ligués contre Athènes. Le crédit de Charès le sauva encore dans cette occasion. Les Athéniens, intimidés par les menaces du roi, et par leur mauvais succès devant Byzance et devant Chio, se déterminèrent à suivre les conseils d'Isocrate. Cet orateur les exhortait et les pressait depuis long-temps de faire une paix générale. La paix fut en effet conclue; et il fut arrêté que Chio, Cos, Byzance et Rhodes jouiraient d'une liberté entière.

*Paix conclue.*

La paix, qui avait terminé la guerre des alliés, ne leur procura pas à tous le repos qu'ils avaient lieu d'en attendre. Les Rhodiens et ceux de Cos ne firent que changer de maître; Mausole, roi de Carie, qui leur avait aidé à secouer le joug d'Athènes, leur imposa le sien. Ce prince étant mort la seconde année depuis le traité de paix, après avoir régné vingt-quatre ans, Artémise sa femme et sa sœur lui succéda; et comme elle était soutenue par le roi de Perse, elle maintint sa domination dans les îles nouvellement conquises. En parlant d'Artémise, je dois avertir qu'il ne faut pas la confondre avec une Artémise qui se distingua si fort par son courage et par sa prudence, dans le combat naval de Salamine.

*Mort de Mausole.*
*An. M. 3650.*
*Av. J. C. 354.*

Artémise s'est immortalisée par les honneurs qu'elle rendit à la mémoire de Mausole son mari. Elle lui fit bâtir dans Halicarnasse un superbe tombeau, que l'on appela *Mausolée,* dont la beauté l'a fait passer pour une des sept merveilles du monde, et a fait donner le nom de Mausolée à tout ce qui se fait dans ce genre de grand et de magnifique.

*Douleur extraordinaire d'Artémise.*
*Plin. l. 36. c. 5.*

Elle fit faire d'excellens panégyriques en l'honneur de son mari, et elle proposa un prix de grande valeur à celui qui s'en acquitterait le mieux. Plusieurs orateurs parurent sur les rangs. Théopompe l'emporta sur tous.

*Aul. Gel. l. 10. c. 18.*
*Plut. in Isos, p. 858.*

E 5

Cette illustre veuve, ayant fait recueillir les cendres de son mari, et fait broyer ses os, mettait tous les jours de cette poudre dans sa boisson, jusqu'à ce qu'elle eût tout bu ; voulant par là faire de son propre corps le sépulcre de son époux. Elle ne lui survécut que deux ans, et sa douleur ne finit qu'avec sa vie.

Au lieu des pleurs, où la plupart des écrivains plongent Artémise durant sa viduité, il y en a qui lui font faire des conquêtes très-considérables. Il paraît, par une harangue de Démosthène, qu'on ne la regardait point à Athènes comme une veuve désolée qui négligeât les affaires de son royaume. Le courage avec lequel elle se soutint contre les efforts des Rhodiens, et la ruse qu'elle employa pour se saisir de leur flotte et de leur ville, n'annoncent rien moins qu'une veuve désolée et inconsolable, qui ne fait que gémir et soupirer.

Nous avons sur ce point quelque chose de plus décisif. Vitruve nous dit qu'après la mort de Mausole, les Rhodiens, indignés qu'une femme dominât dans la Carie, entreprirent de la détrôner. Ils partirent donc de Rhodes avec leur flotte, et entrèrent dans le grand port d'Halicarnasse. La reine, avertie de leur dessein, avait ordonné aux habitans de se tenir sur les murailles, et quand les ennemis seraient arrivés, de leur témoigner, par leurs cris et leurs battemens de mains, qu'ils étaient prêts à leur livrer la ville. Les Rhodiens descendirent tous de leurs vaisseaux, se rendirent avec hâte dans la place, et laissèrent leur flotte vide. Pendant ce temps-là, Artémise fit sortir ses galères du petit port, par une saignée ou une ouverture qu'elle avait fait faire exprès, entra dans le grand port, se saisit de la flotte ennemie, qui était sans défense, et y ayant fait monter ses soldats et sa chiourme, elle se remit en mer. Les Rhodiens ne trouvant point d'issue pour se sauver, furent tous égorgés. La reine cependant s'avança vers Rhodes. Quand les habitans aperçurent de loin leurs vaisseaux ornés de couronnes de lauriers, ils jetèrent de grands cris, et reçurent, avec des marques de joie extraordinaires, la flotte victorieuse et triomphante. Elle l'était en effet, mais dans un autre sens qu'ils ne le pensaient. Artémise, n'ayant point trouvé de résistance, se rendit maîtresse de la ville, et fit mourir les principaux citoyens. Elle fit dresser un trophée de sa victoire, avec deux statues de bronze, dont l'une représentait la ville de Rhodes, et l'autre représentait Artémise, qui marquait cette ville d'un fer chaud. Vitruve ajoute que les Rhodiens n'osèrent jamais ôter de sa place ce trophée, parce que c'était une chose que la religion défendait ; mais qu'ils l'environnèrent d'un édifice qui en dérobait la vue.

On peut croire, pour l'honneur de cette princesse, qu'elle sut joindre la douleur amère d'une veuve, avec le courage agissant d'une reine, et que les affaires lui tinrent lieu de consolation (1).

(1) Negotia pro solatiis accipiens. *Tacit.*

6

# LIVRE QUATORZIÈME.

### HISTOIRE DE PHILIPPE.

### ARTICLE PREMIER.

*Naissance et éducation de Philippe. Commencement de son règne. Ses premières conquêtes. Naissance d'Alexandre. Phalange macédonienne.*

Les règnes de Philippe, roi de Macédoine, et d'Alexandre son fils, contiennent l'espace de trente-six ans, le premier vingt-quatre, l'autre douze, et s'étendent depuis la première année de la CV° olympiade, ou l'an du monde 3644, jusqu'à la première année de la CXIV° olympiade, ou l'an du monde 3680.

Les rois qui régnaient alors en Perse, sont : Artaxerxe, Ochus, Arsès, et Darius Codoman. L'empire des Perses périt avec ce dernier.

Ce même espace de trente-six ans, par rapport à l'Histoire romaine, s'étend depuis la 393° année de la fondation de Rome, jusqu'à la 429°. Les grands hommes qui ont paru le plus à Rome, pendant cet espace de temps, sont : Appius Claudius, dictateur, T. Quintius Capitolinus, Tit. Manlius Torquatus, L. Papirius Cursor, M. Valérius Corvinus, Q. Fabius Rullus, le premier Décius, qui se dévoua pour sa patrie.

La Macédoine était un royaume hérédi-
taire, situé dans l'ancienne Thrace, et borné
au midi par les montagnes de la Thessalie ;
à l'orient, par la Béotie et la Piérie ; au couchant, par les Lyncestes ; au septentrion, par
la Migdonie et par la Pélagonie. Quand Philippe eut conquis une partie de la Thrace et
de l'Illyrie , ce royaume s'étendit depuis la
mer Adriatique jusqu'au fleuve Strymon.
Edesse d'abord en fut la capitale, puis elle
céda cet honneur à Pella, célèbre par la naissance de Philippe et d'Alexandre.

Philippe était fils d'Amyntas II , que l'on
comptait pour le seizième roi de Macédoine,
depuis Caranus, qui avait fondé ce royaume
il y avait quatre cent trente ans. L'histoire
de ces rois est assez obscure , et ne fournit
rien de fort intéressant , ni de propre à piquer la curiosité.

*Naissance de Philippe. An. M. 3621. Av. J.C. 383.*

Les rois de Macédoine prétendaient descendre d'Hercule par Caranus, et par conséquent être Grecs d'origine. Démosthène néanmoins traite souvent les Macédoniens de barbares ; et c'est l'idée qu'en avaient en effet
les Grecs. On sait, comme nous l'avons remarqué ailleurs, qu'Alexandre, roi de Macédoine , du temps de Xerxès, se vit exclu ,
comme barbare, des jeux olympiques, et ne
parvint à y être admis, qu'après avoir fait ses
preuves qu'il était originaire d'Argos.

*Hérod. l. 5. c. 22.*

Philippe , fils d'Amyntas , avait deux frères, qui étaient ses aînés, Alexandre et Perdicas. Alexandre, par le droit d'aînesse, succéda à son père ; il ne fut qu'un an sur le
trône. La couronne appartenait de droit à

*Diod. p. 373. Justin. l. 7. c. 4. An. M. 3630. Av. J.C. 374. Æsch. de falsegat. pag. 399. 400.*

Perdicas son frère, devenu l'aîné par sa mort; mais Pausanias, prince de la famille royale, qui avait été exilé, la lui disputa, et il était soutenu par un grand nombre de Macédoniens. Heureusement pour le nouveau roi, Iphicrate se trouva dans cette contrée pour préparer ce qui était nécessaire pour le siége d'Amphipolis. Eurydice, mère de Perdicas, ayant appris l'arrivée d'Iphicrate, le pria de venir chez elle.

Quand il fut entré dans le palais, cette reine désolée, pour émouvoir davantage sa pitié, prend ses deux enfans Perdicas et Philippe, met le premier entre les bras, et l'autre sur les genoux d'Iphicrate, et lui tint ce discours : « Iphicrate, souvenez-vous qu'Amyntas, père de ces malheureux orphelins, aima toujours votre patrie, et vous adopta pour son fils. Ce double lien vous impose une double obligation. L'amitié de ce roi pour Athènes, veut que vous nous reconnaissiez publiquement pour vos amis; et la tendresse de ce père pour votre personne, vous demande un cœur de frère pour ces jeunes princes. » Iphicrate, touché du spectacle et du discours, chassa l'usurpateur, et rétablit le souverain légitime.

*Plut. in Pe-lop. p. 229.* Ptolomée, fils naturel d'Amyntas, troubla bientôt le repos de son frère Perdicas, et fut un nouvel ennemi plus redoutable que le premier. Les deux frères s'en rapportèrent au jugement de Pélopidas, général des Thébains, plus respecté encore pour sa probité que pour sa bravoure. Il prononça en faveur de Perdicas ; et ayant cru devoir prendre des

assurances de côté et d'autre pour faire observer les articles du traité accepté par les
deux concurrens, entre les autres otages, il
emmena Philippe à Thèbes. Ce prince avait
alors dix ans, et en passa environ dix autres
à Thèbes, sous les yeux d'Epaminondas, à
qui Pélopidas l'avait remis. Il ne pouvait
avoir un plus excellent maître, soit pour le
métier de la guerre, soit pour la conduite. Il
paraît que Philippe profita bien des leçons
d'Epaminondas. Il se faisait honneur d'avoir
été son disciple et son élève, et se le proposait pour modèle ; heureux s'il avait su le
copier parfaitement ! Peut-être prit-il de lui
son activité à la guerre, et sa promptitude à
profiter des occasions : ce qui n'était qu'une
petite partie du mérite de ce grand personnage ; mais pour sa tempérance, sa justice,
sa bonne foi, et ses autres qualités, qui le
rendaient véritablement grand, c'étaient des
vertus que Philippe n'avait point reçues de
la nature, et qu'il n'acquit point par l'imi-
tation.

Perdicas son frère étant mort, et n'ayant
laissé qu'un enfant incapable de gouverner
par la faiblesse de l'âge, les Lacédémoniens,
justement alarmés des troubles qui agitaient
alors la Macédoine, pour se donner l'oncle,
déposèrent le neveu, et, à la place de l'héritier que la nature appelait, ils mirent celui
que demandait la conjoncture du temps, se
persuadant que la nécessité a ses lois, qui
dérogent à toutes les autres. Philippe commença à régner la première année de la CV^e
olympiade. Il avait alors vingt-quatre ans.

An. M. 3644.
Av. J.C. 360.
Diod. l. 16.
p. 407. 413.

Dès que ce prince fut monté sur le trône, il s'appliqua à remplir l'attente publique. Il commença par écarter ses concurrens, à pacifier les divisions domestiques, à repousser les attaques des ennemis du dehors, et à les mettre hors d'état de venir le troubler dans son royaume; en un mot, il pourvut à tout, il remédia à tout; et on le vit bien moins agir en roi de vingt-quatre ans, qu'en politique consommé dans l'art de gouverner.

Jusqu'ici Philippe, dans les premières années de son règne, s'était occupé à s'affermir sur le trône. Il va maintenant paraître sous un autre caractère, il songe à étendre ses frontières, à assujettir ses voisins, et à se rendre l'arbitre de la Grèce. Dans cette vue, *Polyæn. Stra-* *teg. l.4. c.17.* il assiége Amphipolis pour la remettre, disait-il, aux Athéniens ses anciens maîtres; mais, dans la vérité, pour les endormir par cette promesse; car il ne se piquait pas d'exactitude à garder sa parole, et la bonne foi n'était pas sa vertu. Loin de leur rendre cette place, il s'empara encore de Pydne, de Potidée et de Crénides, qu'il appela dès lors de son nom, *Philippe*, célèbre par la défaite de Brutus et de Cassius, par Marc-Antoine.

*Diod. p. 513.* C'est près de cette dernière ville que ce prince ouvrit et fouilla des mines d'or, qui, chaque année, lui rapportaient plus de trois millions, somme très-considérable pour ce temps-là. Philippe est le premier roi de Macédoine qui fit battre à son nom la monnaie d'or. La supériorité des finances donne de grands avantages. Personne ne les connut *Phil. 3. p.* *92.* mieux que ce prince, et ne les négligea moins.

Demosthène remarque, que dans les beaux
jours de la Grèce, on mettait l'or et l'argent
au nombre des armes défendues. Philippe
pensait, parlait et agissait tout autrement.
On prétend même que l'oracle de Delphes, *Suidas.*
qu'il consultait, lui répondit un jour : *Sers-toi
d'armes d'argent, et tu dompteras tout.*

Le conseil de la Pythie devint sa règle, et
il s'en trouva bien. Il n'enfonçait jamais une
porte qu'il n'eût tenté de l'ouvrir avec une
clef d'or ou d'argent. Il ne connaissait point
pour imprenable toute forteresse où pouvait
monter un mulet chargé d'argent. Aussi a-t-
on dit de lui, qu'il était plus marchand que
conquérant; et que ce n'était point Philippe,
mais son or, qui subjuguait les villes (1).

Ce prince avait épousé Olympias, fille de
Néoptolème, roi des Molosses ou d'Epire. Il
eut de ce mariage Alexandre surnommé *le
Grand*, qui vint au monde à Pella, capitale
de la Macédoine, la première année de la CVI[e]
olympiade. Philippe, alors absent de son royau- An. M. 3648.
me, apprit en même temps, au rapport de Av. J.C. 356.
Plutarque, trois agréables nouvelles pour lui : *Plut. in
Alex. p. 666.*
qu'il avait été couronné aux jeux olympiques; *Justin. l. 21.
c. 16.*
que Parménion, l'un de ses généraux, avait
remporté une grande victoire contre les Illyriens; et qu'il lui était né un fils. Ce prince,
effrayé d'un si rare bonheur, s'écria : *Grand
Jupiter! pour tant de biens, envoie-moi au
plus tôt quelque légère disgrâce.* On peut
juger du soin et de l'attention que Philippe

(1) Callidus emptor Olynthi. *Juv.*

Philippus majore ex parte mercator Græciæ, quàm
victor. *Valer.*

donna à l'éducation de ce prince, par la lettre qu'il écrivit, peu de temps après sa naissance, à Aristote, pour lui marquer dès lors qu'il le choisissait pour précepteur de son fils. *Je vous apprends,* lui dit-il, *qu'il m'est né un fils, et je rends grâces aux Dieux, non pas tant de me l'avoir donné, que de me l'avoir donné du temps d'Aristote. J'ai lieu de me promettre que vous en ferez un successeur digne de vous et de moi, et un roi digne de la Macédoine.* Que de pensées ne fait point naître la lecture de cette lettre, bien éloignée de nos mœurs, mais bien digne d'un grand prince et d'un bon père !

*Aul. Gel. l. 9. c. 3.*

Ce prince, dès le commencement de son règne, établit la phalange macédonienne. C'était un corps de troupes de seize mille hommes, qui devint dans la suite très-fameux, le meilleur et le mieux discipliné qu'on eût vu jusque là. Outre l'épée, les soldats avaient pour armes un bouclier et une pique de quatorze coudées de longueur, appelée par les Grecs *sarisse.* Cette troupe était invincible dans un terrain propre et commode à ses évolutions, tant qu'elle demeurait serrée, et que les soldats conservaient leurs rangs.

Phalange macédonienne.
*Polyb. l. 17.*
*Ælian. de instr.*

La phalange se divisait ordinairement en dix corps, dont chacun était composé de seize cents hommes rangés sur cent de front, et seize de profondeur. L'espace qu'on laissait à chaque soldat dans les marches, était de quatre coudées, ou six pieds ; et les rangs étaient aussi à six pieds l'un de l'autre. Quand on menait la phalange contre l'ennemi, le soldat n'occupait que trois pieds, et les rangs se rapprochaient à proportion. Enfin, quand il s'agissait seulement de recevoir l'ennemi et de lui résister, la phalange se pressait encore davantage, et chaque soldat n'occupait qu'un pied et demi.

On conjecture aisément combien la phalange, cette grosse et lourde machine, hérissée de piques, devait avoir de force quand elle s'ébranlait toute ensemble pour attaquer l'ennemi, piques baissées, et pour tomber sur lui de tout son poids.

Paul Emile avoua que, dans la bataille contre Persée, dernier roi de Macédoine, ce rempart d'airain et cette forêt de piques, impénétrables à ses légions, l'avaient rempli d'étonnement et de crainte, jusqu'à le faire presque désespérer de la victoire. *Plut. in Paul. Emil. p. 265.*

M. Bossuet remarque, après Polybe, la différence qu'il y avait entre la phalange macédonienne, formée d'un gros bataillon fort épais de toutes parts, et qui ne pouvait se mouvoir que tout d'une pièce, et l'armée romaine distinguée en petits corps, et par cette raison plus prompte et plus disposée à toute sorte de mouvemens. La phalange ne pouvait conserver long-temps sa solidité et sa consistance, parce qu'il lui fallait des lieux propres, et, pour ainsi dire, faits exprès ; et que, faute de les trouver, elle s'embarrasse elle-même, ou plutôt elle se rompt par son propre mouvement ; joint qu'étant une fois enfoncée, elle ne sait plus se rallier. L'armée romaine, divisée en ses petits corps, profite de tous les lieux, et s'y accommode. On l'unit et on la sépare comme on veut. Elle dé- *Discours sur l'histoire universelle.*

file aisément, et se rassemble sans peine. Enfin, elle a plus de mouvemens divers, et par conséquent plus d'action et plus de force que la phalange.

## ARTICLE II.

*Guerre sacrée. Suite de l'histoire de Philippe. Il tente en vain de s'emparer des Thermopyles.*

An. M. 3649.
Av. J.C. 355.
*Diod. l. 10.*

Les Phocéens, qui habitaient les environs du temple de Delphes, s'étant avisés de labourer des terres consacrées à Apollon, ce qui était regardé comme un grand crime, allumèrent, par cet attentat, la discorde et le flambeau de la guerre. Aussitôt les peuples d'alentour crièrent au sacrilége, les uns de bonne foi, les autres pour couvrir d'un pieux prétexte leur vengeance particulière. La guerre qui survint à ce sujet, s'appela la *guerre sacrée*, comme entreprise par un motif de religion, et dura dix ans. On dénonça les profanateurs aux amphictyons, qui composaient les états-généraux de la Grèce. L'affaire bien discutée, les Phocéens furent déclarés sacriléges, et condamnés à une grosse amende.

Les Phocéens, irrités de cette décision des amphictyons, se révoltent, prennent les armes, entrent dans le temple, en arrachent des colonnes le décret qui les condamnait, et en pillent tous les trésors. L'affaire devint

An. M. 3650.
Av. J.C. 354.

alors fort sérieuse. Les amphictyons s'étant assemblés une seconde fois, il fut résolu qu'on ferait la guerre aux Phocéens. Toute la Grèce entra dans cette querelle, et prit parti pour ou contre. Les Béotiens, les Locriens, les Thessaliens et plusieurs autres peuples se déclarèrent pour le Dieu; Sparte, Athènes et quelques autres villes du Péloponnèse, se joignirent aux Phocéens. Cette guerre fut poussée avec toute la vigueur qu'un faux zèle de religion, couvert de ce nom respectable, est capable d'inspirer. On sait combien les guerres de religion sont à craindre, et à quels excès un zèle aveugle porte la fureur. Dans ce mouvement général de la Grèce, armée en faveur des Phocéens ou des Thébains, Philippe avait cru devoir demeurer neutre. Il était de la politique de ce prince ambitieux, d'ailleurs peu touché de la religion et des intérêts d'Apollon, mais toujours attentif aux siens, de ne prendre aucune part à une guerre où il n'y avait rien à gagner pour lui. Il était bien aise aussi de voir les deux partis s'affaiblir et se consumer, pour tomber ensuite sur eux avec plus de facilité et d'avantage. Cependant il forma le siége de Méthone, petite ville qui lui ouvrit le chemin pour s'assujettir la Thrace; il la prit et la rasa. C'est devant cette ville qu'il perdit un œil par une aventure fort singulière. Voici comment :

An. M. 3651.
Av. J.C. 353.
Diod. p. 434.

ASTER, d'Amphipolis, s'était offert à lui sur le pied d'un excellent tireur, qui ne manquait pas les oiseaux lors même qu'ils volaient le plus vite. Philippe lui répondit: *Eh bien, je vous prendrai à mon service lorsque je ferai la guerre aux étourneaux.* La raillerie piqua au vif l'arbalétrier, qui, s'étant jeté dans la place, tira contre Philippe une flèche, où il avait écrit: *A l'œil droit de*

Suidas in Karan.

*Philippe,* et lui prouva cruellement qu'il savait bien tirer; car en effet il lui creva l'œil droit. Philippe lui renvoya la même flèche avec cette inscription : *Philippe fera pendre Aster, s'il prend la ville,* et il lui tint parole. Souvent un bon mot coûte bien cher, et ce n'est pas un petit mérite que de savoir contenir sa langue.

*Plin. l. 7. c. 37.*

Un chirurgien habile tira la flèche de l'œil du prince, avec tant de délicatesse, qu'il ne resta aucune trace de la plaie ; et ne pouvant lui sauver l'œil, du moins il lui sauva la difformité. Ce prince néanmoins eut toujours depuis la faiblesse de se fâcher toutes les fois qu'il échappait à quelqu'un de prononcer devant lui le mot de Cyclope, ou seulement le mot œil. On ne rougit pourtant guère d'un défaut honorable. Une femme lacédémonienne pensait bien plus noblement, lorsque, pour consoler son fils, qu'une blessure glorieuse avait rendu boiteux, elle lui disait : *Va, mon fils, tu ne saurais plus faire un pas qui ne te fasse souvenir de ta valeur.*

*Démet. Phal. de elocut. c. 3.*

*An. M. 3652. Av. J. C. 352.*

Quelque temps après le siége et la ruine de Méthone, Philippe songea à porter ses armes dans la Phocide. Voici la première tentative qu'il fit pour mettre le pied dans la Grèce, et pour entrer dans les affaires générales des Grecs, dont les rois de Macédoine avaient toujours été exclus comme étrangers. Dans ce dessein, sous prétexte de passer en Phocide, et d'y aller punir les Phocéens sacriléges, il marcha vers les Thermopyles, pour s'emparer d'un passage qui lui donnait une entrée libre dans la Grèce, et surtout

dans l'Attique. Les Athéniens, au bruit de
cette marche, qui pouvait avoir d'étranges
suites pour eux, et pour toute la Grèce, accoururent aux Thermopyles, et se saisirent à
propos de ce passage important, que Philippe n'osa pas même entreprendre de forcer.
Ainsi, il fut obligé de retourner en Macédoine, sans avoir fait rien autre chose que
de découvrir ses desseins.

ARTICLE III.

*Abrégé de la vie de Démosthène. Ses ha-
rangues contre Philippe. Conquêtes de
ce prince.*

Comme Démosthène jouera un grand rôle
dans l'histoire de Philippe et d'Alexandre, il
est nécessaire d'en donner par avance quelque idée aux lecteurs, et de leur faire connaître par quel moyen il cultiva, et jusqu'à
quel degré de perfection il porta le talent de
la parole, qui le fit plus craindre de Philippe
et d'Alexandre, et le mit en état de rendre
de plus grands services à sa patrie, que n'aurait pu faire toute la bravoure militaire.

Démosthène eut pour père, non un forge-
ron crasseux et enfumé, comme Juvénal le
veut faire entendre, mais un homme assez
riche, et qui faisait valoir des forges. Il n'a-
vait encore que sept ans, quand la mort le
lui enleva. Il eut le malheur de tomber entre les mains de tuteurs intéressés et avares,
qui ne songeaient qu'à profiter de son bien.
Ils poussèrent leur sordide avarice jusqu'à
refuser aux maîtres de leur pupille, le juste
honoraire qui leur était dû. Il ne fut donc pas

An. M. 3623.<br>Av. J.C. 381.<br>L. 4. su-<br>tyr. 10.

élevé avec autant de soin que le demandait un naturel aussi excellent que le sien. Ses tuteurs ne couraient pas aux bons maîtres, mais au bon marché. Ce défaut n'est pas nouveau, comme l'on voit, mais il est aujourd'hui bien commun et bien préjudiciable à l'éducation des enfans. On n'épargne rien lorsqu'il s'agit de ses plaisirs ; on ne s'aperçoit pas de la dépense qu'on fait pour soutenir son luxe et contenter sa vanité, et on serait bien fâché d'en retrancher une obole. Mais, s'agit-il de l'éducation des enfans, les pensions sont trop fortes, l'honoraire des maîtres monte trop haut, et la dépense qu'on devrait faire avec le plus de plaisir et de générosité, est presque la seule qu'on fait de mauvaise grâce. La Providence permet aussi que de tels parens trouvent des maîtres qui font la besogne d'aussi mauvaise grâce et avec aussi peu de succès, tant pour les mœurs que pour les sciences, qu'eux-mêmes font la dépense.

Démosthène étudia d'abord sous le rhéteur Isée. Mais Platon, dont il reçut quelques leçons, et dont il lut avec grand soin les ouvrages, fut, à proprement parler, celui qui contribua le plus à former Démosthène. A l'âge de seize ans, il commença à fréquenter le barreau, et il y fit le premier essai de son éloquence contre ses tuteurs, qu'il obligea de lui restituer une partie de son bien. Animé par cet heureux succès, il se hasarda de parler devant le peuple. Il y réussit tout-à-fait mal, et fut sifflé de tout l'auditoire. Il s'en retourna entièrement découragé ; mais

un

n. M. 3639.<br>v. J.C. 365.

un de ses auditeurs, qui, au travers de beaucoup de défauts, avait aperçu en lui un excellent fonds de génie, et une éloquence assez
approchante de celle de Périclès, lui fit reprendre courage par les avis qu'il lui donna.
Notre jeune orateur parut donc une seconde
fois devant le peuple, et n'en fut pas mieux
reçu que la première. Il s'en retourna la tête
baissée, et plein de confusion.

Un de ses amis ayant prononcé devant lui
quelques vers avec une grâce, un ton et une
vivacité charmante, Démosthène sentit d'a-
bord ce qui lui manquait, et il s'appliqua à
l'acquérir. Les efforts qu'il fit pour corriger
le défaut naturel qu'il avait dans la langue,
et la faiblesse de sa poitrine, sont incroya-
bles. Il vint à bout de vaincre tous ces obsta- *Cicer. l. 1.*
cles, en mettant dans sa bouche de petits *de orat. n,*
*260. 261.*
cailloux, et prononçant ainsi plusieurs vers
de suite et à haute voix, sans s'interrompre
et cela même en marchant et en montant
par des endroits rudes et escarpés. Il fit plus : *Quint. l. 10.*
il allait sur le bord de la mer, dans le temps *c. 3.*
que les flots étaient le plus violemment agi-
tés, il y prononçait des harangues, pour
s'accoutumer aux bruits confus, et n'être
point déconcerté par les émeutes du peuple
et les cris tumultueux des assemblées ; de
cette sorte il se guérit parfaitement d'un bé-
gaiement de langue très-considérable, et
d'un manque de respiration. Il fut bien payé
de toutes ses peines, puisque ce fut par ce
moyen qu'il porta l'art de déclamer au plus
haut degré de perfection où il puisse aller :
c'est qu'il en connaissait bien le prix et l'im-

portance. Il était persuadé que le défaut de la prononciation est, de tous les défauts de l'orateur, celui qui peut le moins se couvrir, au lieu que rien n'est plus capable de couvrir tous ses défauts que la belle prononciation.

Son application à l'étude n'était pas moins étonnante. Pour être plus éloigné du bruit, et moins distrait, il se fit faire un cabinet souterrain, où il s'enfermait des mois entiers, se faisant raser exprès la moitié de la tête, pour se mettre hors d'état de sortir. C'est là, qu'à la lueur d'une petite lampe, il composa ces harangues admirables, dont ses envieux disaient qu'elles sentaient l'huile, pour marquer qu'elles étaient travaillées avec trop de soin.

Démosthène, après avoir exercé son talent pour la parole dans quelques causes particulières, parut sur la tribune aux harangues pour y traiter des affaires publiques. Le succès alla si loin, qu'il se faisait un concours de toute la Grèce à Athènes, pour entendre parler Démosthène ( 1 ). Philippe redoutait extrêmement les harangues véhémentes de cet orateur, et disait qu'elles lui faisaient plus de tort elles seules, que les troupes et les flottes des Athéniens. Nulle ville ne paraissait imprenable à ce prince, pourvu qu'il y pût faire entrer un mulet chargé d'or ; mais il avouait avec douleur, qu'à cet égard, Démosthène était invincible. Antipater en parlait de même, et disait que tout l'or de

______

( 1 ) Ut concursus audiendi causâ, ex totâ Græciâ fierent. *Cicer. in Brut. n.* 289.

Philippe ne trouvait non plus d'accès auprès
de lui, que celui de Perse n'en avait trouvé
autrefois auprès d'Aristide. La suite de l'histoire nous apprendra que Démosthène ne
mérita pas jusqu'au bout ce glorieux témoignage.

Voilà quel est l'orateur qui va désormais
monter sur la tribune aux harangues, ou
plutôt l'homme d'Etat qui va entrer dans
le maniement des affaires publiques, et qui
sera l'ame et le mobile de toutes les grandes
entreprises qu'Athènes formera contre Philippe.

Nous avons vu que Philippe, après plu- An. M. 3652.
sieurs conquêtes, avait fait une tentative inu- Av. J.C 352.
tile pour s'avancer jusque dans la Phocide,
parce que les Athéniens, justement alarmés
du péril qui les menaçait, lui avaient fermé
le passage des Thermopyles. Démosthène, Demosth:
profitant d'une si favorable disposition, mon- I. Philip.
te sur la tribune aux harangues, pour tracer
à leurs yeux une vive image du danger prochain dont les menace l'ambition démesurée de Philippe. L'orateur insiste fortement
sur cette réflexion : que la négligence des
Athéniens est l'unique cause de l'agrandissement de Philippe. « Voyez, leur dit Démos- I. Philip.
» thène, en parlant de Philippe, à quel point
» monte l'arrogance du personnage qui ne
» vous donne point le choix ou de l'action
» ou du repos, mais qui use de menaces,
» et, selon le bruit commun, tient les dis-
» cours les plus insolens; et, non content de
» ses premières conquêtes, incapables de le
» satisfaire, il se porte chaque jour à quel-

» que nouvelle entreprise. Vous attendez peut-
» être que quelque nécessité vous force d'agir.
» En est-il une plus grande, pour des hom-
» mes libres, que la honte et l'infamie ? Vou-
» lez-vous donc vous promener éternellement
» dans la place publique, en vous demandant
» les uns les autres : *Dit-on quelque chose
» de nouveau ?* Eh ! quoi de plus nouveau,
» qu'un homme de Macédoine vainqueur des
» Athéniens, et souverain arbitre de la Grè-
» ce ? *Philippe est mort*, dit l'un : *Non, il
» n'est que malade*, répond l'autre. Mort ou
» malade, que vous importe, Athéniens ? A
» peine le Ciel vous en aurait-il délivrés, qu'à
» vous comporter de la sorte, vous vous fe-
» riez bien vite vous-mêmes un autre Phi-
» lippe, puisque celui-ci doit ses accroisse-
» mens bien moins à sa force qu'à votre indo-
» lence. »

Cependant Philippe, en habile politique,
sut bien profiter des dissensions qui régnaient
parmi les Grecs. Ce roi n'avait rien plus à
cœur que de s'étendre vers la Thrace, et il
ne le pouvait guère qu'aux dépens des Athéniens. La ville d'Olynthe était une place importante, et dont la possession devait lui assurer les conquêtes qu'il avait faites de ce
côté-là, et lui en promettait pour l'avenir de
plus considérables. Dès que ce prince se vit
en état de l'attaquer avec succès, il prit ses
mesures pour en former le siége. Les Olynthiens, du plus loin qu'ils entendirent gron-
der l'orage, recoururent aux Athéniens, et
sollicitèrent l'envoi d'un prompt et puissant
secours. Ce fut cette nouvelle entreprise de

Philippe qui occasiona ce beau discours de Démosthène, que l'on compte ordinairement pour la seconde des trois olynthiennes.

Dans ce discours l'orateur, pour mieux aller à ses fins, épouvante et rassure alternativement les Athéniens. Pour cela, il représente Philippe sous deux faces fort différentes. D'un côté, c'est un ambitieux, que l'empire du monde entier ne rassasierait pas ; un superbe, qui regarde tous les hommes, et même ses alliés, comme autant de sujets ou d'esclaves ; un corrupteur, qui, la bourse à la main, marchande, trafique, achète, et ne met pas moins en œuvre l'or que le fer. Mais, d'un autre côté, ce même Philippe est un imprudent qui mesure ses vastes projets, non à ses forces, mais à son ambition seule ; un téméraire, qui, par ses attentats, creuse lui-même le tombeau de sa propre grandeur ; un fourbe, un scélérat, un usurpateur, qui foule aux pieds toutes les lois divines et humaines ; un tyran détesté jusque dans le sein de ses Etats ; enfin, un parjure, un impie, que le Ciel n'abhorre pas moins que la terre, et que les Dieux vont frapper par la main de quiconque voudra servir leur courroux et seconder leur vengeance.

Olynth. 2.

Il paraît que ce discours n'eut pas tout le succès qu'il méritait. Les Athéniens, flattés et endormis par les autres orateurs corrompus par l'or de Philippe, se contentaient d'admirer la beauté et la force des harangues de Démosthène. Il est vrai qu'ils envoyèrent différens secours à Olynthe ; mais ces secours arrivèrent si lentement, et si peu à

3

propos, qu'ils ne purent défendre Olynthe contre les forces et l'argent de Philippe. Elle lui fut livrée par la trahison de deux de ses citoyens, Euthycrate et Lasthène, qui étaient les premiers de la ville, et actuellement en charge. Ainsi, il entra par la brèche que ses largesses avaient faite. Il saccage cette malheureuse ville, enchaîne une partie des habitans, vend l'autre, et ne distingue les traîtres que par le souverain mépris qu'il leur témoigne. Philippe aimait la trahison, et n'aimait pas les traîtres. Il n'y eut personne, jusqu'au simple soldat de l'armée macédonienne, qui ne reprochât à Euthycrate et à Lasthène leur honteuse perfidie. Ils en demandèrent justice à Philippe, qui les paya de cette ironie plus sanglante que l'injure même: *Ne prenez pas garde à ce que disent des hommes grossiers, qui nomment chaque chose par son nom.*

La prise de cette ville lui causa une grande joie. C'était une des places les plus importantes pour lui, et dont les forces pouvaient le plus balancer sa puissance. Elle avait, quelques années auparavant, résisté pendant un assez long temps aux forces de la Macédoine et de Lacédémone jointes ensemble ; et Philippe l'avait enlevée presque sans aucune résistance, ou du moins sans beaucoup de perte. Il donna des spectacles, et fit célébrer des jeux publics avec une magnificence extraordinaire. Il les accompagna de repas et de festins, où il se rendait populaire, et comblait tous les conviés de présens et de marques d'amitié.

### ARTICLE IV.

*Philippe se déclare pour les Thébains,
contre les Phocéens. Il endort les Athéniens par une fausse paix. Il s'empare
des Thermopyles, réduit les Phocéens,
et termine la guerre sacrée. Il se fait
admettre dans le conseil amphictyonique.*

Les Thébains, hors d'état de pouvoir terminer par eux-mêmes la guerre qu'ils sou-
tenaient depuis long-temps contre les Phocéens, eurent recours à Philippe. Ce prince
n'hésita pas un moment à se déclarer pour
eux. Il épousa avec plaisir une querelle qui
lui ménageait une entrée dans la Grèce. Il
donna même une couleur avantageuse à ses
armes; car, outre la reconnaissance dont il
se piquait pour la ville de Thèbes, où il avait
été élevé, il prétendait se faire honneur de
son zèle pour le Dieu outragé, et était bien
aise de se faire la réputation d'un prince religieux. Les politiques font usage de tout, et
cherchent à couvrir les entreprises les plus
injustes du voile de la probité, et quelquefois même de la religion, quoique souvent,
dans le fond, ils ne fassent aucun cas ni de
l'une ni de l'autre.

An. M. 3657.
Av. J. C. 347.

Philippe n'avait rien plus à cœur que de
s'assurer des Thermopyles, qui lui ouvraient
un passage dans la Grèce, et de s'approprier
tout l'honneur de la guerre sacrée; mais,
pour mettre en exécution cette double vue,
il fallait en dérober la connaissance aux Athé-

*Demost. orat.
de falsâ leg.*

4

niens, qui étaient actuellement déclarés contre Thèbes, et leur faire prendre le change, en leur montrant un autre objet ; et c'est à quoi la politique de Philippe réussit merveilleusement. Ce prince s'étant aperçu que les Athéniens étaient lassés d'une guerre qui leur était fort onéreuse et peu utile, profita de ces dispositions pour négocier un traité de paix avec eux. Il fait faire des propositions ; il écoute celles qu'on lui fait ; il envoie des ambassadeurs à Athènes, reçoit ceux des Athéniens. Eschine et Démosthène furent du nombre des dix ambassadeurs, qui en ramenèrent trois de Philippe : Antipater, Parménion, Eurilochus. Tous dix s'acquittèrent fidèlement de leur commission, et en rendirent un fort bon compte. On les renvoya aussitôt, avec un plein pouvoir de conclure la paix, et de la cimenter par la religion des sermens. Alors Démosthène, qui, dans la première ambassade, avait rencontré en Macédoine quelques Athéniens prisonniers, et leur avait promis qu'il reviendrait les racheter à ses dépens, se mit en devoir de tenir sa parole, et conseilla à ses collègues de s'embarquer au plus tôt, comme la république l'avait ordonné, pour aller incessamment chercher Philippe partout où il serait. Ceux-ci, loin de faire la diligence qu'on leur avait recommandée, marchent à pas d'ambassadeurs, vont par terre en Macédoine, s'y arrêtent trois mois entiers, et donnent le temps à Philippe de prendre encore plusieurs places sur les Athéniens dans la Thrace. Enfin, s'étant abouchés avec le roi de Macédoine, ils conviennent avec lui des conditions de paix. Celui-ci, content de les avoir endormis par un projet de traité, en différait de jour en jour la ratification. Il avait trouvé le moyen de corrompre, à force de présens, tous les ambassadeurs, à l'exception de Démosthène, qui, se trouvant seul, s'opposait en vain à ses collègues. Il ratifie enfin les conditions de la paix, et en signe le traité, dont il exclut les Phocéens, dans le dessein qu'il avait formé de s'emparer de la Phocide, et par ce moyen des Thermopyles.

Cependant Philippe faisait toujours avancer ses troupes, et le temps qu'on employa à Athènes à délibérer au sujet des Phocéens exclus du traité de paix, fut plus que suffisant à ce prince pour s'emparer des Thermopyles, et pour entrer dans la Phocide. Jusque là on n'avait pu réduire les Phocéens à la raison ; Philippe n'eut qu'à se montrer, la terreur de son nom jeta partout l'épouvante. Supposant qu'il marchait contre des sacriléges, et non contre des ennemis ordinaires, il fit prendre à ses soldats des couronnes de laurier, et les mena au combat, comme sous la conduite du Dieu même dont ils vengeaient l'honneur. A cet aspect les Phocéens se crurent vaincus. Ils demandèrent la paix, et se livrèrent à la merci de Philippe, qui permit à Phalécus, leur chef, de se retirer dans le Péloponnèse, avec les huit mille hommes qu'il avait pris à sa solde. Ainsi, ce prince, sans qu'il lui en coûtât beaucoup de peine, remporta tout l'honneur d'une longue et sanglante guerre, qui avait épuisé les deux

An. M. 3658<br>Av. J.C. 346<br>Diod. l. 16<br>p. 455.

F 5

partis. Cette victoire lui fit un honneur incroyable dans toute la Grèce.

Philippe, pour ne paraître rien faire de son autorité privée, dans une affaire qui concernait toute la Grèce, assembla le conseil des amphictyons, et les établit pour la forme souverains juges de la peine encourue par les Phocéens. Sous le nom de ces juges dévoués à ses volontés, il ordonna qu'on ruinerait les villes de la Phocide, qu'on les réduirait toutes en bourgs de soixante feux, et que l'on proscrirait irrémissiblement les sacriléges. Philippe ne s'oublia pas dans cette occasion ; il se fit transporter le droit de séance au conseil amphictyonique, dont on avait déclaré déchus les Phocéens ; ce qui était pour lui d'une grande importance, et d'une dangereuse conséquence pour tout le reste de la Grèce, comme la suite le fera voir. Ils donnèrent aussi à Philippe l'intendance des jeux pythiques, conjointement avec les Béotiens et les Thessaliens : parce que les Corinthiens, qui l'avaient eue jusque là, s'en étaient rendus indignes par la part qu'ils avaient prise au sacrilége des Phocéens.

Quand on apprit à Athènes la manière dont les Phocéens avaient été traités, on comprit, mais trop tard, le tort qu'on avait eu de ne pas déférer aux conseils de Démosthène, et de s'être livré aveuglément aux vaines promesses d'un traître, qui avait vendu sa patrie. Outre la honte et la douleur d'avoir manqué aux devoirs de la confédération à l'égard des Phocéens, ils reconnurent qu'en abandonnant leurs alliés, ils avaient trahi leurs propres intérêts ; car Philippe, maître de la Phocide, l'était devenu des Thermopyles, ce qui lui ouvrait les portes et lui donnait les clefs de la Grèce. Les Athéniens donc, justement alarmés pour eux-mêmes, ordonnèrent qu'on retirerait les femmes et les enfans de la campagne dans la ville, qu'on rétablirait les murs, et qu'on fortifierait le Pirée, pour se mettre en état de défense, en cas d'invasion.

*Demost. de falsá leg. p. 312.*

### ARTICLE V.

*Entreprise de Philippe sur le Péloponnèse et l'Eubée, sur Byzance et Périnthe. Les Athéniens, animés par les harangues de Démosthène, font échouer les entreprises de ce prince.*

Quand ce prince eut réglé tout ce qui regardait le culte du Dieu et la sûreté du temple de Delphes, il retourna en Macédoine comblé de gloire, et remportant la réputation de prince religieux et d'intrépide conquérant. Philippe, content de s'être ouvert une entrée dans la Grèce, par la prise des Thermopyles, d'avoir soumis la Phocide, de s'être rendu un des juges de la Grèce, par sa nouvelle qualité d'amphictyon, crut sagement devoir s'arrêter, pour ne pas soulever contre lui tous les peuples de la Grèce, en découvrant trop tôt les vues d'ambition qu'il avait sur elle. Et afin de dissiper tous les soupçons, il tourna ses armes contre l'Illyrie, pour étendre ses frontières de ce côté-là, et pour tenir toujours ses troupes en haleine par quelque nouvelle expédition.

*An. M. 3660 Av. J.C.344 Diod. l. 16 p. 456. Ibid. p. 463*

Le même motif le fit ensuite passer en Thrace. Dès les premières années de son règne, il y avait déjà enlevé plusieurs places aux Athéniens. Il y poussa toujours ses conquêtes. Avant la prise d'Olynthe, il s'était rendu maître de trente-deux villes dans la Chalcide, qui faisait partie de la Thrace. La Chersonnèse était aussi fort à sa bienséance. C'était une presqu'île fort riche, où il y avait plusieurs villes puissantes et d'excellens pâturages. Elle avait autrefois appartenu aux Athéniens. Ses habitans se mirent sous la protection de Lacédémone, quand Lysandre eut pris Athènes, et retournèrent sous la domination de leurs premiers maîtres, quand Conon, fils de Timothée, eut relevé sa patrie. Cotys, roi de Thrace, conquit ensuite la Chersonnèse sur les Athéniens, et ils y rentrèrent enfin par la cession qu'en fit Chersoblepte, fils de Cotys, qui, se trouvant trop faible pour se défendre contre Philippe, la leur abandonna la quatrième année de la CVI<sup>e</sup> olympiade, en se réservant néanmoins Cardie, la ville la plus considérable de la presqu'île, qui se jeta entre les bras de Philippe, dans la crainte de tomber entre les mains des Athéniens, qui la revendiquaient.

Diopithe, chef de la colonie que les Athéniens avaient envoyée dans la Chersonnèse, regardant cette démarche de Philippe comme un acte d'hostilité contre sa république, sans en attendre l'ordre, se jette brusquement sur les terres de ce prince dans la Thrace maritime, pendant qu'il était occupé, dans la haute Thrace, à une guerre importante ; les

Suidas.

Diod. l. 16. p. 434.

An. M. 3661. Av. J.C 343.

An. M. 3662. Av. J.C. 342. Liban. in Demost. p. 75.

pille avant qu'il puisse revenir pour lui faire tête, les saccage, et remporte un riche butin, qu'il met en sûreté dans la Chersonnèse. Philippe, hors d'état de s'en faire raison par la voie qu'il eût voulu, se contenta de s'en plaindre amèrement par ses lettres aux Athéniens. Les pensionnaires qu'il avait dans Athènes firent leur devoir. Ces langues vénales eurent soin de répandre leur venin sur une conduite du moins pardonnable. Ils déclament contre Diopithe, le défèrent comme auteur de la guerre, l'accusent d'exaction et de piraterie, sollicitent et pressent son rappel, et poursuivent avec chaleur sa condamnation.

Démosthène entreprit la défense de Diopithe. C'est ce qui fait le sujet de la harangue *sur la Chersonnèse.* Ce Diopithe était père de Ménandre, fameux poète comique, que Térence a fidèlement copié. Il y a lieu de croire que l'avis de Démosthène fut suivi.

La même année que cette harangue fut prononcée, mourut Arymbas, roi des Molosses ou d'Epire, fils d'Alcétas. Il avait un frère appelé Néoptolème, dont la fille Olympias épousa Philippe. Ce Néoptolème, par le crédit de son gendre, était parvenu à partager la royauté avec son frère aîné, à qui seul elle appartenait de droit. Cette première injustice fut suivie d'une plus grande. Après la mort d'Arymbas, Philippe fit si bien par ses intrigues, ou par ses menaces, que les Molosses chassèrent Eacidas, fils et successeur légitime d'Arymbas, et qu'ils établirent Alexandre, fils de Néoptolème, seul roi de

*Diod. l.* 16. *p.* 465.

l'Épire. Ce prince, non-seulement beau-frère, mais gendre de Philippe, dont il épousa la fille nommée Cléopâtre, porta la guerre en Italie, où il mourut. Après quoi Eacidas remonta sur le trône de ses aïeux, régna seul en Épire, et transmit la couronne à son fils le grand Pyrrhus, si renommé dans l'histoire romaine, et cousin issu de germain du grand Alexandre par leur bisaïeul commun Alcétas.

*Demosth. in Philip II Liban. in Demosth.*

Philippe, après ses expéditions dans l'Illyrie et dans la Thrace, sollicité par les Thébains de s'unir avec eux, et avec les Messéniens et les Argiens, pour humilier ensemble la superbe Lacédémone, entendit volontiers à la proposition d'une alliance qui s'accordait parfaitement avec ses vues, et fit en conséquence défiler de ce côté-là un gros corps de troupes. Il fut bientôt obligé de les retirer; car les Athéniens, pressés et sollicités par les Lacédémoniens, et plus encore par les harangues de Démosthène, s'unirent aux puissances intéressées à traverser la ligue de Philippe, et firent échouer les desseins de ce prince.

Démosthène, vivement touché des intérêts de la patrie, monta sur la tribune aux harangues. Dans le discours qu'il fit, il reproche aux Athéniens, selon sa coutume, leur nonchalance et leur paresse. Il expose les desseins ambitieux de ce prince, qui ne tend à rien moins qu'à se rendre maître de toute la

*Philip. II.* Grèce. « Vous excellez, leur dit-il, vous et » lui, dans ce qui fait l'objet de votre appli- » cation et de vos soins, vous parlez mieux

» que lui, et il agit mieux que vous. L'expé-
» rience du passé devrait au moins vous ou-
» vrir les yeux, et vous rendre à son égard
» plus circonspects et plus soupçonneux ;
» mais elle ne fait que vous endormir. Ac-
» tuellement il fait défiler des troupes vers le
» Péloponnèse, et il y envoie de l'argent, et
» l'on attend à toute heure qu'il arrive en
» personne, à la tête d'une puissante armée.
» Vous croyez-vous donc en sûreté, quand
» il se sera rendu maître de tout ce qui vous
» environne ? » C'est cette belle harangue qui
déconcerta tous les desseins de Philippe, ou
qui en fit suspendre l'exécution.

Ce prince ne demeura pas en repos. Depuis long-temps il regardait l'Eubée comme
fort propre, par sa situation, à favoriser les
desseins qu'il méditait contre la Grèce. Les
Athéniens, au contraire, avaient un intérêt
capital de ne la point laisser tomber en des
mains ennemies, d'autant plus qu'un pont
pouvait la joindre au continent de l'Attique.
Mais, à leur ordinaire, ils s'endormirent sur
les entreprises de Philippe. Celui-ci, toujours *Demosth.*
attentif et vigilant sur ses intérêts, y fit cou- *Philip. 3. p.*
ler des troupes, à la prière de quelques-uns 93.
des habitans, se rendit maître de plusieurs
places, et y établit trois tyrans, qui, sous
son nom, y exerçaient un souverain empire. Il ne jouit pas long-temps de sa nouvelle
conquête. Les Athéniens, réveillés de leur
assoupissement, et par le cri de leurs propres intérêts, et par celui des insulaires, qui
réclamaient leurs secours, y envoyèrent des
troupes, sous la conduite de Phocion, qui

chassa les Macédoniens de l'Eubée, et rétablit toutes choses en leur ancien état.

*Plut. in Phoc. p. 743, 745.*

Phocion avait étudié dans l'académie sous Platon, et avait formé, dans cette école, ses mœurs et sa vie sur le modèle de la plus austère vertu. On dit que jamais Athénien ne le vit rire ni pleurer, ni aller aux bains publics. Quand il allait à la campagne, ou qu'il était à l'armée, il marchait toujours nu-pieds et sans manteau, à moins qu'il ne fît un froid excessif et insupportable ; de sorte que les soldats disaient : *Voilà Phocion habillé, c'est signe d'un grand hiver.* Il savait que l'éloquence est un instrument nécessaire à un homme d'Etat, pour exécuter heureusement les grandes choses qu'il entreprend dans son ministère. Il s'y appliqua particulièrement, et ce fut avec un grand succès. Il s'étudia à se faire un style vif, serré, concis, qui faisait entendre beaucoup de choses en peu de mots. Un jour, paraissant rêveur dans une assemblée, où il se préparait à parler, on lui en demanda la cause. *Je songe,* répondit-il, *si je ne puis rien retrancher de ce que j'ai à dire.* Ses raisonnemens étaient d'une force capable d'abattre et de renverser la plus haute éloquence : de là vient que Démosthène, qui en avait fait souvent l'épreuve, ne voyait pas plus tôt Phocion paraître pour haranguer, qu'il disait : *Voilà la cognée qui détruit tout l'effet de mes paroles.*

Phocion, voyant que ceux qui se mêlaient alors du gouvernement, avaient fait un partage du militaire et du civil ; que les uns,

comme Eubule , Aristophon , Démosthène ,
Lycurgue et Hypéride , se bornaient à haranguer le peuple , et à proposer des décrets ;
que les autres, comme Diopithe, Léosthène
et Charès, s'avançaient par les emplois de
la guerre ; il aima mieux imiter la manière
de gouverner de Solon, d'Aristide, de Périclès, qui avaient su réunir les deux talens,
et joindre à la science politique le courage
guerrier. Pendant qu'il fut en place, il eut
toujours en vue le repos et la paix, comme
le but de tout gouvernement sage. Cependant
il fit plus d'expéditions lui seul, non-seulement qu'aucun des capitaines de son temps,
mais encore qu'aucun de ceux qui avaient
été avant lui. Il fut chargé du gouvernement
quarante-cinq fois, sans que jamais il l'eût
demandé, ni brigué ; et ce fut toujours en
son absence qu'on le choisit pour le mettre
à la tête des armées. On était étonné, qu'austère comme il était, et ennemi de toute flatterie, il eût su fixer, pour ainsi dire, en sa
faveur la légèreté et l'inconstance naturelles
aux Athéniens, quoique souvent il s'opposât
avec force à leurs volontés et à leurs caprices, sans se mettre en peine de ménager leur
délicatesse. L'idée que l'on avait à Athènes
de sa probité et de son zèle pour le bien public, est, selon Plutarque, ce qui rendit ordinairement son éloquence si efficace et si
victorieuse. Il ne faut point douter que l'é-
loquence de nos orateurs évangéliques n'eût
aujourd'hui le même effet, si, par la pureté
de leur vie, ils donnaient à leurs auditeurs
occasion de se former d'eux une pareille idée.

J'ai cru qu'il était bon de faire connaître Phocion, dont il sera parlé dans la suite. Reprenons notre histoire.

*An. M. 3663.*
*Av. J. C. 341.*
*Demost. pro*
*Ctes. p. 486.*
*487.*

Philippe, qui ne perdait point de vue le dessein qu'il avait conçu de se rendre maître de la Grèce, changea d'attaque, et chercha le moyen de dresser une autre batterie contre Athènes. Il savait que cette ville, à cause de la stérilité de l'Attique, avait besoin plus qu'aucune de blés étrangers. Pour disposer souverainement de leur transport, et affamer Athènes, s'il le pouvait, il marche vers la Thrace, d'où cette ville tirait la meilleure partie de ses vivres, dans le dessein d'assiéger Périnthe et Byzance.

*An. M. 3664.*
*Av. J. C. 340.*

Cependant Démosthène ne cessait de crier contre l'indolence des Athéniens, l'ambition de Philippe, et l'avarice des orateurs, qui, gagnés par les présens de ce prince, amusaient le peuple, et l'endormaient sur ses véritables intérêts.

*Philip. 3.*
*p. 90.*

« D'où vient, leur disait-il, qu'autrefois
» tous les Grecs embrassaient avec tant d'ar-
» deur la liberté, et que maintenant ils cou-
» rent tous à la servitude ? C'est qu'il régnait
» alors dans l'esprit des peuples, ce qui de
» nos jours n'y règne plus : une haine com-
» mune, une détestation générale qu'ils
» avaient conçue contre tout homme assez
» lâche pour se vendre à qui voulait asservir
» la Grèce, ou même la corrompre. Alors
» accepter des présens, c'était un crime ca-
» pital, puni irrémissiblement de mort : ni
» vos orateurs, ni vos généraux n'exerçaient
» ce honteux et criminel trafic, qui mainte-

» nant est si commun dans Athènes, où tout
» est mis à prix, et où tout se vend à l'en-
» can.

» Athéniens, il faut graver profondément    *Philip. 4.*
» dans vos esprits ce principe incontestable,    *p. 102.*
» qu'actuellement Philippe vous attaque,
» qu'il a rompu la paix; que, par la prise de
» toutes les places qui vous environnaient,
» il s'ouvre et se prépare un chemin jusqu'à
» vous, et qu'il nous regarde comme ses en-
» nemis mortels, parce qu'il sait bien que
» nous sommes les seuls capables de nous
» opposer aux desseins ambitieux qu'il a de
» tout envahir. Il faut en effet nous y oppo-
» ser de toutes nos forces; et pour cela em-
» barquer au plus tôt et sans perdre de temps,
» les secours dont la Chersonnèse et Byzan-
» ce ont besoin; fournir sur le lieu à vos gé-
» néraux tout ce qui leur manque; enfin
» concerter tous les moyens de sauver la
» Grèce menacée du dernier péril. Quand
» tous les autres Grecs présenteraient la tête
» au joug, vous, Athéniens, vous devriez tou-
» jours combattre pour la liberté. » La suite
fera voir qu'on suivit assez exactement les
avis de Démosthène.

Cependant Philippe poussait vivement le    *Diod. l. 16.*
siége de Périnthe; mais comme il voulait pa-    *p. 466. 468.*
raître garder au dehors toutes sortes de ménagemens avec les Athéniens, dont il redoutait la puissance, et qu'il tâchait d'endormir
par de belles paroles, il leur écrivit une lettre, où il tâchait de les étourdir, à force de
reproches, sur leurs contraventions aux traités, qu'il se vante d'avoir observés fort reli-

gieusement. Cette lettre paraît un chef-d'œuvre dans l'original. Il y règne une vivacité majestueuse et persuasive, une force et une justesse de raisonnement soutenues jusqu'au bout, un style noble et concis, qui conviennent si bien ux têtes couronnées. On pourrait appliquer ici à Philippe, ce qui a été dit de César, *qu'il se servait aussi-bien de la plume que de l'épée* (1).

La lettre de Philippe valait un bon manifeste, et n'aurait pas manqué de faire toute l'impression qu'il aurait pu désirer, sur un peuple plus ennemi de la dépense et du travail que de l'usurpation et de la tyrannie; mais le zèle éloquent de Démosthène, qui était sans cesse aux prises avec l'ambition démesurée de Philippe, en arrêta l'effet, en développa les véritables motifs, et la fit regarder comme un manifeste et une déclaration de guerre de la part de ce prince. En effet, il fut résolu sur-le-champ, qu'on enverrait des troupes au secours de Byzance.

An. M. 3665.
Av. J.C. 339.
*Diod. l.* 16.
*p.* 408.

Phocion fut chargé d'aller avec des troupes au secours des alliés de l'Hellespont. La prudence de ce général, secondée par la valeur de ses troupes, obligea bientôt Philippe d'abandonner son entreprise sur Byzance et Périnthe. Il fut chassé de l'Hellespont, après y avoir perdu beaucoup de sa réputation; car jusque là il avait passé pour invincible, et rien n'avait osé tenir devant lui. Les By-

*Demost. pro*
*Ctes. p.* 487.

zantins et les Périnthiens marquèrent au peuple d'Athènes leur reconnaissance, par un

(1) Eodem animo dixit, quo bellavit. *Quintil. l.* 10. c. 1.

décret également honorable, et à Athènes et
à ces deux villes.

Démosthène nous a conservé, dans une
de ses harangues, ce décret, dont je crois devoir rapporter ici la teneur dans son entier.
« Sous le pontife Bosphoricus (1), Damagète,
» après avoir demandé au sénat la permis-
» sion de parler, a dit en pleine assemblée :
» attendu qu'aux temps passés, la bienveil-
» lance constante du peuple d'Athènes en-
» vers les Byzantins et les Périnthiens, unis
» entre eux et d'alliance et d'origine, ne se
» démentit jamais en aucun cas ; que cette
» bienveillance, déjà signalée tant de fois, a
» tout récemment éclaté, lorsque Philippe
» de Macédoine, armé pour la destruction
» entière de Byzance et de Périnthe, battait
» nos murailles, brûlait nos campagnes, cou-
» pait nos forêts ; qu'en ce temps de calami-
» té, ce peuple bienfaisant nous a secourus,
» avec une flotte de six-vingts voiles, char-
» gée de vivres, d'armes et de troupes ; qu'il
» nous a sauvés des derniers périls ; qu'enfin
» il nous a rétablis dans la paisible posses-
» sion de notre gouvernement, de nos lois,
» et de nos tombeaux ; les Byzantins et les
» Périnthiens, par un décret, accordent aux
» Athéniens la liberté de s'établir dans les
» Etats de Périnthe et de Byzance, de s'y ma-
» rier, d'y acquérir des terres, et d'y jouir
» de toutes les prérogatives de citoyen ; leur
» octroient de plus une place distinguée aux
» spectacles, et le droit de séance, soit dans
» le corps du sénat, soit dans l'assemblée du

(1) C'était apparemment le premier magistrat.

» peuple auprès des pontifes ; entendent que
» tout Athénien qui voudra se domicilier
» dans l'une ou l'autre ville, jouisse d'une
» entière exemption d'impôts, et d'autres
» charges de l'Etat ; que sur le port l'on érige
» trois statues, de seize coudées chacune,
» qui représenteront le peuple d'Athènes cou-
» ronné par le peuple de Byzance et par le
» peuple de Périnthe ; que d'ailleurs on en-
» voie des présens aux quatre jeux solennels
» de la Grèce, et qu'on y proclame la cou-
» ronne que nous avons décernée au peu-
» ple d'Athènes ; en sorte que la même cé-
» rémonie apprenne à tous les Grecs, et la
» magnanimité des Athéniens, et la recon-
» naissance des Périnthiens et des Byzantins. »

Les peuples de la Chersonnèse firent un
décret pareil. « Entre les peuples que la Cher-
» sonnèse comprend, les habitans de Seste,
» d'Eléonte, de Madyte et d'Alopéconnèse,
» décernent au peuple et au sénat d'Athènes
» une couronne d'or de soixante talens, et
» dressent deux autels, savoir : l'un à la Déesse
» de la Reconnaissance, et l'autre aux Athé-
» niens, pour avoir, par le plus insigne de
» tous les bienfaits, affranchi du joug de Phi-
» lippe les peuples de la Chersonnèse, et les
» avoir rétablis dans la possession de leur pa-
» trie, de leurs lois, de leur liberté et de leurs
» temples ; bienfaits dont ils garderont éter-
» nellement la mémoire, et qu'ils ne cesse-
» ront jamais de reconnaître selon toute l'é-
» tendue de leur pouvoir : ce qu'en plein sé-
» nat ils ont unanimement résolu. »

Philippe, après avoir été obligé de lever le

siége de Byzance, marcha contre les Scythes, *Justin. l. 9.* qu'il vainquit aisément, malgré leur nom- *c. 2. 3.* breuse armée. A son retour de la Scythie, les Triballes, peuples de la Mœsie, lui dispu- tèrent le passage, prétendant avoir leur part au butin immense qu'il emmenait. Il en fal- lut venir aux mains. Le combat fut rude et sanglant, et il demeura beaucoup de monde sur la place de part et d'autre. Le roi même y fut blessé à la cuisse, et du même coup son cheval fut tué sous lui. Alexandre accourut au secours de son père, et, le couvrant de son bouclier, il tua ou mit en fuite tous ceux qui venaient se jeter sur lui. Alexandre a ce- la de commun avec le grand Scipion, d'a- voir sauvé la vie à son père; mais il lui est particulier de le lui avoir reproché dans la sui- te, et d'avoir poussé l'indignité jusqu'à le mé- connaître pour son père : c'est ce que nous verrons plus en détail dans l'histoire de ce prince.

**ARTICLE VI.**

*Philippe est élu généralissime des Grecs. Il s'empare d'Elatée. Ligue des Athé- niens et des Thébains contre Philippe. Bataille de Chéronée. Procès intenté à Démosthène par Eschine. Celui-ci est condamné, et se retire en exil à Rhodes.*

Philippe, dans le dessein qu'il roulait de- *An. M. 3666.* puis long-temps de se faire élire généralis- *Av. J. C. 338.* sime des Grecs, et qu'il lui importait infini- ment de ne pas laisser entrevoir, marcha à son ordinaire par les souterrains. Il avait, dans toutes les villes grecques, des pensionnaires à gages, qui lui donnaient avis de tout, et qui le servaient fort utilement : aussi les payait-il bien. Par leur moyen, il suscita une querelle aux Locriens d'Amphisse, du nom de la ville d'Amphisse leur capitale. Leur pays était entre l'Etolie et la Phocide. On les accusa d'avoir profané une terre sacrée, en labourant une campagne nommée *la campagne Cyrrhée*, qui était tout près du temple de Delphes. L'affaire devait être portée au tribunal des amphictyons ; et c'était ce tribunal qu'il fallait gagner, sans faire naître contre soi le plus léger soupçon. Philippe n'eut garde d'y envoyer aucun agent connu ou suspect; il sentait bien qu'à coup sûr tous soupçonneraient sa manœuvre, et se tiendraient indubitablement sur leurs gardes.

Il s'y prit donc d'une manière plus fine. Par le moyen des pensionnaires qu'il avait à Athènes, il fit nommer pour *Pytagore*, député à l'assemblée des Amphictyons, Eschine, qui lui était entièrement vendu. Dès qu'il y fut arrivé, il travailla d'autant plus efficacement pour Philippe, qu'on se défiait moins d'un citoyen d'Athènes ouvertement déclaré contre ce prince. Cet orateur, par un discours étudié et fort éloquent, prouva aux députés qu'il fallait, ou qu'ils soutinssent eux-mêmes la guerre, ou qu'ils élussent Philippe pour leur général. Les députés, pour épargner à leurs républiques la dépense, les fatigues, et les dangers de la guerre, prirent ce dernier parti. Par un décret public, *on envoie à Philippe de Macédoine des ambassadeurs, qui, au nom d'Apollon et des Amphic-*

*tyons,*

*tyons, réclament son assistance; le pressent de ne pas négliger les intérêts de ce Dieu, dont se jouent les impies Amphissiens, et lui notifient, qu'à ce dessein, tous les Grecs agrégés au corps des Amphictyons, l'élisent pour leur général, avec plein pouvoir d'agir comme bon lui semblera.*

Philippe reçut la nouvelle de son élection avec une joie qui répondait au désir qu'il avait depuis long-temps d'y parvenir. Il ne perd donc point de temps; il assemble incontinent ses troupes; et, sous une feinte, marche vers la campagne de Cyrrhée, Oubliant et Cyrrhéens et Locriens, qui n'avaient servi que de prétexte à son voyage, et dont il se souciait fort peu, il s'empare d'Elatée, la plus grande ville de la Phocide et la mieux située, pour tenir en bride les Thébains. Ceux-ci commencèrent à ouvrir les yeux, et virent trop tard ce qu'ils avaient à craindre d'un prince, dont les bienfaits étaient des piéges tendus à leur crédulité.

Cette nouvelle étant parvenue à Athènes vers le soir, y répandit l'alarme. Le lendemain, dès le matin, on convoque l'assemblée. Le héraut, selon la coutume, demande à haute voix: *Qui veut monter sur la tribune?* Personne ne se présente. Dans ce silence général, causé par l'alarme où l'on était, Démosthène, animé par la vue même d'un danger si pressant, monte sur la tribune, travaille à rassurer l'esprit des Athéniens, et à leur inspirer des sentimens conformes à la conjoncture présente et aux besoins de l'Etat. Aussi habile politique que grand orateur, il forme sur-le-champ, par l'étendue d'un génie supérieur, un avis qui embrasse tout ce que devaient faire les Athéniens, au dedans et au dehors, sur terre et sur mer.

« Que veut-il donc, leur dit-il, et pourquoi
» a-t-il envahi Elatée ? Il veut d'un côté, par
» la montre d'une armée, et par l'approche
» des attirails de guerre autour de Thèbes,
» encourager sa faction, lui inspirer plus
» d'audace; d'autre part, frapper du contre-
» coup la faction opposée, et l'étourdir tel-
» lement, qu'il soit en état de la subjuguer,
» ou par la terreur, ou par la force. Philippe
» vous prescrit, par son exemple, le plan que
» vous devez suivre. Assemblez sous Eleusis
» un corps d'Athéniens en âge de servir, et
» soutenez-les par votre cavalerie. Par cette
» démarche, vous apprendrez à toute la Grè-
» ce que vous avez les armes à la main, et
» vous inspirerez aux partisans que vous avez
» à Thèbes, une égale confiance pour faire
» valoir leurs raisons, et pour tenir tête au
» parti opposé ; lorsqu'ils verront, qu'ainsi
» que ceux qui vendent leur patrie à Philip-
» pe, ont, dans Elatée, des troupes toutes
» prêtes à les appuyer au besoin; de même,
» ceux qui veulent combattre pour la liberté,
» vous ont à leur porte, tout prêts à les dé-
» fendre en cas d'attaque. » Démosthène ajouta qu'il fallait sur-le-champ envoyer des ambassadeurs vers les peuples de la Grèce, et surtout vers les Thébains, pour les engager à former une ligue commune contre Philippe. Un avis si sage et si salutaire fut suivi

dans tous ses chefs, et en conséquence on forma un décret, où, après avoir rapporté les différentes entreprises par lesquelles Philippe avait donné atteinte à la paix, on ordonne qu'on mettra en mer deux cents voiles, et qu'avec un corps de troupes d'infanterie et de cavalerie, on ira camper aux environs d'Eleusis. Il fut aussi arrêté qu'on enverrait des ambassadeurs aux autres Grecs, à commencer d'abord par les Thébains.

Démosthène, qui était à la tête de l'ambassade, partit sur-le-champ pour Thèbes. Cet orateur parla dans l'assemblée des Thébains avec tant d'éloquence, de force et de vivacité, que les Thébains transportés et ravis par son discours, comme par une espèce d'enthousiasme, conclurent sur-le-champ avec Athènes une ligue contre Philippe. Démosthène leur représenta Philippe comme un prince inquiet, entreprenant, ambitieux, artificieux, perfide, dont le plan était d'envahir toute la Grèce ; mais qui, pour y réussir plus sûrement, était attentif à n'en attaquer les peuples que les uns après les autres. Il leur fit comprendre que la conquête de l'Attique, loin de satisfaire l'insatiable avidité de cet usurpateur, ne servirait que de degré pour assujettir Thèbes et les autres villes de la Grèce ; qu'ainsi, l'intérêt des deux républiques, devenu désormais inséparable, demandait qu'on oubliât parfaitement les anciens sujets de mécontentement, pour réunir toutes leurs forces contre l'ennemi commun.

La forte éloquence de Démosthène, dit un historien, soufflant dans les ames des Thé-

*Plut. in Demost. p. 853. 854.*

*Theopomp. Plut. in vit. Demosth. p. 854.*

bains, comme un vent impétueux, y rallu-
ma le zèle de la patrie et l'amour de la liberté avec tant d'ardeur, qu'ils se sentirent
uniquement enflammés de l'amour de la belle gloire. Ainsi, un seul homme réglait tout
à son gré dans les assemblées d'Athènes et
de Thèbes, également aimé, respecté, et
autorisé dans ces deux villes.

Philippe, déconcerté par la réunion de ces
deux peuples, envoya des ambassadeurs à
Athènes, pour les engager à ne point armer,
et à vivre avec lui en bonne intelligence. Les
esprits étaient trop aigris et trop justement
alarmés, pour qu'on écoutât aucune proposition ; et l'on ne se fiait point à la parole
d'un prince qui ne cherchait qu'à tromper.
Ainsi, tout se prépara à la guerre, et les troupes montraient une ardeur incroyable. Des
personnes mal intentionnées essayèrent de
l'éteindre ou de la refroidir par le récit de
funestes présages et de terribles prédictions
qu'on mettait dans la bouche de la prêtresse
de Delphes. Mais Démosthène, plein de confiance dans les armes des Grecs, et merveilleusement encouragé par le nombre et par
la valeur des troupes, qui ne demandaient
qu'à voir l'ennemi, ne leur permettait point
de s'amuser à tous ces oracles et à toutes
ces frivoles prédictions. C'est pour lors qu'il
dit que la Pythie *philippisait* ; faisant entendre par ce mot, que c'était l'argent de
Philippe qui causait l'enthousiasme de la
prêtresse, qui lui ouvrait la bouche, et qui
faisait parler le Dieu à son gré. Il faisait souvenir les Thébains de leur Epaminondas, et

les Athéniens de leur Périclès, qui regardaient ces oracles et ces prédictions comme de vains épouvantails, et ne consultaient que la raison. Les troupes des deux puissances liguées se mirent les premières en campagne, et attendirent l'ennemi auprès d'Eleusis.

Philippe, n'ayant pu traverser cette ligue, songea à réunir toutes ses troupes, et entra dans la Béotie. Il avait trente mille hommes de pied, et deux mille chevaux. L'armée des ennemis n'était pas tout-à-fait si nombreuse. On peut dire que, de part et d'autre, le courage des soldats était égal, mais le mérite des chefs ne l'était pas. Et qui pouvait-on alors comparer à Philippe ? Iphicrate, Chabrias, Timothée, fameux chefs des Athéniens, n'étaient plus. Les deux armées campèrent près de Chéronée, ville de Béotie. Philippe donna le commandement de son aile gauche à son fils Alexandre, âgé pour lors de seize ou dix-sept ans ; il se chargea de la droite. Dans l'autre armée, les Thébains formaient l'aile droite, et les Athéniens la gauche.

Au lever du soleil, on donna de part et d'autre les signaux. Le combat fut rude et opiniâtre, et la victoire balança long-temps entre les deux partis, chacun faisant des efforts extraordinaires de courage et de bravoure. Alexandre, qui faisait le premier essai du commandement, montra dans cette bataille toute la capacité d'un vieux général, et le courage déterminé d'un jeune officier. Ce fut lui qui enfonça, après une longue et vigoureuse résistance, le bataillon sacré des Thébains.

Bataille de Chéronée. An. M. 3666. Av. J.C. 338.

3

L'aile droite, que Philippe commandait ne faisait pas si bien son devoir; Lysiclès, à la tête des Athéniens, l'enfonça, et, se croyant déjà victorieux, plein d'une téméraire confiance, il s'écria: *Allons, camarades, poursuivons-les jusque dans la Macédoine.* Philippe, s'apercevant que les Athéniens, au lieu de profiter de leur avantage pour prendre sa phalange en flanc, suivaient ses troupes avec trop d'ardeur, dit froidement: *Les Athéniens ne savent pas vaincre.* Aussitôt il donna ordre à sa phalange de se replier, et vint fondre sur eux; et les prenant en queue et en flanc, les mit en déroute. Démosthène, plus grand homme d'Etat que grand homme de guerre, et plus capable de donner de salutaires avis que de les soutenir par un courage intrépide, prit la fuite avec les autres, et jeta bas ses armes. On prétend même que, pendant qu'il fuyait, sa robe s'étant accrochée à un chardon, il crut que c'était quelque ennemi qui l'arrêtait, et cria: *Sauve-moi la vie.* Il demeura sur la place plus de mille Athéniens, et l'on en fit prisonniers plus de deux mille, parmi lesquels se trouva l'orateur Démade. La perte ne fut pas moindre du côté des Thébains.

Philippe, après avoir érigé un trophée, et offert aux Dieux un sacrifice en action de grâces, distribua aux officiers et aux soldats des récompenses, à chacun selon son mérite et son rang. La manière dont il se conduisit après le gain de la bataille, montre qu'il est bien plus aisé de vaincre des ennemis armés, que de se vaincre soi-même, et que de surmonter ses passions. Au sortir d'un grand repas qu'il avait donné aux officiers, enivré également de joie et de vin, il se transporta sur le champ de bataille; et là, insultant à tous ces morts, dont la terre était couverte, il mit en chant le commencement d'un décret que Démosthène avait dressé pour exciter les Grecs à cette guerre, et chanta, en battant la mesure : *Démosthène, Péanien, fils de Démosthène, a dit.* Il n'y eut personne qui ne fût choqué de voir ce prince se déshonorer lui-même, flétrir sa gloire par une bassesse si indigne d'un roi et d'un vainqueur; mais tous gardaient le silence. L'orateur Démade, du nombre des prisonniers, mais toujours libre, fut le seul qui osa lui en faire sentir l'indécence. *Eh, seigneur,* lui dit-il, *la fortune vous ayant donné le rôle d'Agamemnon, comment ne rougissez-vous pas de jouer celui de Thersite?* Cette parole, pleine d'une généreuse liberté, lui ouvrit les yeux, et le fit rentrer en lui-même. Loin d'en savoir mauvais gré à Démade, il l'en estima encore davantage, lui fit toute sorte d'amitié, et le combla d'honneurs.

Depuis ce temps-là, il parut changer entièrement d'esprit et de conduite. Il renvoya libres tous les prisonniers athéniens, sans exiger d'eux aucune rançon, dans le dessein de gagner par ce bon traitement une république aussi puissante que celle-là. En quoi, selon Polybe, il remporta un second triomphe plus glorieux pour lui et même plus avantageux que le premier. Car, dans le combat, son courage n'avait vaincu que ceux qui s'y

4

trouvèrent présens; ici sa bonté et sa clémence lui gagnèrent la ville entière, et lui soumirent tous les cœurs. Il renouvela avec les Athéniens l'ancien traité d'amitié, et accorda la paix aux Thébains, après avoir laissé une bonne garnison à Thèbes.

*Plut. in Iso-crat. p. 837.*

On dit qu'Isocrate, le plus célèbre rhéteur de ce temps-là, qui aimait tendrement sa patrie, ne put survivre à la perte et à la honte qu'elle venait de souffrir dans la bataille de Chéronée. Dès qu'il en eut reçu la nouvelle, ne sachant pas comment Philippe userait de sa victoire, et voulant mourir libre, il avança sa fin, en cessant de prendre aucune nourriture. Il était âgé de quatre-vingt-dix-huit ans.

Comme Démosthène paraissait la principale cause du terrible échec qu'Athènes venait de recevoir, et qui porta un coup mortel à sa puissance, dont elle ne se releva jamais, les orateurs qui lui étaient contraires, s'élevèrent contre lui, et l'appelèrent en justice pour lui faire son procès. Le peuple ne se contenta pas de le renvoyer absous de toutes leurs charges et accusations, mais le combla encore plus d'honneurs qu'il n'avait jamais fait ; tant la vénération qu'on avait conçue pour son zèle et pour sa fidélité, était

*Plut. Ibid. Demosth. pro Ctes. p. 519. 520.*

à l'épreuve des plus funestes revers. Le peuple ne s'en tint pas là. Il choisit Démosthène pour faire l'éloge de ceux qui avaient péri dans le combat; preuve authentique qu'il ne lui attribuait point le mauvais succès de la bataille, mais à la divine Providence seule, qui dispose des événemens humains, comme

il lui plaît ; ce qui fut marqué en termes exprès , dans l'inscription gravée sur le tombeau de ces illustres morts :

> La terre couvre ici ces victimes d'Etat ,
> Que leur zèle immola dans le fort du combat.
> La Grèce, sur le point de se voir asservie ,
> Ne se sauva du joug, qu'aux dépens de leur vie.
> Jupiter le voulut. Mortels , aucun effort
> Ne peut vous affranchir des volontés du sort.
> Aux Dieux seuls appartient l'attribut d'impeccable,
> Et le droit de jouir d'un bonheur immuable.

C'est la solide réponse que Démosthène *Demost. pro* *Ctes. p. 505.*
oppose aux reproches qu'Eschine ne cessait
de lui faire sur la perte de cette bataille.
« Attaquez-moi, lui disait-il, sur les avis que
» je donnais ; mais abstenez-vous de me ca-
» lomnier sur ce qui arriva. Car c'est au gré
» de l'Intelligence suprême que tout se dé-
» noue et se termine ; au lieu que c'est par
» la nature des avis mêmes qu'on doit juger
» de l'intention de celui qui les donne. Si
» donc, par l'événement, Philippe a vaincu ,
» ne m'en faites point un crime , puisque
» c'était Dieu qui disposait de la victoire, et
» non pas moi. Mais qu'avec une droiture,
» une vigilance, une activité infatigables et
» supérieures à mes forces , je ne cherchai
» pas, je ne mis pas en œuvre tous les moyens
» où la prudence humaine peut atteindre ,
» et que je n'inspirai pas des résolutions no-
» bles, dignes d'Athènes et nécessaires ; mon-
» trez-le-moi, et alors donnez carrière à vos
» accusations. »

Ensuite, comme s'il était inspiré d'un Dieu, *Ibid. p. 508.*
et possédé de l'esprit d'Apollon même , il em-

ploie cette figure noble et hardie, qui est regardée comme le plus bel endroit de la harangue, il s'écrie, en jurant par ces vaillans hommes qui avaient péri à Marathon, à Salamine et devant Platée : « Non, Messieurs, » non, vous n'avez point failli ; j'en jure par » ces grands hommes qui ont combattu sur » terre, à Marathon et à Platée ; sur mer, » devant Salamine et Arthémise, et tant d'au- » tres, qui ont tous reçu de la république les » mêmes honneurs de la sépulture ; et non » ceux-là seulement qui ont réussi et rem- » porté la victoire. » Il semble par là défier, en quelque sorte, ces anciens citoyens ; et fait regarder tous ceux qui meurent de la sorte comme autant de Dieux par le nom desquels on doit jurer.

Ce fut l'année même de la bataille de Chéronée, et deux ans avant la mort de Philippe, qu'Eschine, jaloux de la gloire de son rival, attaqua le décret qui lui avait accordé une couronne d'or, et qu'il intenta une accusation contre Ctésiphon, ou plutôt contre Démosthène. Mais la cause ne fut plaidée que sept ou huit ans après, vers la cinquième ou sixième année du règne d'Alexandre. J'en rapporterai ici le succès pour ne point interrompre le récit des faits d'Alexandre.

Jamais cause n'excita tant de curiosité, et ne fut plaidée avec tant d'appareil. On accourut de toutes parts, dit Cicéron, et l'on accourut avec raison. Les deux discours que prononcèrent en cette occasion ces deux excellens orateurs, ont toujours été regardés comme les chefs-d'œuvres de l'antiquité les plus

Cicer. de opt. gen. Orat. n. 22.

parfaits, et surtout celui de Démosthène. Il serait à souhaiter que la passion se montrât moins à découvert, et qu'ils fussent purgés de ce tissu d'injures grossières que les deux orateurs se disent de part et d'autre. La conjoncture du temps paraissait favorable à Eschine. Le parti des Macédoniens, qu'il avait toujours favorisé, était très-puissant à Athènes, surtout depuis la bataille de Chéronée, et la ruine de Thèbes. Cependant Eschine succomba, et paya de la juste peine de l'exil, une accusation témérairement intentée. Le vainqueur usa bien de la victoire; car au moment qu'Eschine sortit d'Athènes, Démosthène, la bourse à la main, courut après lui, et l'obligea d'accepter une offre qui dut lui faire d'autant plus de plaisir, qu'il avait moins lieu de s'y attendre. Sur quoi Eschine s'écria : *Comment ne regretterais-je pas une patrie, où je laisse un ennemi si généreux, que je désespère de rencontrer ailleurs des amis qui lui ressemblent ?*

Eschine alla s'établir à Rhodes, et ouvrit là une école d'éloquence. Il commença ses leçons par lire à ses auditeurs les deux harangues qui avaient causé son bannissement. On donna de grands éloges à la sienne, mais quand on vint à celle de Démosthène, les battemens et les acclamations redoublèrent, et ce fut alors qu'il dit ce mot si louable dans la bouche d'un ennemi : *Eh ! que serait-ce donc, si vous l'aviez entendu parler lui-même ?*

## ARTICLE VII.

*Philippe est élu, dans le conseil amphic-tyonique, général des Grecs contre les Perses. Il répudie Olympias. Il épouse Cléopâtre. Il célèbre les noces de Cléo-pâtre sa fille avec Alexandre, roi d'E-pire, et est tué au milieu de ces noces.*

An. M. 3667.
Av. J.C. 337.
*Diod. l. 16.*
p. 479.

Le principal fruit que Philippe tira de sa dernière victoire ( et c'était le but qu'il n'a-vait jamais perdu de vue), fut de se faire dé-clarer, dans l'assemblée des Grecs, leur gé-néral contre les Perses. En cette qualité, il se prépara à aller attaquer ce puissant royau-me, et à venger les injures que la Grèce avait reçues des barbares.

*Plut. in*
*Alex. p.* 669.

Autant les dehors étaient heureux et bril-lans pour Philippe, autant l'intérieur de sa maison était pour lui triste et affligeant. La mauvaise humeur d'Olympias, qui était na-turellement jalouse, colère et vindicative, y excitait continuellement des querelles et des disputes, et rendit la vie désagréable à Phi-lippe. D'ailleurs, mari peu fidèle lui-même, on prétend qu'il éprouva l'infidélité qu'il avait méritée. Soit juste sujet de plainte, soit légèreté et inconstance de sa part, il en vint jusqu'à la répudier, et lui substitua Cléopâ-tre, nièce d'Attale, qui était encore très-jeune, mais d'une beauté extraordinaire.

Au milieu des réjouissances de la noce, et dans la chaleur du vin, Attale, oncle ma-ternel de la nouvelle reine, s'avisa de dire que les Macédoniens devaient demander aux Dieux qu'elle donnât un successeur légitime à leur roi. A ces mots, Alexandre naturellement colère, irrité d'un discours si offensant : *Quoi, misérable*, lui dit-il, *me prends - tu donc pour un bâtard ?* Et en même temps il lui jeta sa coupe par la tête. Attale repartit de même. La querelle s'échauffa. Philippe qui mangeait à une autre table, trouva fort mauvais qu'on troublât ainsi la fête ; et oubliant qu'il était boiteux, il courut, l'épée nue, droit à son fils ; mais heureusement le père tomba, et les conviés eurent le loisir de se jeter entre deux. Alexandre, outré de tant d'injures atroces, et de l'affront qu'on faisait à sa mère, exhala son ressentiment par cette amère raillerie : *Vraiment les Macédoniens ont là un chef bien en état de passer d'Europe en Asie, lui qui ne peut aller d'une table à l'autre sans s'exposer à se rompre le cou.* Après cette insulte, il sortit, et ayant pris avec lui sa mère, il la mena en Epire, et pour lui il passa chez les Illyriens.

Cependant Démarate, de Corinthe, qui était lié avec Philippe par les nœuds de l'hospitalité, et qui était très-familier et très-libre avec lui, arriva à sa cour. Après les premières civilités et les premières caresses, Philippe lui demanda si les Grecs étaient en bonne intelligence entre eux. Vraiment, seigneur, lui répondit Démarate, il vous sied bien de vous mettre tant en peine de la Grèce, vous qui avez rempli votre propre maison de tant de querelles et de dissensions. Le prince, sentant jusqu'au vif ce reproche, revint à lui, reconnut sa faute, et rappela Alexandre, en lui envoyant ce même Démarate, pour lui persuader de revenir.

An. M. 3668.
Av. J. C. 336.

Philippe ne perdait point de vue la conquête de l'Asie. Plein du grand projet qu'il roulait dans sa tête, il consulte les Dieux, pour savoir quel succès il aurait. La pythie lui répond : *Le taureau est déjà couronné, sa fin approche, il va être immolé.* Il n'hésita pas un moment d'interpréter en sa faveur un oracle, dont l'ambiguité aurait dû au moins le tenir en suspens. Pour se mettre en état de ne plus penser qu'à son expédition contre les Perses, il se hâte de finir ses affaires domestiques. Il offre un sacrifice solennel aux Dieux, et se prépare à célébrer à Eges, ville de Macédoine, avec une magnificence incroyable, les noces de Cléopâtre sa fille, qu'il donnait en mariage à Alexandre, roi d'Epire, et frère d'Olympias sa femme. Il y avait invité toutes les personnes les plus considérables de la Grèce, et il les combla de toutes sortes de marques d'amitié et d'honneur, pour leur témoigner la reconnaissance de la qualité de généralissime des Grecs qu'on lui avait conférée. Les villes, à l'envi, s'empressèrent de lui faire leur cour, en lui envoyant des couronnes d'or ; et Athènes se signala parmi toutes les autres par son zèle. Le lendemain du repas, on célébra des jeux et des spectacles. Comme ils faisaient partie de la religion, on y porta en pompe et en cérémonie douze images des Dieux, travaillées avec un art inimitable. Une treizième les surpassait toutes en magnificence : c'était celle de Philippe, où il était représenté comme un

Dieu. L'heure venue, il sort de son palais, revêtu d'une robe blanche, et s'avance majestueusement au milieu des cris de joie et des applaudissemens vers le théâtre, où une multitude innombrable, tant de Macédoniens que d'étrangers, l'attendaient avec impatience. Il était précédé et suivi de ses gardes, qui, par son ordre, laissaient un assez grand intervalle entre eux et lui, afin qu'on le pût considérer plus facilement, et pour faire voir qu'il regardait l'amour des Grecs à son égard comme la plus sûre garde qu'il pût avoir. Tout l'appareil de cette fête, toute la célébrité de ces noces se termina par le meurtre du roi; et ce fut un déni de justice qui lui fit perdre la vie.

Quelque temps auparavant, Attale, dans l'ardeur du vin et de la débauche, avait fait une insulte sanglante à Pausanias, jeune seigneur de Macédoine : celui-ci poursuivait depuis long-temps la vengeance du cruel affront qu'il avait reçu, et ne cessait d'implorer avec chaleur la puissance royale. Mais Philippe, pour ne point mécontenter Attale, oncle de Cléopâtre sa nouvelle femme, demeurait toujours sourd aux plaintes de Pausanias. La colère de ce jeune Macédonien se tourne en fureur : il s'en prend à son juge, et forme le dessein de laver sa honte dans le sang de son roi. Pausanias, pour l'exécution de son détestable dessein, choisit le moment où le roi s'avançait majestueusement, au milieu des cris de joie et des applaudissemens, vers le théâtre. Il s'approche, le perce d'un coup de poignard, et le fait tomber mort à ses pieds.

L'assassin avait fait tenir des chevaux tout prêts, et il se serait sauvé sans un accident qui l'arrêta, et laissa le temps de l'atteindre. An. M. 3668. Av. J. C. 336. Il fut mis en pièces sur-le-champ. Ainsi mourut Philippe, âgé de 47 ans, après en avoir régné 24. Artaxerxe Ochus, roi de Perse, mourut aussi la même année.

Démosthène fut secrètement averti de la mort de Philippe; et, pour disposer par avance les Athéniens à reprendre courage, il alla au conseil avec un visage où la joie était peinte, et dit que la nuit précédente il avait eu un songe qui promettait quelque grand bonheur aux Athéniens. Peu de temps après, on vit arriver les courriers qui apportaient les nouvelles de la mort de Philippe. On se livra à des transports de joie immodérés, sans garder aucune mesure, ni aucune bienséance; et c'était Démosthène surtout qui inspirait ces sentimens. Lui-même parut en public avec une couronne de fleurs sur sa tête, et vêtu magnifiquement, quoique ce ne fût que le septième jour de la mort de sa fille. Il engagea les Athéniens à faire des sacrifices, pour remercier les Dieux d'une si bonne nouvelle; et, par un décret, il fit décerner une couronne à Pausanias, qui avait commis le meurtre.

On ne reconnaît ici ni Démosthène, ni les Athéniens; et l'on a peine à comprendre comment, dans un crime aussi détestable qu'est le meurtre d'un roi, un peu de politique au moins ne les porta pas à dissimuler des sentimens qui les déshonoraient gratuitement, et qui marquaient en eux une extinction de probité et d'honneur.

ARTICLE VIII.

*Faits et dits mémorables de Philippe. Caractère de ce prince en bien et en mal.*

Il y a, dans la vie des grands hommes, certains faits et certaines paroles plus propres souvent à les faire connaître, que leurs actions les plus éclatantes. Il ne faut pas, dans le récit de ces actions et de ces paroles détachées, attendre beaucoup d'ordre et de liaison.

Quoique Philippe aimât les flatteurs, et les récompensât jusqu'à payer du titre de roi en Thessalie, les adulations de Trasidée, il aimait par intervalle la vérité. Il souffrait qu'Aristote lui fît des leçons sur l'art de régner. Il disait qu'il avait obligation aux orateurs d'Athènes de l'avoir corrigé de ses défauts, à force de les lui reprocher. Il gageait un homme pour lui dire tous les jours, avant qu'il donnât audience : *Philippe, souviens-toi que tu es mortel.*

*Arist. Epist. Plut. in Apopht. pag. 177. Ælian. L. 8. c. 15.*

Comme il assistait à la vente de quelques captifs, en une posture peu décente ; l'un d'eux, s'approchant de son oreille, l'avertit d'abattre le pan de sa robe. *Qu'on mette cet homme-là en liberté,* dit-il ; *je ne savais pas qu'il fût de mes amis.*

*Plut.*

Un jour qu'on voulait l'obliger de chasser un honnête homme qui lui faisait quelques reproches : *Prenons garde auparavant,* répondit-il, *si nous ne lui en avons pas donné sujet.* Comme on le pressait d'aider de son crédit, auprès des juges, un homme que la sentence qu'on allait prononcer contre lui devait décrier : *J'aime mieux, dit-il, qu'il soit décrié que moi.*

Il entendait la plaisanterie, aimait les bons mots, et en disait. Ayant reçu une blessure près du gosier, et son chirurgien l'importunant tous les jours de quelque nouvelle demande : *Prends tout ce que tu voudras, dit-il, car tu me tiens à la gorge.*

Chacune des dix tribus d'Athènes élisait toutes les années un nouveau général. Ils roulaient, et chaque général de jour exerçait la charge de généralissime. Philippe plaisantait sur cette multiplicité de chefs, et disait : *Je n'ai pu en toute ma vie parvenir qu'à trouver un seul général* (c'était Parménion); *mais les Athéniens ne manquent pas d'en trouver, à point nommé, dix tous les ans.*

Ce prince faisait paraître beaucoup de modération, lors même qu'on lui parlait d'une manière choquante et injurieuse. A la fin d'une audience qu'il donnait à des ambassadeurs d'Athènes, venus pour se plaindre de quelques actes d'hostilité, il leur demanda s'il pouvait leur rendre quelque service : *Le plus grand service que tu nous puisses rendre, dit Démocharès, c'est de t'aller pendre.* A ces mots, sans s'émouvoir, quoiqu'il vît tout le monde justement indigné : *Dites à vos maîtres, répliqua-t-il, que ceux qui osent dire de pareilles insolences, sont plus hautains et moins pacifiques que ceux qui savent les pardonner.*

Toute la cour le sollicitant de punir l'ingra-

*Senec. de irá, l. 3. c. 23.*

titude des Péloponnésiens, qui l'avaient publiquement sifflé dans les jeux olympiques : *Que ne feront-ils point,* répondit-il, *si je leur fais du mal, puisqu'ils se moquent de moi après en avoir reçu tant de bien.*

Ses courtisans lui conseillant de chasser quelqu'un qui disait du mal de lui : *Bon, bon,* dit-il, *afin qu'il en aille médire partout.* Une femme s'avisa de le prendre à la fin du repas pour lui demander justice. Elle lui exposa ses raisons, qu'il ne goûta pas. Il la jugea, et la condamna. Elle répondit de sang-froid : *J'en appelle. Comment,* dit Philippe, *de votre roi ! et à qui ? A Philippe à jeun,* répliqua-t-elle. La manière dont il reçut cette réponse ferait honneur au roi le plus sobre. Il examina l'affaire tout de nouveau, reconnut l'injustice de son jugement, et se condamna à la réparer.

Une pauvre femme se présentait souvent devant lui pour lui demander audience, et pour le prier de vouloir bien terminer son procès. Le roi lui répondait toujours qu'il n'avait pas le temps. Rebutée de ces refus réitérés tant de fois, elle répliqua un jour avec émotion : *Mais, si vous n'avez pas le temps de me rendre justice, cessez donc d'être roi.* Le prince sentit toute la force de cette plainte. Il reconnut qu'en effet, être roi et être juge, c'était la même chose, et qu'il ne pouvait pas plus renoncer à la qualité de juge qu'à celle de roi ; et loin de s'en choquer, il la satisfit sur-le-champ, et devint dans la suite plus exact à donner ses audiences.

On rapporte encore qu'après avoir écouté

deux scélérats qui s'entre-accusaient de divers crimes, il bannit l'un, et condamna l'autre à le suivre.

Le médecin Ménécrate, dont l'extravagance allait jusqu'à se croire Jupiter, écrivit à Philippe en ces termes : *Ménécrate Jupiter à Philippe, salut.* Philippe lui répondit: *Philippe à Ménécrate, santé et bon sens.* Philippe dit un bon mot, bien honorable et bien flatteur pour son ministre. Comme on reprochait à ce prince de donner trop de temps au sommeil : *Je dors*, dit-il, *mais Antipater veille.* Parménion voyant un jour les ambassadeurs de toute la Grèce murmurer de ce que Philippe tardait trop à se lever, et à leur donner audience : *Ne vous étonnez pas*, leur dit-il, *s'il dort tandis que vous veillez ; car tandis que vous dormiez, il veillait.*

Il est difficile de décider si ce prince fut plus grand homme de guerre que grand homme d'Etat. Il avait toutes les vertus qui forment les grands capitaines, et toutes les qualités d'un grand politique. Environné, dès le commencement de son règne, et au dedans et au dehors, d'ennemis puissans et redoutables, il emploie tantôt l'adresse, tantôt la force pour les surmonter. Il s'applique et réussit à désunir ses envieux : pour frapper plus sûrement, il élude et détourne les coups qui le menacent : aussi sage dans la bonne que dans la mauvaise fortune, il n'abuse point de la victoire ; également prêt à la chercher ou à l'attendre, il se hâte ou se modère, selon que le point de maturité l'exige. Il laisse uniquement aux bizarreries du hasard, ce que peut leur ôter la prudence ; enfin, il demeure toujours inébranlable, toujours fixe dans les justes bornes qui séparent la hardiesse d'avec la témérité.

On voit dans la personne de Philippe, un roi presque aussi maître de ses alliés que de ses sujets, et non pas moins redoutable dans les traités que dans les combats : un roi vigilant, actif, lui-même son surintendant, son ministre, son général. On le voit avide et insatiable de gloire, la chercher où elle se vend à plus haut prix ; faire ses plus chères délices de la fatigue et du péril ; former sans relâche ce juste, ce prompt accord de soins et de mouvemens que les expéditions militaires demandent ; et, avec tant d'avantages, attaquer des républiques épuisées par de longues guerres, déchirées par des divisions domestiques, vendues par leurs propres citoyens, servies par une milice étrangère, ou ramassée ; rebelles aux sages conseils, et comme résolues à se perdre.

Il joignait en lui deux qualités ordinairement inalliables et incompatibles ; un flegme, un sang-froid, qui le rendaient attentif à se prévaloir de toutes les conjonctures, et à saisir le moment favorable, sans que jamais aucun contre-temps le déconcertât ; avec une activité, une ardeur, une vivacité qui ne connaissaient ni momens de repos, ni différence de saisons, ni grandeur de dangers. Jamais capitaine ne fut ni plus hardi, ni plus intrépide dans les combats. Démosthène, qui, à son égard, ne doit point paraître suspect, lui rend sur cet article un témoignage bien glorieux. *Je voyais*, dit cet orateur, *ce même Philippe, avec qui nous disputions de la souveraineté et de l'empire; je le voyais, quoique couvert de blessures, œil crevé, clavicule rompue, main et jambe estropiées, résolu pourtant à se précipiter encore au milieu des hasards, et prêt à livrer à la fortune telle autre partie de son corps qu'elle voudrait, pourvu qu'avec ce qui lui en resterait, il pût vivre avec honneur et gloire.*

Demosth. pro Ctes p. 483.

Philippe n'était pas seulement brave pour lui-même, mais il avait inspiré le même courage à toute son armée. Instruit par d'habiles maîtres dans le métier de la guerre, il était venu à bout d'aguerrir ses troupes, de les dresser à sa manière, et de se former des hommes capables de le seconder dans ses grandes entreprises. Il savait, sans rien perdre de son autorité, se familiariser avec le soldat, et commander plutôt en père de famille qu'en général d'armée, dès que la discipline le permettait. Aussi, par cette affabilité qui mérite d'autant plus de respect et de soumission qu'elle en exige moins, et qu'elle semble en dispenser, il tirait de ses troupes des services sans fin, et une obéissance sans bornes. Mais toutes ces grandes qualités n'étaient pas en lui sans défauts. Outre l'intempérance et la crapule auxquelles il s'abandonnait sans réserve et sans ménagement, on lui a reproché avec fondement des mœurs absolument corrompues et déréglées. Ce qui, à mon jugement, doit le plus déshonorer Philippe, c'est l'endroit par lequel il paraît le plus estimable à bien des personnes ; je veux dire sa politique, qui n'est, à bien pre dre les choses, qu'un tissu de ruses, de fraudes, de perfidies et de parjures. Est-ce donc là ce qui fait le vrai mérite ?

Toutes ses bonnes qualités sont effacées et anéanties par des vices encore plus grands et en plus grand nombre. Rapprochons la conduite de Philippe des règles, je ne dis pas de la religion , mais de la probité. Que penser de cette dissimulation, de ces ruses, de ces artifices, et de l'indigne usage que le mensonge lui en faisait faire ? Que penser de la perfidie, de la fraude, et du parjure dont il se faisait un mérite pour amuser et jouer tous ceux avec qui il traitait ? *On amuse , disait-il, les enfans avec des jouets, et les hommes avec des sermens.* Serait - il vrai qu'une conduite qu'on déteste dans un simple particulier, comme la peste et la ruine de la société , serait digne d'estime et d'admiration dans un prince ? Non, sans doute. Philippe était ambitieux, et croyait pouvoir tout sacrifier à son ambition : bonne foi, sincérité, justice, religion du serment, sainteté des traités, en un mot, tout ce qui favorisait ses vues ambitieuses ; et par cette conduite indigne , il dégradait et avilissait la majesté royale; et le trône , qui est par lui-même le lien et le centre de la société , l'asile de la justice et de la probité, la source de la grandeur et de la noblesse , devenait le siége de l'iniquité , et l'objet du mépris de tous les peuples.

L'intérêt et l'ambition aveuglaient ce prince jusqu'au point de ne pas apercevoir que la noblesse et la droiture, la véritable grandeur et la sincérité, sont inséparables ; que la bonne foi et la fidélité dans les traités et les promesses, sont l'appui et comme les colonnes sur lesquelles le trône est fondé ; qu'un prince n'est véritablement grand et estimable, s'il n'est autant au-dessus des grands de son Etat, par sa droiture et sa probité, qu'il l'est par sa couronne et par le trône ; qu'un prince enfin, qui se conduit par d'autres maximes, ne mérite aucune confiance. Eh ! quelle confiance en effet pourrait-on avoir en un roi dont l'esprit, le cœur, les sentimens et la conduite sont livrés au mensonge et au parjure ? Quelle confiance, dis-je, avoir en un prince qui ne se distingue que parce qu'il est plus artificieux, plus dissimulé, plus profond en malice, plus fourbe, plus injuste qu'aucun autre de son siècle, et qui laisse de lui cette idée infamante à toute la postérité ?

Telle est néanmoins l'idée que Philippe a laissée de lui à tous les siècles. Oui, Philippe, ce grand Philippe, ce héros, ce maître, cette merveille en fait de politique, qui fait l'objet de l'admiration et des louanges des faux politiques ; ce Philippe, dis-je, n'est et ne sera jamais dans l'esprit des honnêtes gens, et de tous ceux qui se connaissent en vrai mérite, qu'un fourbe, un perfide, un injuste usurpateur, et un parjure. En vain les faux politiques objectent-ils, que c'est le seul moyen de faire réussir une négociation, et

qu'un

qu'un prince qui ne sait pas dissimuler, ne sait pas régner. Quand cela serait, peut-il être jamais permis d'acheter le succès d'une négociation, et le trône même, au prix de la probité, de l'honneur et de la religion ? Mais ces politiques du siècle, sans honneur et sans religion, se trompent. S'entendent-ils mieux dans les négociations et le gouvernement qu'un Aristide, un Cimon, un Phocion, un Epaminondas ? Conduisent-ils mieux une affaire par leurs moyens indignes et leurs voies détournées, que n'ont fait ces grands hommes par les voies simples et nobles que la probité leur faisait mettre en usage ? Règnent-ils, gouvernent-ils avec plus de noblesse que le grand Cyrus, qui ne trouvait rien de plus indigne d'un prince, que de mentir et de tromper ? Est-ce que Louis XII, qui disait à Philippe, archiduc d'Autriche : *Si votre beau-père a fait une perfidie, je ne veux pas lui ressembler ; et j'aime beaucoup mieux avoir perdu un royaume* (1), *que je saurai bien reconquérir, que non pas l'honneur, qui ne se peut jamais recouvrer ;* est-ce que ce prince ne savait pas régner ?

Combien avons-nous vu, dans cette histoire grecque, de grands hommes réussir parfaitement dans le maniement des affaires publiques, dans les traités de paix et de guerre, sans jamais employer le secours de l'artifice et de la tromperie ! Un Aristide, un Cimon, un Phocion, et tant d'autres, dont quelques-uns poussaient la délicatesse, sur

(1) Le royaume de Naples.

ce qui regarde la vérité, jusqu'à croire qu'il n'était pas permis d'user de mensonge, même en riant, et par manière de jeux. Cyrus, le plus fameux des conquérans, ne trouvait rien de plus indigne d'un prince, ni de plus capable de lui attirer le mépris et la haine, que de mentir et de tromper. Il doit donc demeurer pour constant, que nul succès, quelque brillant qu'il soit, ne peut jamais couvrir la honte et l'infamie de la mauvaise foi, et du parjure.

# LIVRE QUINZIÈME.

## HISTOIRE D'ALEXANDRE.

Ce livre renferme trois chapitres. Le premier contient l'histoire de ce prince, depuis sa naissance jusqu'à son expédition contre les Perses. Le second, ses conquêtes dans la Perse. Et le troisième, celles qu'il a faites dans l'Inde.

## CHAPITRE PREMIER.

### ARTICLE PREMIER.

*Naissance d'Alexandre. Son éducation. Goût merveilleux de ce prince pour les sciences.*

Alexandre naquit la première année de la CVI<sup>e</sup> olympiade. Le même jour précisément qu'il vint au monde, le fameux temple de Diane fut brûlé à Ephèse. On sait que ce temple était une des sept merveilles du monde. Hégésias dit, *qu'il ne fallait pas s'étonner que ce temple eût été brûlé, parce que ce jour-là Diane était occupée aux couches d'Olympias, pour faciliter la naissance d'Alexandre.* Réflexion, dit Plutarque, si froide (1), qu'elle aurait suffi à

*An. M. 3648.*
*Av. J. C. 356.*
*Plut. l. 36.*
*c. 14*
*Plut. in Alex. p. 665.*

_______

(1) Je ne sais si la réflexion de Plutarque n'est pas encore plus froide.

éteindre cet embrasement. Cicéron, au contraire, trouve ce mot fort bon.

*De Naturâ. Deor. l. 2. n. 69. Valer. Max. l. 8. c. 14.*

Un nommé Erostrate avait mis le feu exprès à ce temple, pour se faire connaître, disait-il, et immortaliser son nom, en détruisant un si bel ouvrage. On lui fit souffrir le supplice qu'il méritait, et les états-généraux d'Asie défendirent de le nommer. Leur défense ne servit qu'à exciter encore davantage la curiosité. Quelle extravagance, que de vouloir se rendre fameux en se faisant détester de tout le monde !

*Plut in vit. Alex. p. 665. 668. Id. de fortun. Alex. p. 342.*

La passion dominante d'Alexandre, dès sa plus tendre jeunesse, fut l'ambition, et une vive ardeur pour la gloire des armes. Toutes les fois qu'on lui apportait la nouvelle que son père avait pris quelque ville, ou gagné quelque grande victoire, il disait d'un ton plaintif aux jeunes gens qui étaient élevés auprès de lui : *Mes amis, mon père prendra tout, et ne nous laissera rien à faire.*

Le plus grand service que Philippe rendit à son fils, fut de lui attacher Aristote, le plus célèbre et le plus savant des philosophes de son temps, à qui il confia pleinement le soin de son instruction. Une des raisons qui le

*Plut. in Apopht. pag. 178.*

portèrent à lui donner un maître de ce mérite et de cette réputation, fut, disait-il, de faire éviter à son fils bien des fautes où lui-même était tombé. Philippe connut tout le prix du trésor qu'il avait dans la personne d'Aristote. Il lui établit de gros appointemens, et lui paya un autre salaire de ses peines, encore plus glorieux, par l'estime et l'amitié qu'il eut toujours pour lui. Alexandre, de son côté, ne marqua pas moins d'estime pour son maître, qu'il se croyait obligé d'aimer comme son propre père ; *car*, disait-il, *il était redevable à l'un de vivre, et à l'autre de vivre bien.*

Les progrès du disciple répondirent aux soins et à l'habileté du maître. Il conçut une grande ardeur pour la philosophie, et en embrassa toutes les parties, mais avec la discrétion qui convenait à son rang (1). La grande application d'Alexandre fut la morale, qui est, à proprement parler, la science des rois, parce qu'elle leur montre à se bien conduire eux-mêmes et à bien conduire leurs peuples. Ce prince ne négligea pas le talent de la parole, qui est d'un si grand secours pour les rois, et qui les fait régner sur les esprits par leurs discours, comme ils doivent le faire par leur sagesse et leur autorité. Quelques répliques, quelques lettres qui nous restent d'Alexandre, montrent qu'il possédait parfaitement cette éloquence mâle et forte, pleine de sens et choses, où tout est nécessaire, et dont tous les mots portent ; qui sied si bien aux princes, et qui est, à proprement parler, leur éloquence (2).

Le fruit solide qu'Alexandre tirait de son application aux sciences, nous fait voir que ce n'était pas simplement curiosité ou délassement du travail qui le portait à s'y donner avec tant d'ardeur. Il cherchait dans les livres des sentimens dignes d'un grand roi ; il y puisait le courage, l'intrépidité, la ma-

(1) Retinuit ex sapientiâ modum. *Tacit.*
(2) Imperatoriâ brevitate. *Tacit.*

gnanimité, la tempérance, la prudence, l'art de bien combattre et de bien gouverner. Plutarque nous fait observer en trois mots l'utilité infinie qu'Alexandre tira de ce goût que son maître avait pris soin de lui inspirer dès sa plus tendre jeunesse. *Il aimait*, dit-il, *à converser avec les gens de lettres, à s'instruire, à lire*. Trois sources du bonheur d'un prince, capables de lui éviter mille écueils : trois moyens sûrs d'apprendre à régner par lui-même.

Il n'y eut pas jusqu'à la médecine dont il ne voulût s'instruire. Il n'en étudia pas la théorie seulement, mais aussi la pratique. Il marquait lui-même dans ses lettres qu'il avait secouru plusieurs amis dans leurs maladies, et leur avait ordonné les remèdes et les régimes dont ils avaient besoin.

Son estime, ou pour mieux dire sa passion pour Homère, nous fait voir avec quelle ardeur il s'appliquait aux belles-lettres. Ce n'était pas simplement curiosité ou délassement du travail, ou délicatesse de goût pour la poésie, qui le portaient à lire ce poète, c'était pour y puiser des sentimens dignes d'un grand roi : aussi entre les vers d'Homère, il donnait la préférence à celui qui représente Agamemnon *comme un bon roi et comme un courageux guerrier*. Quand, après la bataille d'Arbelles, on eut trouvé parmi les dépouilles de Darius, une cassette d'or enrichie de pierreries, où étaient renfermés les parfums exquis dont usait ce prince, il destina cette riche cassette à recevoir en dépôt les livres d'Homère, qu'il regardait comme

la production de l'esprit humain la plus parfaite et la plus précieuse qui eût jamais été (1).
Il les mettait toutes les nuits, avec son épée,
sous son chevet.

Il sut mauvais gré à Aristote son maître, *Aul. Gel.*
d'avoir publié, en son absence, certains livres *l. 20. c. 5.*
de méthaphysique qu'il aurait voulu possé-
der seul. Il lui écrivit une lettre, que l'on a
encore, où il lui marque : « Qu'il aimerait
» beaucoup mieux être au-dessus des autres
» hommes par la science des choses sublimes
» et excellentes, que par la grandeur et l'é-
» tendue de son pouvoir. » Il n'avait que du
mépris pour certaines adresses frivoles, qui
n'étaient d'aucune utilité. On admirait beau- *Quint. Curt*
coup un homme qui s'exerçait fort sérieuse- *l. 2 c. 21.*
ment à faire passer par le trou d'une aiguille
de petits pois qu'il jetait d'assez loin. Alexandre le vit un jour, et lui fit un présent digne
de son occupation : c'était un boisseau de
pois.

Alexandre était d'un caractère vif, ferme,
arrêté à son sentiment, qui ne cédait jamais
à la force, mais qu'on ramenait aisément au
devoir par la raison. Une occasion donna lieu
à Philippe de concevoir une grande idée de
son fils. On avait amené de Thessalie, à Philippe, un cheval de bataille, grand, fier, ar-
dent, plein de feu ; il se nommait Bucéphale.
On voulait le vendre treize talens, c'est-à-
dire, treize mille écus de notre monnaie.
Personne n'ayant pu le monter, tant il était
ombrageux, Philippe, fâché qu'on lui pré-
sentât un cheval si farouche et si indompta-

(1) Pretiosissimum humani animi opus. *Plin. l. 7. c. 29.*

ble, commanda qu'on le remmenât. Alexandre était présent. *Quel cheval ils perdent là*, dit-il, *faute d'adresse et de hardiesse !* Philippe traita d'abord ce discours de témérité de jeune homme ; mais comme son fils paraissait véritablement affligé de ce qu'on renvoyait ce cheval, Philippe lui permit d'en faire l'essai. Le jeune prince, plein de joie et de confiance, s'approche du cheval, prend les rênes, et lui tourne la tête au soleil, ayant remarqué que son ombre l'effarouchait : il le caresse doucement de la voix et de la main, et prenant adroitement son temps, il laisse tomber son manteau à terre, et saute dessus. Il lui lâcha d'abord la bride sans le frapper ni le tourmenter ; et quand il vit que sa férocité était adoucie, il le poussa à toute bride, en lui parlant d'une voix plus rude, et en lui appuyant les talons. Ce jeune prince, après avoir fourni sa carrière, revint tout fier et plein de joie d'avoir réduit ce cheval, qui avait paru si indomptable. Tous les courtisans, à l'envi, lui applaudirent et le félicitèrent ; et l'on assure que Philippe versa des larmes de joie, et que l'embrassant après qu'il fut descendu de cheval, et lui baisant la tête, il lui dit : *Mon fils, cherche, cherche un autre royaume qui soit plus digne de toi ; la Macédoine ne te suffit pas.*

Tout ce qui appartenait à Alexandre devait tenir du merveilleux ; aussi raconte-t-on des choses extraordinaires de ce Bucéphale. Quand il était sellé et équipé pour le combat, il ne se laissait monter que par son maître. Il s'abaissait, en fléchissant les pieds de devant, pour le recevoir sur son dos. On prétend que, dans la bataille contre Porus, où Alexandre s'était jeté imprudemment dans un gros d'ennemis, son cheval, tout percé de coups qu'il était, lui sauva la vie, et que, malgré ses blessures, n'en pouvant plus, et ayant perdu presque tout son sang, il tira son maître de la mêlée, et l'emporta jusque dans un lieu où il fût hors de danger; et que là, content d'avoir sauvé le roi, il expira. Alexandre pleura amèrement sa mort, et crut, en le perdant, avoir perdu un ami fidèle et affectionné. Il fit bâtir en son honneur une ville dans le lieu même où il fut enterré, près de l'Hydaspe, et l'appela *Bucéphalie.*

ARTICLE II.

*Alexandre monte sur le trône, âgé de vingt ans; dissipe la ligue des Grecs. Il se fait nommer, dans la diète de Corinthe, généralissime des Grecs contre la Perse.*

Darius et Alexandre commencèrent à régner la même année. Celui-ci n'avait que vingt ans quand il parvint à l'empire. Son premier soin fut de célébrer les obsèques de son père, avec toute la magnificence possible, et de venger sa mort.

An. M. 3668.
Av. J. C. 336.
*Plut. in Alex. p.* 670. 672.

En montant sur le trône, il le trouva environné d'extrêmes dangers de tous côtés. Tous les peuples que Philippe avait soumis par ses conquêtes, crurent devoir profiter de la conjoncture d'un nouveau règne et d'un prince encore jeune, pour se remettre dans leur liberté, et s'unir contre le commun usur-

*Diod. l.* 17. *p.* 486. 489. *Adrian. l.* 1. *de expedit. Alex. p.* 2. 23.

H 5

pateur. Dans une conjoncture si délicate, les Macédoniens conseillaient à Alexandre d'abandonner la Grèce, et de ne pas s'opiniâtrer à la retenir par force; d'user de ménagemens, de complaisances et d'insinuations, pour gagner les esprits des barbares. Alexandre n'écouta point ces conseils timides; au contraire, il prit le parti de tirer la sûreté et le salut de ses affaires, de l'audace et de la magnanimité; persuadé que si, dans les commencemens il mollissait en la moindre chose, tout le monde lui tomberait sur les bras; et que s'il entrait en composition, il lui faudrait rendre tout ce que Philippe avait conquis, et se réduire aux bornes étroites de la Macédoine. Il se hâte donc d'arrêter les mouvemens des barbares; marche à la tête de son armée, les joint et les défait dans un grand combat. Par cette victoire il se soumet tout le pays, et apprend à ces peuples à connaître un péril plus prochain que la chute du ciel et des astres (1), et se met en état de n'avoir plus rien à craindre de ce côté, et d'aller attaquer la Grèce, qui était alors dans une grande fermentation.

Quand Alexandre eut mis son royaume en sûreté du côté des barbares, il marcha à grandes journées contre la Grèce, qui, animée par les harangues de Démosthène, formait contre lui une puissante ligue, et passa

(1) Alexandre, s'imaginant que le bruit de son nom avait jeté la terreur parmi ces peuples, demanda à leurs ambassadeurs ce qu'ils craignaient le plus au monde. Ils répondirent fièrement qu'ils ne craignaient rien que la chute du ciel et des astres.

les Thermopyles. Il dit alors à ceux qui l'accompagnaient : *Démosthène, dans ses harangues, m'a appelé enfant pendant que j'ai été en Illyrie et dans le pays des Triballes; il m'a appelé jeune homme quand j'ai été en Thessalie. Il faut donc lui montrer, au pied des murailles d'Athènes, que je suis un homme fait.* Il entra en Béotie avec tant de diligence, que les Thébains n'en croyaient qu'à peine leurs propres yeux, et alla camper devant la ville de Thèbes.

An. M. 3669.
Av. J.C. 335.

Quand Alexandre fut devant les murs de Thèbes, il voulut donner aux Thébains le temps de se repentir, et demanda seulement qu'on lui livrât Phénix et Prothute, les deux principaux auteurs de la révolte, et fit publier à son de trompe une amnistie et une sûreté entière pour tous ceux qui reviendraient à lui. Les Thébains, comme pour lui insulter, demandèrent à leur tour qu'il leur livrât Philotas et Antipater, et firent publier de même que ceux qui voudraient contribuer à la liberté de la Grèce, vinssent se joindre à eux.

Alexandre ne pouvant vaincre leur opiniâtreté par les propositions qu'il leur faisait, vit avec douleur qu'il en fallait venir aux mains, et décider l'affaire par la voie des armes. Il se donna une grande bataille, où les Thébains, qui étaient moins nombreux de beaucoup que les Macédoniens, se battirent avec un courage au delà de leurs forces. Mais enfin, ayant été enveloppés de tous côtés, ils furent presque tous taillés en pièces, et la ville fut prise, pillée et rasée.

Alexandre conserva la liberté aux prêtres, à tous ceux qui avaient droit d'hospitalité avec les Macédoniens, aux descendans de Pindare, célèbre poète, et à ceux qui s'étaient opposés à la rébellion ; et vendit tous les autres, dont le nombre monta environ à trente mille. Le désastre de Thèbes toucha vivement les Athéniens; de sorte qu'étant sur le point de célébrer la fête des grands mystères, ils y renoncèrent, à cause du grand deuil où ils étaient. Ils reçurent avec toute sorte d'humanité tous ceux qui, s'étant sauvés de la bataille et du sac de Thèbes, s'étaient réfugiés dans leur ville.

La prompte arrivée d'Alexandre dans la Grèce avait bien rabattu de la fierté des Athéniens, et avait amorti tout-à-coup la véhémence de Démosthène. La ruine de Thèbes, encore plus prompte, acheva de les consterner. Ils eurent recours aux prières, et députèrent vers Alexandre pour implorer sa clémence. Ce prince, de son côté, envoya demander qu'on lui livrât dix orateurs, qu'il regardait comme auteurs de la ligue. Ce fut en cette occasion que Démosthène conta au peuple la fable des loups et des chiens, dans laquelle on suppose que *les loups demandèrent un jour aux brebis que, pour avoir la paix avec eux, elles leur livrassent les chiens qui les gardaient.* L'application était aisée et naturelle.

Dans l'extrême embarras où se trouvaient les Athéniens, qui ne pouvaient se résoudre à livrer eux-mêmes à la mort leurs orateurs, et qui n'avaient cependant d'autre ressource pour sauver leur ville, Démade, qu'Alexandre honorait de son amitié, offrit de se charger seul de l'ambassade, et d'aller intercéder pour eux. Le prince, soit qu'il fût rassasié de vengeance, soit qu'il voulût effacer, s'il était possible, par un acte de douceur, l'action atroce et barbare qu'il venait de faire, ou plutôt, voulant lever les obstacles qui pouvaient retarder son grand dessein contre la Perse, se relâcha sur la demande qu'il avait faite des orateurs, et se contenta du bannissement de Charidème, qui étant Oritain de naissance, avait mérité, par ses services, le droit de bourgeoisie dans Athènes. Il était gendre de Chersoblepte, roi de Thrace. Il avait commandé plusieurs fois les armées des Athéniens. Poursuivi par Alexandre, il se réfugia chez le roi de Perse. Alexandre remit aux Athéniens tous les sujets de plainte qu'il avait contre eux, et les exhorta à avoir l'œil à tout ce qui se passerait; parce que, s'il venait à manquer, c'était leur ville qui devait donner la loi à toute la Grèce.

Ensuite il convoqua à Corinthe une diète de tous les Etats et de toutes les villes libres de la Grèce, pour se faire donner le même commandement en chef contre la Perse, qui avait été accordé à son père un peu avant sa mort. On n'hésita point dans la diète; et, d'un commun accord, il y fut nommé généralissime contre les Perses. Aussitôt plusieurs officiers et gouverneurs de villes se rendirent auprès de lui, pour le congratuler sur cette élection. Il se flattait que Diogène, de Sinope, qui était alors à Corinthe, y viendrait comme les autres philosophes. Diogène, qui faisait peu de cas des grandeurs, croyait que ce n'était pas le temps d'aller féliciter les hommes quand ils viennent d'être élevés à quelque haute dignité, mais qu'il faut attendre qu'ils en aient dignement rempli les devoirs. Il ne sortit donc point de chez lui. Alexandre alla lui-même le voir avec toute sa cour. Il était alors couché au soleil; mais, aux approches du roi, il se mit sur son séant et attacha sa vue sur lui. Ce prince, étonné de voir un philosophe d'une si grande réputation, réduit à une entière indigence, après l'avoir salué très-gracieusement, lui demanda s'il n'avait pas besoin de quelque chose. *Oui*, lui répondit Diogène, *c'est que tu t'ôtes un peu de mon soleil.* Cette réponse excita l'indignation des courtisans; mais le roi, frappé d'une telle grandeur d'ame : *Si je n'étais Alexandre*, dit-il, *je voudrais être Diogène.* Ce mot d'Alexandre découvre parfaitement les dispositions du cœur de ce prince. Il sent qu'il est fait pour tout avoir : voilà sa destinée ; mais s'il ne pouvait parvenir à ce but, il voudrait s'étudier à se passer de tout. En un mot, *tout ou rien*, c'est Alexandre et Diogène.

Avant que de partir pour l'Asie, il voulut consulter Apollon sur cette guerre. Il alla donc à Delphes; mais la Pythie, faisant difficulté de se rendre au temple, à cause de la circonstance des jours malheureux, Alexandre la prit brusquement par le bras, et la traînait au temple; alors la prêtresse s'écria : *O mon fils ! on ne peut te résister.* Il n'en demanda pas davantage ; et saisissant cette parole, qui lui tenait lieu d'oracle, il prit le chemin de la Macédoine, pour se préparer à sa grande expédition.

## CHAPITRE II.

Ce chapitre renferme l'expédition d'Alexandre contre les Perses.

### ARTICLE PREMIER.

*Départ d'Alexandre pour son expédition contre la Perse. Bataille du Granique. Célèbre victoire de ce prince.*

Quand Alexandre fut arrivé dans son royaume, il tint un conseil avec les principaux officiers et les grands de sa cour, sur l'expédition qu'il méditait contre la Perse. Les avis ne furent partagés que sur un article. Antipater et Parménion croyaient que le roi, avant que de s'engager dans une entreprise qui ne pouvait manquer d'être longue, devait choisir une épouse et s'assurer un successeur. Mais, vif et bouillant comme il était, il ne put goûter cet avis. Il crut qu'il lui serait honteux de perdre le temps à célébrer des noces, et à en attendre le fruit. Le départ fut donc résolu.

Avant de partir pour cette expédition, il mit ordre aux affaires de la Macédoine, où il laissa Antipater pour gouverner en qualité de vice-roi, avec douze mille hommes de pied, et presque autant de cavalerie. Il fit de grandes largesses à tous ses amis, don-

An. M. 3670.
Av. J. C 334.
*Diod. l.* 17.
*p.* 499. 503.
*Arrian. l.* I.
*p.* 23. 36.
*Plut. in Alex. p.* 672. 673.
*Justin. l.* XI. c. 5 et 6.

nant à l'un une terre, à l'autre un village. Et comme tous les revenus de son domaine étaient consumés par ces largesses, Perdiccas lui demanda : *Seigneur, que réservez-vous pour vous?* Et Alexandre ayant répondu, *l'espérance* : *Eh bien,* lui repartit Perdiccas, *la même espérance doit nous suffire;* et il refusa généreusement le don que le roi lui avait assigné. Il est de la dernière importance pour un prince de savoir se rendre maître du cœur de l'homme, d'intéresser tout le monde à sa grandeur, et de ne faire sentir sa puissance que par des bienfaits. Alors tous les intérêts sont réunis dans celui du prince. Toute la suite de cette histoire nous montrera que jamais roi ne posséda et ne pratiqua mieux cette science qu'Alexandre, qui croyait n'être roi que pour faire du bien.

Alexandre, après avoir tout réglé dans la Macédoine, se mit en marche. Il alla le long du lac de Cercine vers Amphipolis, passa le Strymon vers son embouchure, puis l'Hèbre, et arriva enfin sur l'Hellespont, après vingt jours de marche. Il passa ce détroit sans différer. Quand il fut au milieu, il sacrifia un taureau à Neptune. On dit aussi, qu'après avoir lancé un javelot sur la terre, comme pour en prendre possession, il sauta tout armé et plein de joie hors du navire, et descendit le premier en Asie. Il comptait si fort sur l'heureux succès de ses armes, et sur les riches dépouilles qu'il trouverait en Asie, qu'il n'avait presque fait aucun fonds pour une si grande expédition ; sa caisse militaire n'était que de soixante et dix talens, et il

n'avait des vivres que pour un mois ; preuve
qu'il croyait marcher, non à une guerre douteuse, mais à une victoire assurée.

Après qu'il eut pris terre, il marcha droit
à Lampsaque, qu'il avait résolu de ruiner,
pour punir la rébellion de ses habitans. Quand *Val. Max.*
il fut près de cette ville, il vit venir à lui *l. 7. c. 3.*
Anaximène, qui était de cette ville, célèbre
historien, qui avait été son maître. Ce prince, se doutant bien pourquoi il le venait trouver, le prévint, et lui jura en termes formels,
qu'il ne lui accorderait point sa demande.
*Ce que j'ai à vous demander, seigneur,*
lui dit Anaximène, *c'est qu'il vous plaise
de détruire Lampsaque.* Par cet ingénieux
détour, il sauva sa patrie.

Enfin, Alexandre arrive sur les bords du An. M. 3670.
Granique, rivière de Phrygie. Les satrapes Av. J.C. 334.
de Darius l'attendaient de l'autre côté, résolus de lui en disputer le passage. Leur armée était de cent mille hommes de pied, et
de plus de dix mille chevaux. Alexandre ne
laissa pas d'en tenter le passage au son des
trompettes et des cris de joie de toute l'armée. La cavalerie persane descendit en bas,
pour en défendre l'abord. Le choc fut rude,
et la cavalerie des Macédoniens fut obligée
de plier, après avoir perdu ses premiers rangs.
Alexandre, qui les suivait de près, se met à
leur tête, les ranime par sa présence, renverse les Perses, et les met en déroute. Alors
toutes les troupes le suivent, passent la rivière, et vont attaquer les ennemis de tous côtés. L'action fut des plus vives autour d'A-
lexandre. Mais enfin, ayant enfoncé et mis

en fuite la cavalerie des Perses, sans s'attacher à la poursuivre, il tourna tout court sur
l'infanterie. Elle demeura d'abord ferme dans
son poste ; mais quand elle se vit attaquée
en même temps, et par la cavalerie et par la
phalange macédoniennes, qui avaient passé
la rivière, elle fut bientôt mise en fuite,
excepté l'infanterie grecque, qui était à la
solde de Darius; cette troupe aima mieux périr, que de fuir ou de se rendre à des conditions honteuses. Ils furent tous taillés en
pièces, à la réserve de deux mille qui furent
faits prisonniers.

Alexandre courut grand risque de périr
dans ce combat. Un noble Persan avait déjà
la main levée pour lui décharger un coup
de hache sur la tête, dont il l'aurait porté
mort par terre, lorsque Clitus, voyant le danger où était le roi, s'avance, et, d'un coup de
sabre, coupe la main à l'officier persan, et
sauve la vie à son maître. Dans la même action, il perdit un cheval sous lui, qui fut percé d'un coup d'épée. Il resta dans cette bataille, du côté des barbares, vingt mille hommes de pied et deux mille cinq cents chevaux. Du côté des Macédoniens, il demeura
sur la place vingt-cinq cavaliers des compagnies royales. Alexandre leur fit dresser à
tous des statues de bronze, faites de la main
de Lysippe. Quintus Métellus les fit transporter à Rome. Du reste de la cavalerie, il
en fut tué un peu plus de soixante, et environ trente fantassins. Ainsi, la victoire fut
complète, et peu sanglante pour les Macédoniens

Alexandre eut un très-grand soin des blessés, les visita lui-même, et voulut les voir
panser. Il fut curieux de savoir leurs aven-
tures, et permit à ses soldats de lui conter
leurs prouesses et de vanter leur bravoure.
Un prince gagne beaucoup, en s'abaissant et
se familiarisant de la sorte. Il donna aussi
la sépulture aux grands de Perse, et ne la refusa pas même aux Grecs qui étaient morts
à leur service; mais, pour ceux d'entre eux
qu'il fit prisonniers, il les mit à la chaîne et
les envoya travailler en Macédoine, pour avoir
porté les armes pour les barbares contre leur
patrie, malgré la défense expresse qu'en avait
faite la Grèce.

Il se fit un devoir et un plaisir d'associer
les Grecs à l'honneur de sa victoire, et, en
particulier, il envoya aux Athéniens trois
cents boucliers des dépouilles ennemies, et
voulut que, sur le reste du butin, on mît
cette inscription glorieuse : *Alexandre, fils
de Philippe, et les Grecs, excepté les Lacédémoniens, ont gagné ces dépouilles sur les
barbares qui habitent l'Asie.* Cette action
marque une grandeur d'ame bien rare et bien
estimable dans un vainqueur, qui, pour l'ordinaire, souffre avec peine qu'on entre avec
lui en partage de sa gloire. Elle marque aussi beaucoup de prudence dans ce prince. Il
avait encore besoin du secours des Grecs, et
il espérait, en les associant à l'honneur de sa
victoire, se les rendre plus fidèles et plus
affectionnés. Pour la vaisselle d'or et d'argent, les tapis de pourpre, et autres meubles

de luxe des Perses , il les envoya à sa mère pour la plus grande partie.

### ARTICLE II.

*Conquêtes de l'Asie mineure. Nœud Gordien. Maladie mortelle d'Alexandre. Sa prompte guérison. Approche de Darius.*

An. M. 3670.
Av. J. C. 334.
*Diod. l. 17.*
*p. 503. 511.*
*Arrian. l. 1.*
*p. 36. 5q.*
*l. 2. p. 60. 66.*
*Plut. in*
*Alex. p. 673.*
674.

L'heureux succès de la bataille du Granique eut toutes les suites qu'on en pouvait attendre. Elle fut suivie de la reddition des villes de Sardes , d'Ephèse , de Tralles , et de Magnésie. Pendant le séjour qu'Alexandre fit à Ephèse, il fit beaucoup de sacrifices à Diane , célébra ses mystères avec une grande pompe, et conduisit la cérémonie avec toute son armée rangée en bataille. Il marcha ensuite vers Milet, qui lui ferma ses portes, et soutint le siége avec beaucoup de courage et de vigueur; mais enfin les assiégés, craignant d'être emportés d'assaut, capitulèrent. Alexandre traita humainement les Milésiens, et vendit tout ce qu'il y trouva d'étrangers.

*Quint. Curt.*
*3. c. 1. 3.*
*Justin. l. 31.*
*c. 7 et 8.*

Après la prise de Milet, il passa dans la Carie, pour y former le siége d'Halicarnasse. Cette place était d'un très-difficile accès, à cause de son heureuse situation, et avait été extrêmement fortifiée. D'ailleurs Memnon , le plus habile et le plus brave de tous les officiers de Darius, s'y était jeté avec de bonnes troupes, dans le dessein de signaler son courage et sa fidélité pour son maître : aussi fit-elle une très-belle défense. Le siége fut fort long ; et tout autre qu'Alexandre se serait rebuté des difficultés qui s'y rencontrèrent; mais les dangers ne servaient qu'à animer ses troupes. Leur constance enfin l'emporta. Memnon, se voyant hors d'état de résister plus long-temps, fut obligé d'abandonner la place. Après avoir mis une bonne garnison dans la citadelle, il emmena avec lui ce qui restait d'habitans, avec toutes leurs richesses, et les transporta dans l'île de Cos. Alexandre, ne jugeant pas à propos d'assiéger la citadelle, rasa la ville jusqu'aux fondemens. La prise d'Halicarnasse détermina plusieurs rois à venir faire leur soumission à Alexandre; entre autres, Mithridate, roi de Pont. Le fameux Mithridate, qui donna tant d'exercice aux Romains, fut un de ses successeurs.

Pendant le séjour qu'Alexandre fit aux environs de Phasélis, il découvrit une trahison qu'avait tramée contre lui Alexandre, fils d'Érope, qu'il venait de nommer général de la cavalerie thessalienne. Darius, sur une lettre qu'il avait reçue de ce traître, lui promettait mille talens d'or, avec le royaume de Macédoine, s'il pouvait tuer Alexandre, ne croyant pas que ce fût acheter trop cher un crime qui le délivrerait d'un si formidable ennemi. Le porteur de la réponse du roi ayant été arrêté, avoua tout, et le coupable fut puni comme il le méritait.

Alexandre, après avoir mis ordre aux affaires de la Cilicie et de la Pamphylie, mena son armée dans la Phrygie, dont la capitale s'appelait Gordium, ancien et fameux séjour du roi Midas, et était située sur la rivière de Sangare. Ayant pris la ville, il eut envie de voir le fameux chariot où était attaché le nœud Gordien. Ce nœud, qui attachait le joug au timon, était fait si adroitement, et le lien faisait tant de tours et de détours, qu'on ne pouvait découvrir, ni où il commençait, ni où il finissait. Selon l'ancienne tradition du pays, un oracle avait déclaré que celui qui pourrait le délier, aurait l'empire de l'Asie. Alexandre se persuada aisément que cette promesse le regardait. Après plusieurs tentatives, qui lui réussirent mal : *Il n'importe*, dit-il, *comment on le dénoue;* et l'ayant coupé avec son épée, il éluda ou accomplit l'oracle, dit l'historien (1).

Darius, cependant, ne négligeait rien pour sa défense. Il chargea Memnon de Rhodes, de porter la guerre en Macédoine, afin d'obliger Alexandre de sortir de l'Asie, pour aller défendre son propre pays. Ce général, qui était lui-même auteur de ce conseil, se mit en devoir de l'exécuter. Il partit de Cos avec sa flotte, prit l'île de Chios et celle de Lesbos tout entière, excepté la ville de Mytilène, qu'il fut obligé d'assiéger. Ce général mourut pendant le siége de cette ville. Ce fut le plus grand malheur qui pût arriver à la Perse. On voit ici de quel prix est un seul homme de mérite, dont la perte entraîne quelquefois celle de l'Etat. La mort de Memnon fit échouer le dessein qu'il avait formé, car Darius, n'ayant pas de général d'une assez grande capacité à mettre à sa pla-

---

(1) *Nihil*, inquit, *interest, quomodò solvatur*. Gladioque ruptis omnibus loris, oraculi sortem vel clusit, vel implevit. *Q. Curt.*

ee, abandonna tout-à-fait une entreprise qui seule pouvait sauver l'empire.

La nouvelle de la mort de Memnon confirma Alexandre dans la résolution de marcher sans délai vers les provinces de la Haute-Asie. Il s'avança donc à grandes journées, et passa le défilé de la Cilicie. Après l'avoir passé, il admira sa bonne fortune, et avoua qu'il aurait pu être arrêté là tout court, et défait aisément à coups de pierres. Alexandre fit passer toute son armée jusqu'à la ville de Tarse, à travers de laquelle passe le Cydne, dont les eaux sont extrêmement claires, mais aussi extrêmement froides. Le roi, à son arrivée, tout couvert de sueur et de poussière, voyant cette eau si belle et si claire, eut envie de s'y baigner. Il n'y fut pas plus tôt entré, qu'il se sentit saisi d'un frisson si grand, qu'on crut qu'il allait mourir. On l'emporta dans sa tente, ayant perdu toute connaissance.

La consternation fut générale dans tout le camp. Ils fondaient tous en larmes, et se plaignaient de ce que le plus grand roi qui eût jamais été, leur était ravi au milieu de ses prospérités et de ses conquêtes ; de ce que, dans la fleur de sa jeunesse, et au milieu de ses victoires, celui qui était leur roi et leur compagnon de guerre tout ensemble, leur était ainsi enlevé et comme arraché d'entre les bras.

Cependant, Alexandre ayant repris ses esprits, et étant peu à peu revenu à soi, ne cessait de se plaindre de sa destinée, qui le livrait sans défense à son ennemi, et lui dérobait une si belle victoire ; le réduisant à mourir dans une tente, d'une mort obscure, et bien éloignée de cette gloire qu'il s'était promise. Ayant fait entrer ses confidens et ses médecins : « L'état de mes affaires, leur » dit-il, ne souffre pas des remèdes lents ni » des médecins timides. Une prompte mort » m'est meilleure qu'une guérison tardive. » Si les médecins croient avoir quelque res- » source pour moi dans leurs remèdes, qu'ils » sachent que je ne cherche pas tant à vivre » qu'à combattre. »

L'impatience du roi alarmait tout le monde. Les médecins, qui savaient qu'on les rendrait responsables de l'événement, n'osaient hasarder un remède violent. Philippe, un des médecins d'Alexandre, qui, l'ayant toujours servi dès son bas âge, l'aimait tendrement, non - seulement comme son roi, mais comme son nourrisson, offrit de lui donner un remède qui serait fort violent, mais dont l'effet serait prompt et efficace. Il demanda trois jours pour le préparer.

Sur ces entrefaites, Alexandre reçut une lettre de Parménion, qui était resté en Cappadoce, et celui de tous les grands de sa cour en qui il se fiait le plus, par laquelle il lui mandait de se garder de Philippe, que Darius avait corrompu en lui promettant mille talens et sa sœur en mariage. Cette lettre le jeta dans une grande perplexité ; il pesait en lui-même les raisons qu'il avait de craindre et d'espérer, selon qu'elles s'offraient à son esprit. La confiance en un médecin dont il avait connu et éprouvé, dès sa première en-

fance .

fance, le tendre et fidèle attachement, l'emporta bientôt et dissipa ses doutes. Il referma la lettre et la mit sous son chevet, sans la communiquer à personne.

Le jour venu, Philippe entre dans la chambre du roi, et lui présente la médecine. Alexandre tirant la lettre de dessous son chevet, la donne à lire à Philippe ; en même temps il prend la coupe, et, les yeux attachés sur lui, il l'avale sans hésiter, et sans témoigner ni le moindre soupçon, ni la moindre inquiétude. Philippe, en lisant la lettre, avait témoigné plus d'indignation que de surprise et de crainte, et la jetant sur le lit du roi : *Seigneur*, lui dit-il d'un ton ferme et assuré, *votre guérison me justifiera bientôt du parricide dont on m'accuse. La seule grâce que je vous demande, est que vous mettiez votre esprit en repos, et que vous laissiez opérer le remède, sans songer à cet avis que vous ont donné des serviteurs pleins de zèle, à la vérité, mais d'un zèle peu discret, et tout-à-fait hors de saison.* Ces paroles ne rassurèrent pas seulement le roi, mais lui remplirent l'ame de joie et d'espérance ; et prenant Philippe par la main : *Soyez vous-même en repos*, lui dit-il, *car je vous crois doublement inquiet, sur ma guérison d'abord, puis sur votre justification.*

Cependant, la médecine travailla le roi de telle sorte, qu'il perdit la parole, et qu'il ne lui resta presque plus de pouls ni d'apparence de vie. Philippe n'oublia rien de ce qui était de son art pour le secourir. Enfin, la médecine s'étant rendue maîtresse, et ayant répandu dans toutes les veines une vertu salutaire et vivifiante, l'esprit fut le premier à reprendre sa vigueur, et le corps ensuite, beaucoup plus tôt qu'on ne l'avait espéré. Trois jours après il se fit voir à son armée, qui ne pouvait se lasser de le contempler, et qui avait peine à croire ce qu'elle voyait, tant la grandeur du danger l'avait consternée. Chacun s'empressait de caresser et d'embrasser le médecin, lui rendant grâces comme à un Dieu qui avait sauvé la vie au prince.

Cependant Darius s'était mis en marche, plein d'une folle confiance dans la multitude innombrable de ses troupes; et, jugeant uniquement des deux armées par le nombre, il se regardait déjà comme victorieux. Charidème, athénien de nation, qui s'était retiré chez Darius, et servait dans ses troupes, interrogé par le prince, s'il le croyait assez puissant pour passer sur le ventre de son ennemi, lui fit entendre, par sa réponse, que ce n'était pas du nombre des troupes qu'il fallait attendre le succès d'une bataille, mais du courage et de la résolution des soldats. « Achetez, lui dit-il, des troupes égales en » forces et en courage à celles de votre en- » nemi. » Darius, nourri et élevé dans le sein de la flatterie, ne put souffrir une telle liberté. Il fit conduire au supplice un homme qui s'était mis sous sa protection, qui était son hôte, et qui lui donnait le meilleur conseil qu'il eût pu prendre. Charidème, sans rien rabattre pour cela de sa liberté accoutumée, s'écria : « J'ai un vengeur tout prêt dans la » personne de celui-là même contre qui je

» vous ai donné conseil, qui vous punira bien-
» tôt du mépris que vous en faites. Pour vous,
» en qui la puissance souveraine a fait un si
» prompt changement, vous apprendrez à la
» postérité, que, quand les hommes s'aban-
» donnent une fois à la fortune, elle étouffe
» en eux toutes les bonnes semences de la
» nature.» Darius se repentit d'avoir fait mourir un tel homme, et reconnut, mais trop
tard, la vérité de tout ce qu'il avait dit.

Darius fit avancer ses troupes vers l'Euphrate. L'ancienne coutume des Perses était
de ne faire marcher leur armée qu'après le
soleil levé, et alors, de la tente du roi, on
donnait le signal avec la trompette. Au-dessus de cette tente, on exposait à la vue de
tout le monde l'image du soleil enchâssée
dans du cristal. Voici en quel ordre cette armée marchait.

Premièrement, on portait des autels d'argent, sur lesquels il y avait du feu qu'ils appelaient éternel et sacré, et les mages suivaient chantant des hymnes, accompagnés
de trois cent soixante-cinq jeunes garçons
vêtus de robes de pourpre. Après, venait un
char consacré au plus grand de leurs Dieux,
traîné par des chevaux blancs, et suivi d'un
coursier d'une grandeur extraordinaire, qu'ils
appelaient le cheval du soleil; et les écuyers
étaient habillés de blanc, avec une baguette
d'or à la main.

Dix chariots, ornés de gravures d'or et d'argent, suivaient; marchait ensuite un corps
de cavalerie tiré de douze nations, différentes d'armes et de mœurs. Venaient après,

ceux que les Perses appelaient immortels, au nombre de dix mille. Ils passaient en somptuosité tout le reste des barbares. Ils avaient des colliers d'or, des robes de drap d'or frisé, avec des casaques à manches, ornées de pierreries.

A trente pas de là, suivaient ceux qu'ils appelaient les cousins ou parens du roi (1), jusqu'au nombre de quinze mille, parés à peu près comme des femmes. Ceux qu'ils appelaient les doriphotes ou gardes, qui portaient des demi-piques, s'avançaient ensuite; ils portaient le manteau du roi, et marchaient devant son char. Ce char était enrichi, des deux côtés, d'images de Dieux d'or et d'argent; et du milieu du joug, qui était tout semé de pierreries, s'élevaient deux statues de la hauteur d'une coudée, dont l'une représentait la guerre, et l'autre la paix, avec un aigle d'or entre deux, qui déployait les ailes comme pour prendre son vol.

Rien n'égalait la magnificence du roi. Il était vêtu d'une casaque de pourpre rayée d'argent; par-dessus il avait une longue robe toute brillante d'or et de pierreries, où deux éperviers semblaient fondre des nues et s'entrebecqueter. Il portait une ceinture d'or à la façon des femmes, d'où pendait son cimeterre qui avait un fourreau tout couvert de pierres précieuses. Il avait sur la tête une tiare, ceinte d'un bandeau de couleur bleue, mêlée de blanc.

A ses côtés marchaient deux cents de ses

(1) C'était un titre de dignité comme aujourd'hui dans plusieurs royaumes.

plus proches parens, et dix mille piquiers le suivaient, ayant leurs piques enrichies d'argent, avec la pointe garnie d'or ; et enfin trente mille hommes de pied qui faisaient l'arrière-garde. Ils étaient suivis des chevaux du roi, au nombre de quatre cents, qu'on menait à la main.

A cent ou six vingt pas de là, venait Sysigambis, mère de Darius, sur un char, et sa femme sur un autre, et toutes les femmes des deux reines suivaient à cheval. Il y avait ensuite quinze grands chariots où étaient les enfans du roi et ceux qui avaient soin de leur éducation, avec une troupe d'eunuques. Les concubines marchaient après, jusqu'au nombre de trois cent soixante, en équipages de reines, suivies de six cents mulets et de trois cents chameaux, qui portaient l'argent du roi, et qui étaient escortés d'une nombreuse garde d'archers.

Ensuite venaient les femmes des officiers de la couronne et des plus grands seigneurs de la cour ; puis les vivandiers et les valets d'armée, montés sur des chariots. A la queue, étaient quelques compagnies armées à la légère, avec leurs chefs, qui fermaient toute la marche.

Ne croirait-on pas que c'est ici la description d'un tournoi, et non pas d'une marche d'armée ? Conçoit-on que des princes sensés aient été capables d'une telle folie, de mener avec leurs troupes un attirail aussi incommode que des femmes, des princesses, des concubines, des eunuques, des serviteurs et des servantes ? La coutume du pays l'exigeait, c'en était assez. Darius, à la tête de six cent mille hommes, et, au milieu de ce superbe appareil qui était pour lui seul, se jugeait grand. Réduit à sa juste mesure et à son mérite personnel, qu'il était petit ! Il n'est pas le seul qui ait pensé de la sorte, et de qui l'on ne puisse porter le même jugement.

### ARTICLE III.

*Célèbre victoire remportée par Alexandre sur Darius, près de la ville d'Issus. Suites de cette victoire.*

An. M. 3671.
Av. J C. 333.
Diod. l. 17.
p. 512 518.
Arrian. l. 2.
p. 66.
Plut. in Alex.
p. 755. 776.
Quint. Curt.
l. 3. c. 4. 12.
Just. l. 11.
c. 9 et 10.

Alexandre, sur la nouvelle qu'il eut de l'approche de Darius, envoya Parménion se saisir du pas de Syrie. Ensuite il tint conseil de guerre à cette occasion. Tous les généraux et les officiers le priant de les mener contre l'ennemi, il partit le lendemain pour aller à la rencontre des Perses. Darius était dans une plaine de l'Assyrie, qui avait beaucoup d'étendue. Les commandans des Grecs, qui étaient à sa solde, et qui faisaient la principale force de son armée, lui conseillèrent d'y attendre l'ennemi. Le lieu étant découvert de tous côtés, et très-avantageux pour sa cavalerie, il était capable de contenir le grand nombre de ses troupes, avec tout le bagage et l'attirail de l'armée ; qu'au moins il séparât cette multitude, qu'il en choisît l'élite, et ne mît point toutes ses forces au hasard d'être abattues d'un seul coup et en une seule journée. Les courtisans firent entendre au roi que les Grecs ne lui proposaient de diviser ses troupes, qu'afin qu'ils pussent livrer plus aisément à l'ennemi ce qui serait en leur pouvoir ; et, les traitant de nation infidèle et d'ames vénales, ils conclurent que le plus sûr était de les investir avec toute l'armée, et de les faire tous passer au fil de l'épée. Cette proposition fit horreur à Darius ; il répondit « qu'il était bien éloigné de commettre un » crime si horrible ; que nulle nation ne se » fierait désormais à sa parole ; qu'il était » inouï qu'un conseil qui n'était pas prudent, » eût jamais été puni de mort ; qu'il ne se » trouverait plus personne qui voulût donner » son avis, s'il était dangereux de le faire ; » ce qui était le plus grand malheur qui pût » arriver à un prince. » Il fit remercier les Grecs de leur zèle et de leur bonne volonté, et voulut bien leur rendre compte des raisons qui le portaient à ne pas suivre le parti qu'ils lui avaient proposé.

Les courtisans avaient persuadé à Darius que les longs délais d'Alexandre (dont ils avaient ignoré la maladie) étaient une preuve et l'effet de la terreur que les approches des troupes persanes lui avaient inspirée ; que leur bonne fortune l'avait conduit dans des détroits et des défilés dont il lui serait impossible de se tirer, si on l'attaquait promptement ; qu'il fallait profiter de cette conjoncture favorable, de peur que les ennemis ne se hâtassent de prendre la fuite, et qu'Alexandre ne lui échappât.

Les deux rois, avec leurs armées, se rencontrèrent auprès de la petite ville d'Issus, où la Providence avait conduit Darius pour le faire tomber dans le précipice qu'elle lui

avait creusé. La situation du lieu, qui était
étroit et serré, lui était très-désavantageuse,
ne lui laissant pas assez de terrain pour faire
agir la vingtième partie de ses forces ; au lieu
qu'Alexandre avait assez d'espace pour agir
et pour se mouvoir avec liberté. Les deux rois
ayant rangé leurs armées en bataille, on en
vint aux mains. L'action fut d'abord des plus
rudes et des plus opiniâtres. Etant forcés de
combattre de près, ils mirent tous l'épée à
la main, et alors il se fit un grand carnage.
La victoire resta long-temps sans se déclarer.
Mais enfin, Alexandre ayant enfoncé, défait
et mis en fuite l'aile gauche des Perses où
était Darius, il se replia sur la droite, qu'il
défit également. La cavalerie persane, qui d'a-
bord avait eu quelque avantage, voyant Darius en fuite, l'infanterie taillée en pièces,
commença à plier et à se débander. Alors la
déroute de l'armée fut générale, chacun cherchant à se sauver par la fuite. La victoire fut
entière et complète du côté d'Alexandre. Il
resta non-seulement maître du champ de
bataille, mais il prit aussi le camp de l'ennemi ; fit un grand nombre de prisonniers,
parmi lesquels se trouvèrent Sysigambis, mère de Darius, avec la femme du roi, deux de
ses filles et un fils encore enfant. Les Perses,
soit dans le combat, soit dans la fuite, y perdirent un grand nombre de leurs troupes,
tant de pied que de cheval. Du côté d'A-
lexandre, la perte fut très-médiocre (1). Il
ne se trouva dans le camp de Darius que trois

---

(1) Quinte-Curce fait monter la perte des Perses à
100,000 hommes de pied et 10,000 chevaux : et, du

mille talens, ou neuf millions ; le reste tomba
entre les mains de Parménion, à la prise de
Damas.

Le lendemain Alexandre, après s'être ac-
quitté de ce qu'il devait aux morts et aux
blessés, envoya avertir les reines qu'il allait
les visiter ; et, ayant fait retirer toute sa suite, il entra seul dans la tente avec Ephestion.
C'était son favori et son confident. Ils étaient
de même âge ; mais Ephestion avait sur lui
l'avantage de la taille ; de sorte que les reines
le prirent pour le roi, et lui rendirent leurs
respects. Quelques eunuques d'entre les captifs, leur montrant celui des deux qui était
Alexandre, Sysigambis se jeta à ses pieds,
et lui demanda pardon, s'excusant sur ce
qu'elles ne l'avaient jamais vu. Le roi, la re-
levant, lui dit : *Non, ma mère, vous ne
vous êtes point trompée, car celui-ci est
aussi Alexandre* (1). Belle parole, qui fait
beaucoup d'honneur et à l'un et à l'autre !

Sysigambis, pénétrée de toutes ces marques de bonté, ne put s'empêcher de lui en
marquer sa reconnaissance. « Grand prince,
» lui dit-elle, quelles actions de grâces puis-
» je vous rendre, qui répondent à votre géné-
» rosité ? Vous m'appelez votre mère, et
» m'honorez encore du nom de reine : et moi,
» je confesse que je suis votre captive. Je
» sais ce que j'ai été et ce que je suis. Je
» comprends toute l'étendue de ma grandeur
» passée, et je me sens en état de porter le

côté d'Alexandre, à 150 cavaliers seulement, et à 300
fantassins.

(1) *Non errasti*, inquit, *mater ; nam et hic Alexan-
der est.* Quint. Curt.

I 5

» poids de mon infortune présente (1). Mais il
» est de l'intérêt de votre gloire que, pouvant
» tout sur nous, vous ne nous fassiez sentir
» ce pouvoir que par votre clémence, et non
» par de mauvais traitemens. »

Le roi, après avoir rassuré les princesses, prit le fils de Darius entre ses bras. Ce petit enfant, sans s'étonner, l'embrassa ; de sorte qu'Alexandre, touché de son assurance, et se tournant vers Ephestion, lui dit : *Que je souhaiterais que Darius eût eu quelque chose de ce bon naturel !*

Alexandre en usa avec tant de bonté à l'égard des princesses, qu'à leur captivité près, elles ne pouvaient s'apercevoir de leur infortune. Il est certain que, dans ces premières années, il se gouverna de telle sorte, qu'il surpassa en bonté tous les rois qui avaient été avant lui, et se montra supérieur à une passion qui dompte et entraîne les plus forts. La femme de Darius était la plus belle princesse du monde, et les princesses leurs filles étaient également belles. Alexandre était jeune, vainqueur et libre, comme on le remarque du premier Scipion. *Et juvenis, et cœlebs et victor.* Cependant ces princesses furent dans le camp d'Alexandre, non comme dans un camp ennemi, mais comme dans un saint temple, et comme dans un lieu sacré et destiné à être l'asile de la pudeur et de la modestie. Si Alexandre eût toujours pensé et agi de la sorte, il aurait véritablement mérité le surnom de Grand. Il porta les com-

Val. Max.<br>l. 4 c. 3.

---

(1) Et præteritæ fortunæ fastigium capio, et præsentis jugum pati possum. *Q. Curt.*

mencemens de sa fortune avec modération et sagesse; mais à la fin, elle devint plus forte que lui, et il ne put lui résister.

ARTICLE IV.

*Lettre de Darius à Alexandre. Réponse d'Alexandre. La ville de Sidon lui ouvre ses portes. Il met Abdolonyme sur le trône. Siége de Tyr.*

Alexandre prit le chemin de la Syrie, après avoir consacré trois autels sur le Pinare : l'un à Jupiter, l'autre à Hercule, et le troisième à Minerve, comme autant de monumens de sa victoire. Il avait envoyé Parménion à Damas, où était le trésor de Darius. Le gouverneur de la place la lui livra. Ce perfide, voulant couvrir sa trahison d'un spécieux prétexte, feignit de n'être pas assuré dans la place. Il fit charger, dès le point du jour, tous les trésors et tout ce qu'il y avait de plus précieux dans Damas, et se mit en fuite avec ses richesses, en apparence pour les sauver, mais en effet pour les livrer à l'ennemi, comme il en était convenu avec Parménion. Outre l'argent monnayé et l'argent mis en œuvre, qui montait à des sommes immenses, il y fut pris jusqu'à trente mille personnes, parmi lesquelles était un grand nombre de dames de la première condition, des princesses, des femmes des satrapes, les concubines de Darius, et les ambassadeurs des villes grecques, surtout de Lacédémone et d'Athènes, que Darius avait cru mettre dans un asile assuré, en les confiant à la bonne foi de ce traître.

An. M. 3672.
Av. J.C. 332.
*Diod. l.* 17.
*p.* 517. 518.
*Arrian. l.* 2.
*p.* 83. 86.
*Plut. in Alex.*
*p.* 678.
*Quint. Curt.*
*l.* 3. *c.* 13. *et*
*l.* 4. *c.* 1.
*Justin. l.* 11.
*c.* 10.

6

Cependant Darius s'enfuyait à travers les campagnes. Ce prince infortuné arriva enfin à Soque, et de là il gagna Thapsaque en diligence, pour mettre l'Euphrate entre Alexandre et lui. C'est de là qu'il écrivit à Alexandre une lettre, où il prenait le titre de roi, sans le lui donner. Il le sommait, plutôt qu'il ne le priait, « de recevoir autant d'ar-
» gent qu'il voudrait, à condition qu'il lui
» rendrait sa mère, sa femme et ses enfans.
» Que s'il était encore capable de recevoir des
» avis, il lui conseillait de se contenter du
» royaume de ses ancêtres, sans envahir ce-
» lui d'autrui : qu'à l'avenir ils vécussent en
» bons amis et fidèles alliés ; qu'il était prêt
» à lui en donner sa foi et à recevoir la
» sienne. »

Cette lettre, pleine d'une fierté et d'une hauteur si mal placées, choqua extrêmement Alexandre. Il y répondit sur le même ton. Sa lettre, qui est assez longue, et que je crois néanmoins devoir insérer ici en entier, peut tenir lieu d'un excellent manifeste; voici comment il répond :

« Le roi Alexandre à Darius. Cet ancien
» Darius, dont vous avez pris le nom, ruina
» autrefois de fond en comble les Grecs qui
» tiennent la côte de l'Hellespont, et les
» Ioniens nos anciennes colonies. Depuis,
» ayant traversé la mer avec une puissante
» armée, il porta la guerre jusque dans le
» sein de la Macédoine et de la Grèce. Après
» lui, Xerxès descendit avec une multitude
» effroyable de barbares pour nous combat-
» tre ; et ayant été vaincu dans un combat

» naval, laissa, en se retirant, Mardonius en
» Grèce, pour saccager nos villes et désoler
» nos campagnes. Mais qui ne sait que Phi-
» lippe, mon père, a été assassiné par ceux
» que les vôtres ont subornés sous de grandes
» espérances ? Car, vous autres Perses, vous
» entreprenez des guerres impies ; et ayant
» les armes à la main, vous mettez à prix
» la tête de vos ennemis. Et vous-même, tout
» récemment, quoique suivi d'une grande ar-
» mée, vous avez promis mille talens à qui-
» conque me tuerait. Je ne fais donc que me
» défendre, et je ne suis point l'agresseur :
» aussi les Dieux, qui sont pour la bonne
» cause, ont favorisé mes armes ; et, à l'aide
» de leur protection, j'ai réduit une grande
» partie de l'Asie sous mon obéissance, .et
» vous ai défait vous-même en bataille ran-
» gée. Au reste, quoique je ne vous dusse
» rien accorder de tout ce que vous me de-
» mandez, parce que vous ne m'avez pas fait
» bonne guerre, néanmoins, si vous venez
» vous présenter à moi comme suppliant, je
» vous donne ma parole que je vous rendrai
» sans rançon votre mère, votre femme et
» vos enfans ; je veux vous montrer que je
» sais vaincre (1) et obliger les vaincus. Que
» si vous craignez de vous mettre entre mes
» mains, je vous donnerai ma foi que vous
» pourrez venir en assurance. Mais souvenez-
» vous une autre fois, quand vous m'écrirez,
» que vous écrivez non-seulement à un roi,
» mais à votre roi. »

La plupart des villes de Syrie et de Phéni-

(1) Et vincere et consulere victis scio.

cie se rendirent aux premières approches du
vainqueur ; mais aucune ne le fit avec plus
de plaisir que la ville de Sidon, par l'horreur
que les Sidoniens avaient pour les Perses,
qui, dix-huit ans auparavant, avaient détruit leur ville. Ils furent les premiers de ce
pays-là qui envoyèrent faire leur soumission
à Alexandre, malgré Straton leur roi, qui s'é-
tait déclaré pour Darius. Alexandre lui ôta
sa couronne, et permit à Ephestion de mct-
tre en sa place celui des Sidoniens qu'il ju-
gerait le plus digne d'une si haute fortune.
Celui-ci l'offrit à deux jeunes frères chez qui
il était logé ; mais ils la refusèrent, apportant
pour raison de leur refus, que, par les lois
de l'Etat, nul ne pouvait monter sur le trône, qu'il ne fût du sang royal. Ephestion admirant cette grandeur d'ame qui méprisait ce
que les autres cherchent par le fer et par le
feu : « Continuez, leur dit-il, de penser ainsi,
» vous qui les premiers avez compris com-
» bien il est plus glorieux de refuser un royau-
» me que de le recevoir ; mais au moins don-
» nez-moi un homme de la race royale, qui
» se souvienne, quand il sera roi, que vous
» lui avez mis la couronne sur la tête. »

Ces deux frères déclarèrent à Ephestion
qu'ils ne connaissaient personne plus digne
du diadème qu'un certain Abdolonyme, descendu, quoique de loin, da la race royale ;
mais si pauvre, qu'il était contraint pour vivre, de cultiver, par un travail journalier,
un jardin hors de la ville. Sa probité l'avait
réduit, comme beaucoup d'autres, à cette
pauvreté. Uniquement occupé de son travail,

il n'entendait point le bruit des armes qui ébranlaient toute l'Asie. Les deux frères aussitôt vont le chercher, le dépouillent de ses vieux haillons, le revêtent des habits royaux, le saluent roi, et le conduisent au palais. Alexandre commanda qu'on le fît venir; et après l'avoir long-temps considéré, il lui dit: « Ton air ne dément point ce qu'on dit de » ton origine; mais je voudrais bien savoir » avec quelle patience tu as porté ta misè- » re. Plaise aux Dieux, répondit-il, que je » puisse porter cette couronne avec autant de » force. Ces bras ont fourni à tous mes dé- » sirs, et tandis que je n'ai rien eu, rien ne » m'a manqué (1). » Cette réponse fit concevoir au roi une grande opinion de sa vertu. On est digne de régner quand on regarde, avec Abdolonyme, la royauté comme un poids plus difficile à porter que la pauvreté.

La Syrie et la Phénicie étaient déjà au pouvoir des Macédoniens, excepté la seule ville de Tyr. Cette ville avait été bâtie par les Sidoniens, deux cent quarante ans avant le temple de Jérusalem. C'est pour cela qu'elle est appelée dans Isaïe *la fille de Sidon*. Elle surpassa bientôt sa mère en grandeur, en puissance et en richesses. Nabuchodonosor mit le siége devant cette ville, lorsqu'Ithobale en était roi. Il ne la prit que treize ans après; mais avant sa prise, les habitans s'étaient retirés avec leurs effets dans une île voisine où ils bâtirent une nouvelle Tyr. L'ancienne fut

*Diod. l. 17.*
*p. 518. 525.*
*Arrian. l. 2.*
*p. 87. 100.*
*Plut. in Alex.*
*p. 678.*
*Quint. Curt.*
*l. 4. c. 2. 3. 4.*
*Justin. l. 11.*
*c. 10.*

*Joseph. Antiq.*
*l. 10. c. 12.*

________

(1) Utinam, inquit, eodem animo regnum pati possim! Hæ manus suffecêre desiderio meo. Nihil habenti, Nihil defuit. *Quint. Curt.*

rasée jusqu'aux fondemens, et n'a plus été depuis qu'un simple village, connu sous le nom de *Palæ-Tyros*, ou l'ancienne Tyr. La nouvelle devint plus puissante que n'avait jamais été l'ancienne. Elle était dans cet état de grandeur et de puissance lorsqu'Alexandre en vint former le siége.

Quand le roi approcha de cette ville, les Tyriens lui envoyèrent une ambassade, avec des présens pour lui, et des rafraîchissemens pour son armée. Ils voulaient bien l'avoir pour ami, mais non pas pour maître. De sorte que quand il témoigna vouloir entrer dans leur ville, pour y offrir un sacrifice à Hercule, on lui en refusa l'entrée. Ce conquérant, après tant de victoires, avait le cœur trop haut pour souffrir un pareil affront. Il résolut de les forcer par un siége ; et eux, de leur côté, se disposèrent à se bien défendre. Alexandre donna toute son application à construire une digue pour unir le continent à la ville. Lorsque la digue fut presque achevée, et qu'elle commençait à paraître à fleur d'eau, les Tyriens y mirent le feu, et ruinèrent, en un moment, un ouvrage qui avait coûté beaucoup de temps, beaucoup de monde et beaucoup de dépense. Alexandre ne se découragea point pour ce contre-temps et pour ces pertes. On travailla de nouveau, avec une nouvelle ardeur, à réparer les ruines de la digue. L'ouvrage approchait beaucoup de sa fin, et touchait presque au mur de la ville, lorsqu'il s'éleva tout-à-coup un vent impétueux qui poussa les vagues contre la digue avec tant

de violence, que tout ce qui la liait se lâcha,
et fondit dans la mer.

Tout autre qu'Alexandre eût alors renon-
cé à l'entreprise, et il délibéra en effet s'il ne
lèverait point le siége ; mais un maître supérieur, qui avait prédit et juré la ruine de
Tyr, et dont ce prince ne faisait qu'exécuter
les volontés sans les connaître, le retint à ce
siége. On recommença une nouvelle digue,
et on y travailla sans relâche. Enfin, après
bien des travaux et des pertes, la patience
des ouvriers ayant surmonté tous les obstacles, l'ouvrage fut achevé et conduit à sa dernière perfection. Alors Alexandre se mit en
devoir d'attaquer la ville et par terre et par
mer ; mais il ne réussit pas mieux qu'auparavant. Les assiégés se défendaient avec un courage qui n'a guère d'exemple. Ce fut alors
que le roi, rebuté d'une si vigoureuse défense, délibéra sérieusement s'il ne devait point
lever le siége et passer en Égypte ; mais,
craignant de faire une brèche à la réputation
de ses armes, qui lui avaient plus servi que
toute autre chose, il résolut de faire un dernier effort, et de donner un dernier assaut
à la ville. L'attaque et la défense furent encore plus vives qu'elles ne l'avaient été jusque là ; mais enfin les beliers ayant fait plusieurs brèches à la muraille, et l'armée navale ayant forcé le port, les Macédoniens entrèrent de tous côtés dans la ville. On fit main-
basse sur tous les habitans, à la réserve de
ceux qui s'étaient réfugiés dans les temples.
Les Sidoniens qui se trouvèrent dans l'armée
d'Alexandre, et qui étaient entrés pêle-mêle

dans la ville avec les victorieux, en menèrent un grand nombre secrètement dans leurs vaisseaux, et les transportèrent à Sidon. Il y en eut jusqu'à quinze mille qui furent, par cette officieuse tromperie, sauvés et dérobés à la fureur du vainqueur. Alexandre, pour assouvir sa colère contre une ville qui l'avait retenu si long-temps, qui lui avait donné tant de peine et fait périr tant de monde, fit attacher en croix sur le rivage deux mille Tyriens qui étaient restés du massacre. Le nombre des prisonniers, tant habitans qu'étrangers, monta à trente mille ; ils furent tous vendus. La ville de Tyr fut prise, après sept mois de siége, vers la fin de septembre.

An. M. 3672.
Av. J.C. 332.

Les hommes, peu attentifs à l'exécution des desseins de Dieu sur les royaumes et sur les empires, ne voient dans la prise de Tyr qu'un événement tout naturel et une suite des conquêtes d'Alexandre ; mais l'Ecriture Sainte nous apprend ce que nous devons penser de cette grande révolution. Alexandre paraît ici le seul auteur du renversement de cette superbe ville ; mais il n'est que le ministre de la vengeance du Seigneur. Le temps était venu que l'iniquité de cette ville devait mettre fin à son règne : *Iniquitas ejus dabit finem.* La mesure de ses crimes était à son comble, et Dieu descend pour la châtier de son orgueil, de son avidité pour les richesses, de son luxe et de son impiété. Le Seigneur s'était servi d'abord de la main de Nabuchodonosor pour l'humilier ; mais cette ville impie ne profita pas de ce premier avertissement. Elle eut bientôt réparé ses pertes,

*Jerem. c.* 47.
*v.* 2. 6.
*Ezech. c.* 26.
27.
*Isaï. c.* 23.
*v.*3 4 7.8.

relevé ses ruines , et oublié sa première hu-
miliation. Elle se regardait avec complaisance,
comme la reine des villes, le siége du trafic
de toutes les nations , et se flattait de porter
dans son sein des marchands qui, par leur opulence et leur splendeur , égalaient les princes
et les grands du monde. Un si long cours de
prospérités avait fortifié cette ville dans son
orgueil , dans son impiété et dans sa dureté ;
et c'est là la véritable cause de sa seconde hu-
miliation, où elle a été pendant soixante et dix
ans, dégradée de sa dignité de reine et de ville
libre, réduite à une espèce d'esclavage. Après
ce temps expiré, elle se releva, parut de nouveau dans le monde , et retourna à son trafic
honteux , jusqu'à ce qu'enfin , convertie par
la prédication de l'Evangile , elle ne fit plus
servir ses richesses à entretenir son orgueil ,
son luxe et ses passions; mais elle les sacrifia
au culte du Seigneur , au soulagement des
pauvres , et à l'entretien des prédicateurs de
la parole de Jésus-Christ. C'est ainsi que le
Seigneur accomplit ses secrets desseins sur les
royaumes et les empires, et nous apprend ce
que nous devons penser de ce qui paraît le
plus grand et le plus estimable aux yeux des
hommes.

### ARTICLE V.

*Seconde lettre de Darius à Alexandre.
Voyage de celui-ci à Jérusalem. Siége
et prise de Gaza. Conquête de l'Egypte.
Alexandre se fait déclarer fils de Jupiter.*

Pendant qu'Alexandre était encore occupé au siége de Tyr, il avait reçu une seconde
lettre de Darius, qui enfin le traitait de roi.
Il lui offrait dix mille talens (trente millions)
pour la rançon des princesses captives, avec
sa fille Statira en mariage, et tout le pays
qu'il avait conquis jusqu'à l'Euphrate. Le prince ayant mis l'affaire en délibération, Parménion était d'avis d'accepter ces offres, et
dit que, pour lui, il le ferait s'il était Alexandre. *Et moi aussi,* reprit Alexandre, *si j'é-
tais Parménion.* Il répondit donc « qu'il
» n'avait pas besoin de l'argent de Darius ;
» qu'il avait mauvaise grâce d'offrir ce qui
» n'était plus à lui, et de vouloir partager ce
» qu'il avait entièrement perdu. »

De Tyr, Alexandre marcha à Jérusalem,
dans le dessein de ne la pas mieux traiter que
Tyr, et voici ce qui lui fit prendre cette résolution. Quand Alexandre forma le siége de
Tyr, il envoya des commissaires à Jérusalem,
pour sommer les Juifs de fournir des vivres
à son armée. Les Juifs s'en excusèrent sur
ce qu'ils avaient prêté serment de fidélité à
Darius, et persistèrent à répondre que, tandis qu'il vivrait, ils ne pouvaient pas reconnaître d'autre maître. Rare exemple de fidélité, et digne de l'unique peuple qui con-

nût pour lors le vrai Dieu ! Alexandre, peu accoutumé à un tel langage, surtout depuis ses victoires, résolut, dès qu'il eut emporté Tyr, d'aller punir les Juifs de leur désobéissance, avec autant de rigueur qu'il avait puni les Tyriens.

Dans un si pressant danger, le grand-prêtre Jaddus eut recours à la protection de Dieu, ordonna des prières publiques pour implorer son secours, et lui offrit des sacrifices. Dieu lui apparut en songe la nuit suivante, et lui dit « de faire répandre des fleurs dans la » ville, de faire ouvrir toutes les portes, et » d'aller, revêtu de ses habits pontificaux, » avec tous les sacrificateurs, aussi revêtus » des leurs, et tous les autres vêtus de blanc, » au-devant d'Alexandre, sans rien appré- » hender de ce prince, parce qu'il le proté- » gerait. » Ces ordres furent exécutés ponctuellement, et cette auguste procession alla au-devant d'Alexandre, jusqu'à un endroit appelé *Sapha*. On y attendit dans cet état l'arrivée de ce prince.

Voyage d'Alexandre à Jérusalem. An. M. 3672. Av. J. C. 332.

Quand les Juifs apprirent que le roi était proche, ils allèrent au-devant de lui à la suite des prêtres, qui marchèrent de la manière pompeuse qu'on vient de décrire. Alexandre fut frappé à la vue du souverain sacrificateur. Dès qu'il l'aperçut, plein d'un profond respect, il s'avança vers lui, s'inclina en terre, adora le nom auguste de Dieu, et salua le grand-prêtre avec une vénération religieuse. La surprise de tous les assistans fut inexprimable. A peine en croyaient-ils le témoignage de leurs propres yeux.

Parménion, qui ne pouvait revenir de son étonnement, demanda au roi d'où venait donc que lui, qui était adoré de tout le monde, adorait le grand sacrificateur des Juifs. « Ce n'est pas, lui répondit Alexandre, le » grand sacrificateur que j'adore, c'est le Dieu » de qui il est le ministre; car lorsque j'étais » encore en Macédoine, et que, l'esprit plein » du grand dessein de la guerre contre la » Perse, je délibérais par quel moyen je pour- » rais conquérir l'Asie, ce même homme et » avec les mêmes habits, m'apparut en son- » ge, m'exhorta à ne rien craindre, me dit de » passer hardiment le détroit de l'Hellespont, » et m'assura que son Dieu marcherait à la » tête de mon armée, et me ferait vaincre » l'armée des Perses. » Alexandre, après avoir répondu à Parménion, embrassa le grand sacrificateur et les autres prêtres, marcha ensuite au milieu d'eux, arriva à Jérusalem, monta au temple, et offrit des sacrifices à Dieu, en la manière que le grand sacrificateur lui dit qu'il fallait le faire.

*Daniel. 7.* Le grand-prêtre lui fit voir ensuite les endroits de la prophétie de Daniel, où ce prince est désigné sous l'image d'un léopard marqué de taches, et portant sur lui quatre ailes et quatre têtes; rapide dans ses conquêtes, volant plutôt avec la légèreté d'un oiseau de proie, que marchant avec la pesanteur d'une *Daniel. 8.* armée. Dans un autre endroit, le règne de ce prince est montré à Daniel sous le symbole d'un bouc extraordinaire, qui détruira la double puissance des Perses et des Mèdes, sans qu'aucun prince, ou voisin ou allié, se

mette en peine de venir à leur secours. On
conçoit aisément quelle joie et quelle admiration causèrent à Alexandre des prophéties
si claires et si avantageuses. Il accorda aux
Juifs tout ce qu'ils lui demandèrent, confor-
mément à l'ordre qu'il leur avait donné de
déclarer quelle grâce ils souhaitaient de lui.

Au sortir de Jérusalem, Alexandre marcha
vers Gaza, qu'il trouva pourvue d'une bonne
garnison, commandée par Bétis, un des eunuques de Darius. Ce gouverneur, homme
brave et fidèle, la défendit très-bien contre
Alexandre pendant deux mois; mais enfin la
place fut prise d'assaut. Le dépit de se voir
arrêté si long-temps, et deux blessures qu'il
y reçut, le portèrent à traiter le commandant, et tout le reste des habitans et des soldats, avec une cruauté que rien n'est capable d'excuser. Il fit passer dix mille hommes
au fil de l'épée, et fit vendre tous les autres
avec leurs femmes et leurs enfans. Quand on
lui amena Bétis, qui avait été pris en vie dans
le dernier assaut, et couvert de glorieuses
blessures, au lieu de le traiter comme sa valeur et sa fidélité le méritaient, ce jeune prince, qui d'ailleurs estimait la bravoure, même
dans ses ennemis, alors plein d'une joie in-
solente, lui dit : *Tu ne mourras pas, Bétis,
comme tu t'as souhaité. Résous-toi de souffrir tous les tourmens que la vengeance
peut inventer.* Bétis, regardant le roi d'un
visage, non-seulement assuré, mais fier, ne
répondit rien à ses menaces. Le roi, encore
plus outré par ce silence dédaigneux : *Voyez,
je vous prie,* s'écria-t-il, *cette arrogance*

Diod. l. 17.
p. 526.
Arrian. l. 2.
p. 101. 103.
Quint. Curt.
l. 4. c. 6.
Plut. in Alex
p. 679.

*muette ! A-t-il fléchi le genou ? A-t-il dit une parole de soumission ? Je vaincrai ce silence obstiné ; et si je n'en tire pas autre chose, j'en tirerai du moins des gémissemens.* Enfin, sa colère se tourna en rage, ses mœurs commençant à changer avec sa fortune (1). Il lui fit percer les talons, y fit passer une corde, et la faisant attacher à un char, il le fit traîner ainsi autour de la ville, jusqu'à ce qu'il en mourût. Il se vantait d'imiter en cela Achille, dont il était descendu, qui fit la même chose au corps mort d'Hector, autour des murailles de Troie : comme si l'on devait jamais se piquer de suivre un mauvais exemple. Action barbare de côté et d'autre ; mais bien plus encore de la part d'Alexandre, qui fit traîner Bétis tout en vie, et cela pour avoir servi fidèlement et vaillamment son maître, en défendant une place qu'il lui avait confiée.

Après la prise de Gaza, Alexandre tourna ses efforts du côté de l'Egypte. En sept jours de marche, il arriva devant Péluse. La haine que les Egyptiens portaient aux Perses, était si forte, qu'il ne leur importait guère qui serait leur nouveau maître, pourvu qu'ils trouvassent un vengeur qui les délivrât de l'insolence et de l'indignité avec lesquelles eux et leur religion étaient traités sous les Perses. Aussi, dès qu'Alexandre parut sur la frontière, le peuple, tout disposé à le recevoir, accourut en foule lui tendre les bras, et se soumettre à lui. Les gouverneurs des places,

Diod. l. 17.<br>p 226. 219.<br>Arrian. l. 3.<br>p. 104. 110.<br>Plut. in Alex.<br>p. 979 681.<br>Quint. Curt.<br>l. 4. c. 7. 8.<br>Justin. l. 11.<br>c. 11.

(1) Iram deindè vertit in rabiem, jam tum peregrinos ritus novâ subeunte fortunâ. *Quint. Curt.*

voyant

voyant que leur maître n'était pas à portée
de les secourir , et qu'il serait inutile de tenter de se défendre contre une si grande puissance, ouvrirent les portes au vainqueur, lui
mirent entre les mains l'argent et tous les
meubles de leur maître. Ainsi Alexandre, sans
coup férir , et sans trouver aucune opposi-
tion, se vit maître de toute l'Egypte.

A Memphis il fit le projet du voyage au
temple de Jupiter-Ammon. Ce temple était
situé au milieu des déserts sablonneux de la
Libye, à douze journées de Memphis. Cham,
fils de Noé, commença après le déluge , à
peupler l'Egypte et la Libye, et lorsque l'idolâtrie s'introduisit dans le monde quelque
temps après, il fut la grande Divinité de ces
deux pays, où sa postérité était demeurée.
On lui bâtit un temple au milieu de ces déserts , dans un espace d'assez bonne terre
d'environ deux lieues de large , qui faisait
comme une espèce d'île dans une mer de sa-
ble. C'est lui que les Grecs appelaient Ζεύς ,
*Jupiter*, et les Egyptiens *Ammon*. Dans la
suite, on joignit ces deux noms, et on l'appela *Jupiter-Ammon*. Le dessein de ce voyage aussi périlleux qu'insensé , naissait d'une
vanité pitoyable. Alexandre, voyant dans Homère et les autres auteurs fabuleux des anciens, que la plupart de leurs héros étaient
représentés comme fils de quelque Divinité,
et cherchant à passer pour héros, il voulut
aussi avoir un Dieu pour père. Il choisit pour
cela Jupiter-Ammon, et commença par envoyer corrompre les prêtres , et les instruire
du rôle qu'ils devaient jouer. Lorsqu'il fut ar-

Tom. III.                    K

rivé au temple, le plus ancien des prêtres le déclara fils de Jupiter, et l'assura que le Dieu lui-même lui donnait ce nom. Il fit de magnifiques présens au Dieu, et n'oublia pas les prêtres qui l'avaient si bien servi.

Orné de ce titre superbe de fils de Jupiter, et se croyant élevé au-dessus de la nature et de la condition humaines, il revint de son voyage comme en triomphe. Depuis ce temps-là, dans toutes ses lettres, ses ordres, ses décrets, il prenait toujours cette qualité : *Alexandre roi, fils de Jupiter-Ammon.* Sur quoi sa mère Olympias lui fit en peu de mots une remontrance bien spirituelle, en lui mandant qu'il cessât de la brouiller avec Junon. Quelle contradiction dans ce prince! Du vivant de Philippe, il fit une querelle à Attale, pour soutenir qu'il était fils de Philippe, et sauver l'honneur d'Olympias ; aujourd'hui, pour contenter sa folle et ridicule vanité, il méconnaît Philippe, et déshonore gratuitement sa mère.

Au retour du temple de Jupiter-Ammon, il visita la nouvelle ville qu'il faisait bâtir à l'embouchure Canopienne du Nil, vis-à-vis l'île de Pharos. Il appela cette ville de son nom, Alexandrie, et elle devint la capitale du royaume. Son port, qui était des plus commodes, y attira le commerce du Levant et du Couchant, et la rendit en fort peu de temps une des plus florissantes villes du monde.

### ARTICLE VI.

*Alexandre va chercher Darius. Mort de la femme de ce dernier. Alexandre joint Darius. Fameuse bataille d'Arbelles.*

Alexandre, après avoir mis ordre aux affaires de l'Egypte, en partit vers le printemps, pour aller en Orient chercher Darius. Il s'arrêta quelque temps à Tyr, pour régler toutes les affaires du pays. A peine en était-il parti, qu'il fut averti par un eunuque que la femme de Darius venait de mourir. Il retourna sur ses pas, et alla à la tente de Sysigambis, qu'il trouva baignée de larmes et couchée par terre au milieu des jeunes princesses éplorées comme elle. Alexandre les consola avec une bonté et une tendresse qui marquaient assez qu'il était lui-même pénétré d'une vive et sincère douleur. Il fit à la reine des funérailles très-magnifiques, où rien ne fut épargné. Cette triste nouvelle, qu'un des eunuques qui avaient été pris avec les princesses, courut apprendre à Darius, l'affligea au dernier point, surtout parce qu'il croyait sa femme privée des obsèques dues à son rang; l'eunuque le détrompa, en lui rapportant les honneurs qu'Alexandre avait fait rendre à la reine après sa mort, et les bontés qu'il avait toujours eues pour elle pendant sa vie. A ces mots, de cruels soupçons lui vinrent dans l'esprit, et ne lui laissèrent point de repos.

Ayant tiré l'eunuque à part, il lui tint ce discours : « Si tu reconnais encore Darius » pour ton maître et ton roi, dis-moi, par

Diod. l. 7.<br>p. 530. 536.<br>Arrian. l. 3.<br>p. 111. 127.<br>Plut. in Alex.<br>p. 681. 685.<br>Quint. Curt.<br>l. 4 c. 9. 16.<br>Justin. l. 11.<br>c. 12. 14.<br>An. M. 3673.<br>Av. J. C. 331.

» le respect que tu dois à cette grande lu-
» mière du soleil qui nous éclaire, et à cette
» main que le roi te tend; dis-moi si, en pleu-
» rant la mort de Statira, je ne pleure point
» le moindre de ses maux; et si, étant tom-
» bée entre les mains d'un jeune vainqueur,
» la perte de son honneur n'a pas précédé
» celle de sa vie. » Alors l'eunuque se jetant
à ses pieds, le conjure de ne pas faire tort
à la vertu d'Alexandre ; qu'il devait plus tôt
l'admirer de ce qu'il avait donné aux femmes des Perses de plus grandes preuves de sa
continence, qu'il n'en avait donné aux Perses
de sa valeur. Il lui confirma, avec des sermens et des exécrations horribles, ce qu'il
venait de lui déposer, et lui fit le détail de
tout ce qu'on avait connu de la sagesse, de
la tempérance et de la magnanimité d'A-
lexandre.

Alors Darius, rentrant dans la salle où
étaient ses courtisans, et levant les mains au
ciel, fit aux Dieux cette prière : « Dieux, qui
» présidez à la naissance des hommes, et qui
» disposez des rois et des empires, faites-moi
» la grâce qu'après avoir rétabli la fortune
» des Perses, je la transmette à mes descen-
» dans dans le même éclat que je l'ai reçue,
» afin que, vainqueur de mes ennemis, je
» puisse reconnaître les grâces dont Alexan-
» dre m'a prévenu, dans mon malheur, en-
» vers les personnes du monde qui me sont
» les plus chères ; ou si le temps ordonné par
» les destinées est venu, où il faut nécessai-
» rement que, par la colère des Dieux ou
» par la vicissitude des choses humaines, cet

» empire des Perses finisse, faites, grands
» Dieux, qu'il n'y ait que le seul Alexandre
» assis sur le trône de Cyrus. »

Après qu'Alexandre eut rendu les derniers devoirs à la femme de Darius, il se remit en marche, passa l'Euphrate à Thapsaque, et poursuivit sa route vers le Tigre, qu'il passa avec beaucoup de peine, à cause de la profondeur et de la rapidité de ce fleuve. Il aurait pu être taillé en pièces, s'il y eût eu quelqu'un qui eût osé vaincre; c'est-à-dire, qui eût osé apporter la moindre résistance à son passage. Un pareil bonheur avait toujours accompagné ce prince jusque là, soit lorsqu'il traversa le Granique à la vue d'une armée innombrable de gens de pied et de cheval, soit au défilé de Cilicie, où un petit nombre de troupes aurait pu l'arrêter tout court.

On avait surpris, quelque temps auparavant, des lettres de Darius, par lesquelles il sollicitait les soldats grecs à tuer le roi, ou à le trahir. Alexandre fut en doute s'il devait lire ces lettres en pleine assemblée, ne comptant pas moins sur l'affection des Grecs, que sur celle des Macédoniens. Mais Parménion l'en dissuada, en lui représentant qu'il était dangereux de faire naître de telles pensées aux soldats; qu'il n'en fallait qu'un pour faire un mauvais coup, et qu'il n'y avait rien dont l'avarice ne fût capable. Il suivit un si sage conseil, et fit marcher son armée.

Quoique Darius eût déjà demandé deux fois la paix en vain, et qu'il crût n'avoir plus de ressource que dans les armes, cependant, vaincu par tout ce qu'il avait appris de la bonté d'Alexandre à l'égard de sa famille, il lui envoya dix des principaux de ses parens, pour lui proposer de nouvelles conditions de paix encore plus avantageuses que les premières. Alexandre ne voulut entendre à aucun accommodement. « Dites à votre maî- » tre, leur répondit-il, que le monde ne peut » souffrir, ni deux soleils, ni deux maîtres ; » qu'il choisisse, ou de se rendre aujour- » d'hui, ou de combattre demain. » Quel excès de folie, quelle enflure de cœur ! Les ambassadeurs s'en retournèrent, et on se prépara de part et d'autre au combat. Les deux armées étaient bien différentes pour le nombre, et encore plus pour le courage. Celle de Darius était composée au moins de six cent mille hommes de pied et de quarante mille chevaux, l'autre de quarante mille hommes de pied et de sept à huit mille chevaux.

Bataille d'Arbelles.
An M. 3673.
Av. J. C. 331.
Quand les deux armées furent en présence, le combat commença à s'engager par quelques corps de cavalerie qu'Alexandre envoya contre celle des Perses; puis l'infanterie en vint aux mains. D'abord les Perses eurent quelque avantage, prirent le camp des Macédoniens, et s'amusèrent fort mal à propos à le piller. Alexandre, persuadé que la victoire lui restituerait tout, se donna bien de garde d'y envoyer du secours. Il songea à bien combattre et à vaincre. Il enfonça, en effet, l'aile gauche, où était Darius, la mit en fuite, et se mit à la poursuivre vivement. Cependant l'aile gauche, où commandait Parménion, était en grand danger. Mazée, général de la

cavalerie de Darius, étant venu fondre sur Parménion, prit les Macédoniens en flanc, et commençait à les envelopper de toutes parts. Parménion aussitôt fit savoir à Alexandre l'état où il se trouvait. Ce prince était actuellement à la poursuite de Darius, et se croyant tout près de le prendre, faisait une diligence extraordinaire. Il se flattait de terminer absolument la guerre, s'il pouvait se rendre maître de sa personne. Sur cette nouvelle, il tourna tout court pour aller au secours de son aile gauche. Dans sa marche, il rencontra un corps de cavalerie ennemie qui avait pillé le bagage, laquelle faisait sa retraite, non comme vaincue, mais presque comme victorieuse. Le combat fut opiniâtre et plus rude qu'il ne l'avait encore été. Alexandre resta victorieux, mais il y perdit beaucoup de monde.

Cependant, Parménion s'apercevant du découragement de Mazée, causé par la nouvelle qu'il eut de la défaite de Darius, ranime ses troupes, revient à la charge, et met l'ennemi en fuite. Alexandre arriva dans ce moment; et ravi de trouver tout rétabli, il se remit à poursuivre Darius, et Parménion l'accompagna. Il courut jusqu'à Arbelles, où il pensait le trouver avec tout son équipage; mais Darius n'avait fait que passer. Telle fut l'issue de cette fameuse bataille, qui décida de l'empire. Elle se donna au mois d'octo- An. M. 3673. bre, à peu près au même temps que s'était Av. J.C. 331. donnée, deux ans auparavant, celle d'Issus. On l'appelle la bataille d'Arbelles, parce que c'était la ville la plus proche du champ de bataille. Arrien dit que les Perses y perdirent près de trois cent mille hommes, sans compter les prisonniers. La perte ne fut pas extrêmement considérable du côté d'Alexandre.

## ARTICLE VII.

*Alexandre se rend maître d'Arbelles, de Babylone, de Suze, de Persépolis. Il brûle le palais de cette dernière ville dans une partie de débauche.*

*Diod. l. 17. p. 532. 540. Arrian. l 3. p. 127. 133. Plut. in Alex. p. 685. 688. Quint. Curt. l. 5. c. 1. 7. Justin. l. 11. c. 14.*

Le premier soin d'Alexandre après la victoire, fut d'en rendre grâces aux Dieux par des sacrifices magnifiques. Ensuite il récompensa ceux qui s'étaient le plus distingués dans le combat, rendit la liberté aux villes grecques, et abolit toutes les tyrannies. Quelques jours après, il se rendit à Arbelles, qui lui ouvrit ses portes, lui livra tous les trésors et les meubles de la couronne, que Darius y avait laissés. De là, il marcha par les plaines vers Babylone, et, en quatre jours de marche, il arriva à Memnis, où l'on voit, dans une caverne, la fameuse fontaine qui jette le bitume en si grande quantité, qu'on prétend que les murs de Babylone ont été bâtis avec ce ciment. Quand Alexandre fut près de Babylone, Mazée, qui s'y était retiré après la bataille d'Arbelles, se vint rendre à lui, et lui mit la ville entre les mains. Le roi en fut extrêmement aise; car ce n'aurait pas été une petite entreprise que le siège d'une ville de cette conséquence, et si bien pourvue de tout. Il aurait pu être arrêté long-temps devant cette place ; peut-être même qu'il y aurait échoué, et que Babylone serait devenue le tombeau de la gloire qu'il avait acquise jusqu'alors; mais le temps de l'exécution des arrêts du Seigneur contre l'empire des Perses, était arrivé.

Le roi demeura plus long-temps à Babylone, qu'en aucun autre lieu ; et ce séjour fit un tort considérable à la discipline militaire de ses troupes. Ce séjour n'aurait pas été moins funeste à Alexandre, que le fut dans la suite à Annibal celui de Capoue, si, au sortir de Babylone, il eût eu un ennemi en tête. Alexandre marcha ensuite vers Suze, et y arriva vingt jours après son départ de Babylone. Le gouverneur lui livra la place, où il trouva des sommes immenses d'or et d'argent monnoyés et en lingots. Alexandre les distribua à ses troupes; car il faut avouer, à la gloire de ce prince, qu'il savait faire un digne usage des richesses. Il ne les conservait que pour en faire le prix de la valeur et la récompense du mérite.

Le roi laissa à Suze la mère et les enfans de Darius. Ayant reçu de Macédoine quantité d'étoffes de pourpre et de riches vêtemens à la mode du pays, il les donna à Sysigambis, avec les ouvriers qui les avaient faits. Il rendait toutes sortes d'honneurs à cette princesse, et ne l'aimait pas moins tendrement que s'il eût été son fils. Il lui fit dire aussi, que si elle trouvait ces ouvrages à son gré, elle pouvait faire apprendre à ses petites filles à en travailler de pareils pour se divertir, et pour en faire des présens. A ces mots, les larmes qui lui tombèrent des yeux firent assez connaître combien ce présent lui était dé-

sagréable, et ce compliment injurieux ; parce qu'il n'y a rien que les femmes dé Perse tiennent à plus grande honte, que de travailler en laine. Ceux qui portèrent ces présens ayant fait entendre au roi que Sysigambis n'en était pas contente, il se crut obligé de lui en faire des excuses, et de l'aller consoler. Il fut donc la voir, et lui dit : « Ma
» mère (1), cette étoffe dont vous me voyez
» vêtu n'est pas seulement un présent de mes
» sœurs, mais c'est l'ouvrage de leurs mains.
» Par là, jugez, s'il vous plaît, que la coutume de notre pays m'a trompé, et n'im-
» putez point mon ignorance à outrage. Je
» ne pense pas, jusqu'ici, avoir manqué en
» rien de ce que j'ai su être de vos mœurs et
» de vos coutumes. J'ai appris que, parmi
» vous, c'est une espèce de crime à un fils de
» s'asseoir en la présence de sa mère sans sa
» permission. Vous savez comme j'en ai usé,
» et si je l'ai jamais fait que vous ne me l'ayez
» commandé. Toutes les fois que vous avez
» voulu vous prosterner devant moi, vous sa-
» vez encore si je l'ai souffert. Pour dernière
» marque de mon respect, je vous ai tou-
» jours donné le doux nom de mère, qui
» n'appartient qu'à Olympias seule, à qui je
» dois la naissance. »

Ce récit donne lieu à deux réflexions bien naturelles et bien importantes. En premier lieu, nous voyons jusqu'où les Perses portaient le respect envers leurs pères et leurs

______

(1) Mater hanc vestem quâ indutus sum, sororum non solùm donum, sed etiam opus vides. *Q. Curt.*

mères. Un fils, quelque grand et quelque
puissant qu'il fût, n'osait s'asseoir en présence de sa mère sans sa permission expresse. Combien sommes-nous éloignés de telles
mœurs ! En second lieu, on remarque des
traces précieuses de l'heureuse simplicité des
temps anciens, où les dames, même les plus
qualifiées, s'exerçaient à des travaux utiles
et quelquefois pénibles. L'occupation, le travail, les soins domestiques, une vie sérieuse
et retirée, c'est le partage des femmes, et
c'est à quoi la Providence les a destinées.

Alexandre ayant laissé Sysigambis extrêmement satisfaite, arriva sur le bord d'une
rivière appelée Pasi-Tigre, dans la contrée
des Uxiens. Elle est voisine de Suze, et s'é-
tend jusqu'à la frontière de la Perse. Mada-
te, homme zélé et fidèle à Darius, allié de
près à Sysigambis, commandait dans cette
province. Il s'était retiré dans sa ville principale, résolu de se défendre jusqu'à l'extrémité. Cette ville était située sur des rochers
escarpés, et environnée de précipices. Y ayant
été forcé, il se réfugia dans la citadelle, d'où
les assiégés envoyèrent trente députés au roi
pour lui demander grâce. Ce ne fut que par
l'entremise de Sysigambis qu'ils l'obtinrent.
Il ne se contenta pas de pardonner à Mada-
te ; il donna la liberté à tous les prisonniers
et à tous ceux qui s'étaient rendus, les maintint en leurs priviléges, sauva la ville du sac,
et leur laissa labourer leurs terres sans taille
et sans tribut. Qu'eût-elle pu obtenir davantage de son propre fils, s'il eût été victorieux ?

6

Alexandre courut grand risque de périr au pas de Suze ; mais par un effet du bonheur qui le suivait partout, s'étant tiré heureusement du danger qu'il avait couru au passage de ce défilé, il continua sa marche vers Persépolis. Lorsqu'il fut arrivé devant cette ville, il représenta à ses généraux qu'il n'y avait jamais eu de ville plus fatale aux Grecs que Persépolis ; qu'il fallait venger les mânes de leurs ancêtres. Il y entra avec sa phalange, tua, massacra tout ce qui était resté d'habitans ; car la plupart s'étaient retirés, et avaient abandonné la ville. Alexandre y trouva des trésors immenses. Les barbares y avaient amassé, comme en un magasin, toutes les richesses de la Perse, qui montaient à trois cent soixante millions. L'or et l'argent n'y étaient que par monceaux, sans parler des habits, ni des meubles, qui montaient à un prix infini : car c'était là le règne du luxe. Ce prince avait grand soin d'envoyer de magnifiques présens à Olympias sa mère ; mais il ne voulut jamais souffrir, ni qu'elle se mêlât des affaires, ni qu'elle entrât en aucune sorte dans le gouvernement. Il n'opposait aux plaintes qu'elle lui en faisait en termes fort aigres, que la douceur et la patience. Antipater lui ayant écrit un jour une grande lettre contre elle ; après l'avoir lue, il dit : *Antipater ignore qu'une seule larme d'une mère efface dix mille lettres comme celle-là.* Cette conduite fait voir qu'Alexandre était en même temps bon fils et bon politique, et qu'il comprenait parfaitement combien il est dangereux en général d'abandonner l'autorité royale aux femmes, et surtout à une femme du caractère d'Olympias.

Pendant le séjour qu'Alexandre fit à Persépolis, il fit un grand festin à ses amis, où l'on but avec excès. Parmi les femmes qui y furent admises, était la courtisane Thaïs, athénienne, et pour lors maîtresse de Ptolémée, qui dans la suite fut roi d'Egypte. Sur la fin du repas, elle dit d'un ton gai et plaisant « qu'elle aurait une joie infinie si, pour » finir noblement celte fête, elle pouvait » brûler le magnifique palais de Xerxès, qui » avait brûlé Athènes, et le flambeau à la » main, y mettre elle-même le feu en pré- » sence du roi. » Les convives applaudirent à ce discours. Le roi se lève de table, une couronne de fleurs sur la tête, et le flambeau à la main, s'avance pour exécuter ce grand exploit. Toute sa troupe le suit, avec de grands cris, en dansant et en sautant, et environne le palais. Tous les autres Macédoniens, entendant ce bruit, accoururent en foule avec des flambeaux allumés, et y mirent le feu de tous côtés. Alexandre s'en repentit bientôt, et donna ordre qu'on éteignît le feu; mais il n'en était plus temps.

ARTICLE VIII.

*Darius est trahi, chargé de chaînes et couvert de blessures par Bessus. Il expire un moment avant l'arrivée d'Alexandre, qui envoie son corps à Sysigambis.*

Après la prise de Persépolis, Alexandre résolut de poursuivre Darius, qui était déjà ar-

An. M. 3674.
Av. J. C. 330.

*Diod. l.* 17.
*p.* 540 546.
*Arrian. l.* 3.
*p.* 133. 137.
*Plut. in*
*Alex. p.* 639.
*Quint. Curt*
*l.* 5. *c.* 2. 14.
*Justin l.* 11.
*c.* 15.

rivé à Ecbatane, capitale de la Médie. A la première nouvelle qu'il eut qu'Alexandre venait l'y chercher, il en partit. Il restait encore à ce prince fugitif trente mille hommes de pied, entre lesquels il y avait quatre mille Grecs qui lui furent fidèles jusqu'à la fin. Outre cela, il avait plus de trois mille chevaux, presque tous Bactriens, que commandait Bessus, satrape de la Bactriane. Toutes ces troupes étaient disposées à le suivre partout, et à répandre leur sang pour sa défense ; mais Nabarzane et Bessus les corrompirent, et les engagèrent à les favoriser dans l'exécution du plus grand de tous les crimes; c'est-à-dire, dans la résolution qu'ils avaient formée d'arrêter le roi et de l'enchaîner.

Quelque sourdes que fussent les menées de ces deux traîtres, Darius en fut averti; mais il ne put le croire. Patron, qui commandait les Grecs, l'exhorta inutilement à faire dresser sa tente dans son quartier. Darius ne put se résoudre à faire cet affront aux Perses, et lui répondit « qu'il aurait moins de peine à » être trompé qu'à les condamner; qu'il ai- » mait mieux souffrir parmi les siens tout ce » que la fortune lui préparait, que de cher- » cher sa sûreté parmi des étrangers, quel- » que fidèles et bien affectionnés qu'il les » crût; qu'aussi-bien il ne pouvait plus mou- » rir que trop tard, si les soldats qui étaient » de sa nation le jugeaient indigne de vivre.» Il ne fut pas long-temps sans éprouver combien étaient vrais les avis qu'on lui avait donnés; les traîtres le saisirent, le lièrent avec des chaînes d'or, comme pour faire honneur

à sa qualité de roi, et prirent le chemin de
la Bactriane, le conduisant dans un chariot
couvert.

Alexandre apprit bientôt que Darius avait
été arrêté par les traîtres. Ce fut pour lui une
nouvelle raison pour hâter sa marche. Il joignit bientôt les traîtres, qui n'eurent pas autant de résolution pour le combat que pour
le parricide. Au bruit de son arrivée, ils prirent l'épouvante et s'enfuirent. Les parricides exhortant Darius à monter à cheval, et
à se sauver des mains de son ennemi, il leur
répondit que les Dieux étaient prêts à le venger; et implorant la justice d'Alexandre, il
refusa de suivre ces parricides. Ils entrèrent
alors dans une telle fureur, que lançant leurs
dards contre lui, ils le laissèrent tout couvert de blessures, et s'enfuirent par divers
endroits pour tromper l'ennemi. On trouva
Darius par hasard dans un lieu écarté, couché sur son char, et touchant à sa fin. Il
chargea Polystrate, macédonien, de dire à
Alexandre « qu'il lui rendait mille grâces de
» tant de bontés qu'il avait eues pour sa mè-
» re, pour sa femme et pour ses enfans; qu'il
» priait les Dieux de rendre ses armes victo-
» rieuses, et de le faire monarque de l'uni-
» vers; qu'il ne croyait pas avoir besoin de
» lui recommander qu'il vengeât l'exécrable
» parricide commis sur sa personne, parce
» que c'était la cause commune des rois. Puis
» reprenant la main de Polystrate : Touche-
» lui pour moi dans la main, lui dit-il, com-
» me je touche dans la tienne, et porte-lui
» de ma part ce seul gage que je puisse lui

» donner de mon affection et de ma recon
» naissance. En finissant ces mots il expira.
» Alexandre arriva auprès de lui dans ce mo-
» ment. »

Alexandre voyant le corps de Darius, pleura amèrement, et, par les marques de la douleur la plus sensible, fit voir combien il était
touché de l'infortune de ce prince, qui méritait un meilleur sort. Il détacha sa cotte
d'armes, la jeta sur le corps de Darius, et
l'ayant fait embaumer, et orner son cercueil
avec une magnificence royale, il l'envoya à
Sysigambis pour le faire ensevelir à la façon
des rois de Perse, et le mettre dans le tombeau de ses ancêtres.

An. M. 3674.
Av. J.C. 330.
Ainsi mourut Darius, la troisième année
de l'olympiade CXII, après avoir vécu près
de cinquante ans, et en avoir régné six;
prince d'un caractère doux et pacifique, dont
le règne avait été sans violence et sans cruauté. Avec lui périt l'empire des Perses, qui
avait duré deux cent six ans, depuis le commencement du règne du grand Cyrus son
fondateur, sous treize rois, savoir : Cyrus,
Cambyse, Smerdis le mage, Darius, fils
d'Hystaspe, Xerxès I, Artaxerxe *longue-
main*, Xerxès II, Sogdien, Darius Nothus,
Artaxerxe Memnon, Artaxerxe Ochus, Arsès, Darius Codoman.

### ARTICLE IX.

#### *Vices qui ont causé la décadence et enfin la ruine de l'empire des Perses.*

La mort de Darius Codoman peut bien être regardée comme l'époque, mais non comme la cause unique de la destruction de la monarchie persane. Quand on jette une vue générale sur l'histoire de cet empire, il est aisé de reconnaître que cette décadence était préparée de loin, et qu'elle fut conduite à sa fin par des degrés marqués, qui annonçaient une ruine totale.

Après que les Perses eurent tout dompté et soumis à leurs armes victorieuses, leur vertu se trouva aux prises avec un genre d'ennemi qui triomphe d'autant plus sûrement, qu'il sait rendre son joug doux et aimable, je veux dire la volupté. Babylone conquise voulut se venger de ses conquérans, et triompher d'eux à son tour. Elle les enivra de sa coupe empoisonnée, et les enchanta par les charmes de ses voluptés. Elle leur fournit les ministres et les instrumens propres à favoriser le luxe et à entretenir les délices avec art et délicatesse ; de sorte que, dans peu de temps, elle triompha de la tempérance, de la sobriété et de la vertu des Perses.

Cyrus, comme je l'ai déjà observé ailleurs, y donna occasion sans en prévoir les suites. Ce prince, par la fête superbe qu'il donna après avoir terminé ses conquêtes, et dans laquelle il se montra au milieu de ses troupes avec la pompe la plus capable d'éblouir, commença à leur inspirer de l'admiration pour le faste qu'elles avaient jusque là méprisé. Il leur fit comprendre que la magnificence et les richesses étaient dignes de couronner les plus glorieux exploits, et qu'elles en étaient le terme et le fruit. Ainsi, il les autorisa, par son exemple, à s'y livrer sans retenue.



La mauvaise éducation qu'on substitua à cette éducation forte et sévère de la jeunesse persane, n'est pas une des causes qui ait le moins influé dans la ruine de l'empire persan. A peine Cyrus eut-il disparu, qu'il ne resta plus la moindre trace de cette ancienne éducation. Une jeunesse élevée dans l'éclat et dans la mollesse, qu'elle voyait en honneur, se dégoûta aussitôt de l'heureuse simplicité de ses pères, et forma, dans l'espace d'une génération, une race toute nouvelle, avec des mœurs, des inclinations et des maximes toutes contraires aux anciennes. Ils devinrent hauts, vains, mous, inhumains, perfides et traîtres ; et eurent pour caractère particulier, d'être, de tous les peuples, les plus livrés au luxe, à la somptuosité, à la bonne chère et à l'ivrognerie même ; de sorte qu'on peut dire que l'empire des Perses a été presque dès sa naissance ce que les autres empires ne sont devenus que par la succession des années, et qu'il a commencé par où les autres finissent.



La hauteur des princes d'un côté, et de l'autre le bas asservissement des peuples, furent, selon Platon, la principale cause de la ruine de l'empire des Perses. Cette hauteur éteint dans le prince toute affection et toute humanité ; et cet asservissement ne laisse aux peuples, ni courage, ni zèle, ni reconnaissance. Que pouvait-on attendre de grand et de noble d'hommes abattus et domptés par l'accoutumance au joug, comme étaient les Perses, et réduits à une basse servitude, qui est, pour me servir des termes de Longin, une espèce de prison où l'ame décroît et se rapetisse en quelque sorte ? J'ai peine à le dire, mais je ne sais si Cyrus ne contribua pas aussi lui-même à introduire parmi les Perses, et ce fol orgueil des rois, et cette servile flatterie des peuples, que Sénèque appelle avec raison *persicam servitutem*. Ce fut dans cette pompeuse cérémonie dont je viens de parler, que les Perses, jusque là très-jaloux de leur liberté, et très-éloignés de la vouloir prostituer honteusement par des démarches basses et rampantes, courbèrent le genou devant le prince pour la première fois, et s'abaissèrent pour l'adorer, imitant ceux que Cyrus avait apostés exprès pour en donner l'exemple.

A ces causes, on peut ajouter la négligence de la discipline militaire, et le mauvais choix qu'on faisait des officiers généraux. On prenait pour remplir ces places, non ceux qui avaient de l'expérience et des talens, mais les plus considérables de chaque nation, qui n'avaient souvent d'autre mérite que celui de la naissance, et de surpasser les autres en mollesse, en luxe, en somptuosité de leurs tables et en magnificence de leurs équipages. L'autorité royale confiée à des femmes, à de vils eunuques et à des courtisans flatteurs, *fiéc à des gens indignes.* occupés à écarter tout vrai mérite qui leur faisait ombrage, et à faire tomber les récompenses des services sur leurs créatures, contribua beaucoup aussi à accélérer la ruine de l'Etat, et, plus que tout ce que nous venons de dire, *La mauvaise éducation des princes.* la mauvaise éducation des princes.

Jamais personne ne dut mieux comprendre que Cyrus de quelle importance est la bonne éducation pour un jeune prince. Il en avait connu par lui-même tout le prix, et senti tout l'avantage. Croirait-on qu'un tel prince eût été capable de négliger absolument l'éducation de ses enfans ? C'est pourtant ce qui arriva à Cyrus. Oubliant qu'il était père, et ne s'occupant que de ses conquêtes, il abandonna entièrement ce soin aux femmes, c'est-à-dire, à des princesses livrées au luxe et à la mollesse. Ses successeurs ne furent pas meilleurs pères, et ne prirent pas plus de soin de l'éducation des princes leurs enfans.

Dans cette école on allait au-devant de tous leurs désirs. La grande maxime était de ne les jamais contrister en rien, de ne les jamais contredire, de n'employer à leur égard, ni remontrances, ni réprimandes. On ne prenait pas soin de les instruire de leurs devoirs, des maximes d'un bon et sage gouvernement, et des principes nécessaires pour juger du solide mérite, et pour discerner les hommes capables de gouverner sous eux. On leur laissait ignorer que le souverain pouvoir ne leur était confié que pour protéger leurs sujets et pour les rendre heureux. Une si mauvaise éducation eut tout le succès qu'on en devait attendre. Les princes sortaient de cette école entêtés d'eux-mêmes, pleins de vanité et de hauteur, livrés aux excès les plus honteux de la crapule et de la débauche, inhumains, barbares, jusqu'à faire égorger leurs frères et leurs sœurs.

Il ne faut pas s'étonner si de tels princes n'étaient pas aimés de leurs sujets, puisqu'ils n'aimaient que leur propre grandeur, et étaient accoutumés à y sacrifier tout le reste. Cette puissance énorme, accompagnée de tant de faste et de hauteur, n'avait aucune ressource dans le cœur des peuples. Au premier coup qu'on porta à ce colosse, il fut renversé.

ARTICLE X.

*Révolte des Lacédémoniens. Antipater les défait dans une bataille. Prétendue conspiration de Philotas contre le roi. Il est mis à mort, aussi-bien que Parménion son père. Alexandre poursuit Bessus. On le lui amène lié, garrotté et nu.*

Pendant que ces choses se passaient en Asie, il y eut quelques mouvemens dans la Grèce et dans la Macédoine. Les Lacédémoniens voyant Antipater occupé à apaiser dans la Thrace une révolte que Memnon y avait excitée ; crurent que c'était une occasion favorable pour secouer le joug de la Macédoine, et attirèrent dans leur parti presque tout le Péloponnèse. Sur cette nouvelle, Antipater, après avoir accommodé les affaires de la Thrace, revint à la hâte en Grèce, et

An. M. 3674.<br>Av. J. C. 330.<br>Diod. l. 37.<br>p. 537.<br>Quint. Curt.<br>l. 6. c. 1.

marcha à l'ennemi. Dès qu'il l'eut atteint, il résolut de combattre. La mêlée fut extrêmement rude, chacun faisant des efforts extraordinaires de bravoure pour soutenir l'honneur de sa nation. Enfin, après une longue résistance, les Lacédémoniens, dont l'armée était moins forte de moitié, commencèrent à plier, puis lâchèrent le pied, et prirent enfin tout à-fait la fuite. Agis, roi de Lacédémone, s'y fit remarquer par son courage ; et, quoique couvert de blessures et accablé par le nombre, il se montra toujours intrépide et invincible jusqu'à la fin, et mourut les armes à la main. Antipater manda aussitôt la nouvelle de cette victoire à Alexandre. Ce prince, qui regardait la gloire d'autrui comme une diminution de la sienne, ne put apprendre cette nouvelle sans laisser échapper quelques mots qui témoignaient sa jalousie (1). Quelle basse délicatesse !

*Quint. Curt.*
*l. 6. c. 2. 4.*
    La mort de Darius n'empêcha pas Alexandre de poursuivre Bessus, qui s'était retiré dans la Bactriane, où il avait pris le titre de roi, et le nom d'Artaxerxe. Mais, voyant qu'il n'était pas possible de l'atteindre, il retourna dans le pays des Parthes, qu'il soumit. Après cela, il subjugua l'Hyrcanie, les Mardes, les Arriens, les Drangiens et plusieurs autres peuples, où ses armes victorieuses passaient avec plus de rapidité que d'ordinaire on ne voyage. C'était l'idée qu'avait donnée de ce prince, plusieurs siècles auparavant, le prophète Daniel, en le représen-

____________

(1) *Suæ demptum gloriæ existimans, quidquid cessisset alienæ. Quint. Curt.*

tant sous l'image d'une panthère, d'un léopard, d'un bouc, qui s'élançait avec une si grande vitesse, que ses pieds semblaient ne pas toucher la terre (1).

Alexandre se livra dans la suite tout entier à ses passions, changeant en orgueil et en débauche la modération et la continence qui l'avaient fait admirer jusque là ; vertus bien nécessaires dans une grande fortune. Il n'était plus le même. Invincible aux dangers et aux fatigues de la guerre, il ne le fut point à la douceur du repos. Dès qu'il eut un peu de relâche, il s'abandonna aux voluptés ; et celui que les armes des Perses n'avaient pu vaincre, fut vaincu par leurs vices. Ce n'étaient plus que jeux, que parties de plaisir, que femmes, que festins désordonnés, où il passait les jours et les nuits à boire. Ne se contentant pas des troupes de bateleurs et de joueurs d'instrumens qu'il avait fait venir de Grèce, il faisait chanter à des femmes captives, qu'il avait à sa suite, des chansons à leur mode. Dans la troupe de ces femmes, il en vit une plus triste que les autres, et qui, par une modeste honte, accompagnée de dignité, témoignait plus de répugnance à se laisser produire en public. Elle était d'une grande beauté, à laquelle sa pudeur ajoutait de nouvelles grâces. Le roi se douta bien, à son air, qu'elle n'était pas d'une naissance

(1) Ce serait ici le lieu de parler de la visite que Thalestris, reine des Amazones, rendit à Alexandre ; mais comme ce trait paraît fabuleux à des auteurs fort sensés, aussi-bien que toute l'histoire des Amazones, je n'en dis rien.

commune; et s'en étant informé d'elle-même, elle répondit qu'elle était la petite-fille d'Ochus, peu auparavant roi de Perse, et fille de son fils; qu'elle avait épousé Hystaspe, parent de Darius, et général d'une grande armée. Alexandre touché du sort d'une princesse issue du sang royal, et réduite à un si triste état, la mit en liberté, la rétablit dans tous ses biens, et fit chercher son mari pour la lui rendre.

Ce prince avait naturellement un fonds de bonté et d'humanité, qui le faisait compatir aux maux des personnes même de la plus basse condition. Un jour, un pauvre Macédonien conduisait devant lui un mulet chargé d'or pour le roi; le mulet était si las, qu'il ne pouvait ni marcher ni se soutenir; le muletier prenant la charge, la porta avec beaucoup de peine un assez long espace de chemin. Le roi le voyant accablé sous le poids, et prêt à jeter le fardeau à terre pour se soulager: *Ne te lasse pas encore, mon ami, lui dit-il, tâche de fournir le reste du chemin, et de porter cette charge dans ta tente, car je te la donne.*

Dans une marche forcée que fit Alexandre au travers de lieux arides, avec un petit corps de cavalerie, pour atteindre Darius, il rencontra des Macédoniens qui portaient sur des mulets de l'eau dans des peaux de chèvres. Ces Macédoniens, ayant vu ce prince demi-mort de la chaleur extrême et de la soif ardente qui le consumaient ( c'était vers l'heure de midi ), remplirent promptement un casque d'eau, et coururent la lui présenter.

Alexandre

*Plut. in Alex. p. 687.*

*Ibid.*

Alexandre s'informa d'abord à qui ils portaient cette eau, ils répondirent : *Nous la portons à nos enfans ; mais ne vous inquiétez point, seigneur ; pourvu que vous viviez, nous en aurons assez d'autres, si nous perdons ceux-ci.* A ces mots, Alexandre prend le casque, et regardant tout autour de lui, il voit tous ses cavaliers, qui, la tête penchée et les yeux avidement attachés sur cette boisson, la dévoraient par leurs regards. Il la rend à ceux qui la lui avaient présentée, en les remerciant, et sans en boire une goutte. *Il n'y en a pas assez pour toute ma troupe,* dit-il ; *et si je buvais seul, les autres en seraient encore plus altérés, et mourraient de langueur et de défaillance.* Ses cavaliers, touchés jusqu'au vif d'une magnanimité et d'une tempérance si admirables, lui crièrent de les mener partout où il voudrait, sans les ménager ; qu'ils n'étaient plus las, qu'ils n'avaient plus soif, et qu'ils ne se croyaient plus des hommes mortels, pendant qu'ils auraient un tel roi.

Si Alexandre avait toujours conservé de pareils sentimens, qui font plus d'honneur à un prince que les plus célèbres conquêtes, il aurait véritablement mérité le nom de grand. Une prospérité trop éclatante l'en dépouilla peu à peu, et lui fit oublier qu'il était homme. Plein d'un mépris dédaigneux pour les coutumes de son pays, comme si elles n'eussent plus convenu au maître du monde, il quitta l'habillement, les mœurs et la manière de vivre des rois de Macédoine, où il trouvait trop de simplicité. Il alla jusqu'à af-

fecter le faste et l'orgueil des rois des Perses,
exigeant que les vainqueurs des nations se
prosternassent à ses pieds. Non content d'a-
voir pris lui-même la robe persane, il obligeait ses amis, ses capitaines et tous les grands
de sa cour à l'imiter ; ce qui leur causait une
douleur sensible, et fit beaucoup murmurer
les vieux soldats de Philippe, qui détestaient
tout haut une telle conduite. Ils disaient,
« qu'on avait plus perdu que gagné ; que c'é-
» taient les Macédoniens en effet qu'on pou-
» vait dire vaincus ; qu'Alexandre avait honte
» d'eux et les dédaignait ; qu'il aimait mieux
» ressembler aux vaincus qu'aux victorieux ;
» et que de roi de Macédoine, il était devenu
» satrape de Darius. » Le roi n'ignorait point
le mécontentement de sa cour et de son armée ; il crut que le remède le plus sûr pour
faire cesser ces murmures, était de les occu-
per, et pour cela, il les mena contre Bessus.

   Quand le roi fut arrivé dans le pays des
Drances, un nouveau genre de danger lui
causa beaucoup d'inquiétude et d'alarme ;
c'était le bruit d'une conspiration contre sa
personne. Un certain Dymnus, peu considéré à la cour, en avait formé le dessein,
pour quelque mécontentement particulier. Il
en avait fait part à un jeune homme appelé
Nicomachus, qui s'en ouvrit à Cébalinus son
frère. Celui-ci le déclara aussitôt à Philotas,
et le pria instamment d'en donner avis au
roi, parce que dans trois jours ce criminel
dessein devait être mis à exécution. Philotas
loua sa fidélité ; et promit d'en parler au roi ;
mais il ne lui en parla pas, parce qu'il ne

le voulait pas alarmer sur un avis qui lui paraissait sans fondement. Cébalinus le conjura plusieurs fois de faire part au roi de ce qu'il avait communiqué. Philotas lui promettait toujours de n'y pas manquer; mais enfin, Cébalinus voyant que Philotas n'en communiquait rien au roi, commença à se défier de lui, et prit une autre voie pour le faire savoir au roi. Le roi ayant appris de la bouche même de Cébalinus tout ce qui s'était passé, et les instances réitérées qu'il avait faites à Philotas, commença par ordonner qu'on lui amenât Dymnus, qui, se doutant bien pourquoi le roi le mandait, se passa son épée au travers du corps.

Le roi fit ensuite venir Philotas, et lui parla seul à seul, et sans témoins. Philotas, sans faire paraître de trouble, lui avoua ingénument ce qui en était; mais s'excusa sur l'auteur de l'avis qui lui avait paru peu digne de créance. Il se jeta à ses pieds, embrassa ses genoux, et le supplia d'avoir plus d'égard à sa vie passée qu'à la faute qu'il venait de commettre, non par aucune mauvaise volonté, mais dans la crainte de troubler mal à propos le repos du roi. Alexandre parut lui pardonner, et lui donna la main en signe de réconciliation, et lui dit qu'il voulait bien croire qu'il avait plutôt méprisé l'avis qu'il ne l'avait celé.

Philotas avait beaucoup d'envieux et d'ennemis à la cour. Sa hauteur et sa fierté naturelles, que la familiarité et le crédit qu'il avait auprès du roi augmentaient de plus en plus, le faisaient haïr de tout le monde. Parménion son père, choqué de ses airs de hauteur, lui dit un jour : *Mon fils, fais-toi plus petit.* De plus, la liberté qu'il prenait de parler peu respectueusement du prince, et fièrement de lui-même, avait indisposé de loin le roi à son sujet ; de sorte que tout cela fut la véritable cause de sa perte, et sa prétendue conjuration ne fut que le prétexte dont on se servit pour le faire périr. En effet, Alexandre ayant tenu conseil avec ses principaux confidens, tous ennemis de Philotas, il fut résolu qu'on le mettrait à la question pour s'assurer du fait, et pour connaître les complices. Pendant la nuit on entra chez Philotas qui dormait d'un profond sommeil. S'étant éveillé en sursaut, comme on lui mettait les fers aux mains, il s'écria : *Ah ! seigneur, la rage de mes ennemis a prévalu sur votre bonté !* Après quoi on lui couvrit le visage, et on l'emmena au palais, sans qu'il dît un seul mot.

Le lendemain, le roi parut dans l'assemblée, la douleur peinte sur le front. Il tint long-temps les yeux baissés contre terre, comme tout interdit. Enfin, ayant repris ses esprits, il parla de la sorte : « Peu s'en est » fallu, soldats, que je ne vous aie été ravi » par la trahison d'un petit nombre de scé- » lérats ; mais me voici encore plein de vie » par la providence et la miséricorde des » Dieux ; et je proteste que rien ne m'anime » davantage à la poursuite des parricides, » que la vue de cette assemblée, dont l'in- » térêt m'est plus cher que ma propre con- » servation ; car je ne souhaite de vivre que

» pour vous ; et le plus doux fruit de ma vie,
» pour ne pas dire l'unique, est la satisfac-
» tion que j'aurais de pouvoir reconnaître les
» services de tant de braves hommes à qui
» je dois tout. » A ces mots, il fut interrompu
par les cris et les gémissemens des soldats,
qui se mirent tous à pleurer. « Hé ! que se-
» ra-ce donc, poursuivit-il, quand je vous
» aurai nommé les auteurs d'un si exécra-
» ble attentat ? Je n'y puis penser sans fré-
» mir. Ceux que j'avais le plus comblés de
» mes bienfaits, à qui j'avais le plus témoigné
» d'amitié, en qui j'avais mis toute ma con-
» fiance, et qui étaient les dépositaires de
» mes secrets les plus intimes, Parménion et
» Philotas. » A ces mots, tous les soldats se regardaient l'un l'autre, n'osant s'en rapporter
au témoignage de leurs yeux et de leurs oreilles, ni croire ce qu'ils voyaient et ce qu'ils
entendaient. On fit venir Nicomachus, Mé-
tron et Cébalinus, qui déposèrent tout ce
qu'ils savaient. Pas un d'eux ne chargeait
Philotas d'avoir part à la conjuration. L'assemblée, dans un trouble et dans un sai-
sissement qu'il est plus facile de concevoir
que d'exprimer, gardait un triste et morne silence.

On amena Philotas, qui avait les mains
liées derrière le dos, et la tête couverte
d'un méchant linge tout usé. Quel spectacle !
Le roi lui dit que les Macédoniens seraient
ses juges, et il se retira. Il ne fut pas difficile
à Philotas de se justifier. Aucun des témoins
et de ceux qui furent mis à la question n'a-
vait déposé contre lui. Dymnus, auteur de

la conjuration, ne l'avait nommé à aucun
des conjurés. Si Philotas se fût senti coupable, est-il vraisemblable qu'il fût demeuré
tranquille deux jours entiers, sans prendre
aucune mesure, ou pour se défaire de Cébalinus, qui cherchait avec empressement à
faire donner avis au roi de la conjuration,
ou pour mettre à exécution son projet, ce
qui lui eût été très-facile ? Philotas mit toutes ces preuves, et beaucoup d'autres, dans
tout leur jour, et n'oublia pas les raisons qui
lui avaient fait mépriser l'avis qu'on lui en
avait donné, comme imaginaire et sans fondement. Puis tournant tout d'un coup son
discours vers Alexandre, comme s'il eût été
présent : « Seigneur, dit-il, quelque part que
» vous soyez, si j'ai failli en ne vous commu-
» niquant pas l'avis que j'avais reçu, je vous
» ai confessé ma faute, et vous me l'avez
» pardonnée; vous m'avez donné votre main
» royale pour gage, et vous m'avez fait l'hon-
» neur de m'admettre à votre table : si vous
» m'avez cru, je suis innocent; si vous m'a-
» vez pardonné, j'ai ma grâce. Je m'en tiens
» à votre jugement. Quel nouveau crime ai-
» je commis depuis ? Je dormais d'un pro-
» fond sommeil, quand mes ennemis m'ont
» éveillé en me chargeant de chaînes. Est-ce
» là l'état d'un homme qui se sent coupable
» du plus horrible des crimes? Ma conscience
» et votre parole, seigneur, me procuraient
» cette tranquillité. Ne souffrez pas que l'en-
» vie de mes ennemis l'emporte sur votre
» clémence et sur votre justice. »

Le résultat de l'assemblée fut que Philotas

serait mis à la question. C'étaient ses ennemis les plus déclarés qui y présidaient. Il n'y
eut sorte de torture qu'on ne lui fît souffrir.
Il montra d'abord beaucoup de constance et
de fermeté ; mais enfin, vaincu par la douleur, il s'avoua coupable, nomma plusieurs
complices, et chargea même son père. Le
lendemain on fit lecture des réponses de Philotas en pleine assemblée, lui présent. Il fut
condamné tout d'une voix, et aussitôt après
assommé à coups de pierres, avec quelques
autres conjurés.

La condamnation de Philotas entraîna celle de Parménion, soit que le roi le jugeât
effectivement coupable, soit qu'il crût avoir
tout à craindre de sa part après la mort de
son fils. Polydamas fut chargé de cette exécution. Il partit pour la Médie où Parménion commandait, et y arriva en onze jours.
Il alla descendre de nuit chez Cléandre, lieu-
tenant du roi dans la province, pour qui
Alexandre l'avait chargé de plusieurs lettres.
Toutes les mesures nécessaires étant prises,
ils allèrent ensemble le lendemain, bien accompagnés, trouver Parménion qui se pro-
menait alors dans son parc. Du plus loin que
Polydamas l'aperçut, il courut l'embrasser.
Les complimens faits de part et d'autre, mê-
lés de beaucoup de caresses, il lui donna une
lettre d'Alexandre, et une seconde écrite au
nom de Philotas, et scellée de son sceau,
pour ne donner aucun soupçon à ce misérable père. Dans le moment qu'il lisait cette
dernière, Cléandre lui plonge le poignard
dans le flanc, puis lui porte un autre coup à

la gorge, et les autres lui donnent plusieurs coups après sa mort.

Ainsi finit ce grand homme, illustre dans la paix comme dans la guerre, qui avait fait plusieurs belles actions sans le roi; au lieu que le roi n'avait jamais rien fait de grand sans lui. Il était pour lors âgé de soixante et dix ans, et avait jusque là servi le prince avec un zèle et une fidélité inviolables, dont il fut mal payé, son fils et lui ayant été mis à mort sur un simple soupçon assez léger, et destitué de toute preuve réelle, qui fit néanmoins oublier, en un moment, tous les grands services qu'ils avaient rendus l'un et l'autre à leur patrie.

*Arrian. l. 3. p. 143. 148. Quint. Curt. l. 7. c. 3. 5. Diod. l. 17. p. 552. 554. An. M. 3675. Av. J.C. 329.*

Alexandre sentit bien que ces cruelles exécutions pouvaient aliéner de lui les esprits, et le connut clairement par des lettres que ses soldats écrivaient en Macédoine, et qu'il intercepta. Pour éviter les suites de ce secret mécontentement, Alexandre se mit en marche, et continua de poursuivre Bessus. Cependant Spitamène, qui était le grand confident de Bessus, forma contre lui une conspiration. S'étant saisi de sa personne, il le charge de chaînes, le fait monter sur un cheval et l'amène à Alexandre, lié, garrotté, et tout nu. En le présentant au roi, il lui dit : « Enfin, je vous ai vengé, vous et Darius, » mes rois et mes maîtres. Je vous amène ce » scélérat, qui a assassiné son seigneur, et » qui est traité maintenant selon l'exemple » qu'il en a lui-même donné. Hélas! que Da- » rius ne peut-il être témoin d'un tel spec- » tacle ? » Alexandre, après avoir loué Spi-

tamène , se tournant vers Bessus , lui dit :
» Quelle rage de tigre s'est emparée de ton
» cœur , pour avoir osé charger de chaînes ,
» puis égorger ton roi et ton bienfaiteur ?
» Retire-toi de devant mes yeux , monstre
» de perfidie et de cruauté ! » Il n'en dit pas
davantage ; mais ayant fait venir Oxatre, frère de Darius , il lui remit Bessus entre les
mains , pour lui faire essuyer toute l'igno-
minie qu'il méritait ; différant néanmoins
son supplice , dans la vue de le faire juger
dans l'assemblée générale des Perses.

### ARTICLE XI.

*Siége et prise de Cyropolis. Ambassade
des Scythes. Alexandre remporte une
victoire contre les Scythes , et les traite
favorablement. Il envoie Bessus à Ecbatane pour y être puni.*

Alexandre , insatiable de victoires et de
conquêtes, allait toujours en avant, cherchant
de nouveaux peuples qu'il pût dompter; mais
il fut retardé par la révolte des Sogdiens et
de la Bactriane, que Spitamène avait fait
soulever. Le roi, outré de cette perfidie, songea à en tirer vengeance d'une manière éclatante. Il alla en personne former le siége de
Cyropolis, dernière ville de l'empire des Perses , bâtie par Cyrus, dont elle portait le
nom. Alexandre, qui avait résolu d'épargner
cette ville en mémoire de Cyrus, fit offrir
des conditions très-favorables aux assiégés ,
qu'une opiniâtreté aveugle leur fit rejeter ,
même avec hauteur et insolence. Ayant pris
la ville , il l'abandonna au pillage et la rasa

*Arrian. l. ·.
p. 148. 149.
et l. 4. p. 159
160.
Quint Curt.
l. 7. c. 6. 11.*

jusqu'aux fondemens. Ensuite il vint camper sur l'Iaxarte, où il bâtit une ville de soixante stades de tour, qu'il nomma Alexandrie.

Les Scythes, qui sont au delà de l'Iaxarte, alarmés de la nouvelle ville qu'Alexandre venait de bâtir sur ce fleuve, lui députèrent une célèbre ambassade pour lui en faire leurs plaintes. Le roi les ayant fait entrer dans sa tente, les pria de s'asseoir, et ils furent long-temps à le regarder fixement sans dire mot, surpris apparemment de ce que la mine et la taille du roi ne répondaient pas à sa grande renommée. Le plus ancien de la troupe porta la parole. Le discours que Quinte-Curce lui met dans la bouche est un peu long, mais fort curieux. J'en rapporterai une partie.

« Si les Dieux t'avaient donné un corps
» proportionné à ton ambition, tout l'univers
» serait trop petit pour toi. D'une main tu
» toucherais l'orient, et de l'autre l'occident;
» et non content de cela, tu voudrais suivre
» le soleil, et savoir où il se couche. Tel que
» tu es, tu ne laisses pas d'aspirer où tu ne
» saurais atteindre. De l'Europe tu passes dans
» l'Asie ; et quand tu auras subjugué tout le
» genre humain, tu feras la guerre aux riviè-
» res , aux forêts et aux bêtes sauvages. Ne
» sais-tu pas que les grands arbres sont long-
» temps à croître, et qu'il ne faut qu'une
» heure pour les arracher; que le lion sert
» quelquefois de pâture aux plus petits oi-
» seaux ; que le fer, malgré sa dureté, est
» consumé par la rouille : qu'enfin , il n'est
» rien de si fort que les choses les plus fai-
» bles ne pussent détruire ?

» Qu'avons-nous à démêler avec toi? Jamais
» nous n'avons mis le pied dans ton pays.
» N'est-il pas permis à ceux qui vivent dans
» les bois d'ignorer qui tu es, et d'où tu viens?
» Nous ne voulons ni obéir ni commander à
» personne. Et afin que tu saches quelles
» gens ce sont que les Scythes, nous avons
» reçu du Ciel, comme un magnifique pré-
» sent, un soc de charrue, une flèche, un
» javelot, et une épée; c'est de quoi nous
» nous servons, et avec nos amis et contre
» nos ennemis. A nos amis, nous leur don-
» nons du blé provenu du travail de nos
» bœufs, et avec eux nous offrons du vin aux
» Dieux dans la coupe; et pour nos ennemis,
» nous les combattons de loin à coups de
» flèches, et de près avec le javelot. C'est
» avec quoi nous avons autrefois dompté les
» peuples les plus belliqueux, vaincu les rois
» les plus puissans, ravagé toute l'Asie, et
» nous nous sommes ouvert le chemin jus-
» que dans l'Egypte.

» Mais toi, qui te vantes de venir pour ex-
» terminer les voleurs, tu es toi-même le
» plus grand voleur de la terre. Tu as pillé
» et saccagé toutes les nations que tu as vain-
» cues. Tu as pris la Lydie, envahi la Syrie,
» la Perse, la Bactriane; tu songes à péné-
» trer jusqu'aux Indes, et tu viens ici pour
» nous enlever nos troupeaux. Tout ce que
» tu as ne sert qu'à te faire désirer ce que
» tu n'as pas. Ne vois-tu pas combien il y a
» que les Bactriens t'arrêtent? Pendant que
» tu domptes ceux-ci, les Sogdiens se révol-

» tent, et la victoire n'est pour toi qu'une se-
» mence de guerre.

» Passe seulement l'Iaxarte , et tu verras
» l'étendue de nos plaines. Tu as beau sui-
» vre les Scythes, je te défie de les atteindre.
» Notre pauvreté sera toujours plus agile que
» ton armée , chargée des dépouilles de tant
» de nations ; et quand tu nous croiras bien
» loin, tu nous verras tout d'un coup tomber
» sur ton camp ; car c'est avec la même vi-
» tesse que nous poursuivons et que nous
» fuyons nos ennemis. J'apprends que les
» Grecs font passer en proverbe et en rail-
» lerie les solitudes des Scythes. Oui , nous
» aimons mieux nos déserts que vos gran-
» des villes et vos fertiles campagnes. Crois-
» moi, la fortune est glissante; tiens-la bien ,
» de peur qu'elle ne t'échappe. Mets un frein
» à ton bonheur, si tu veux en demeurer
» maître.

» Si tu es un Dieu, tu dois faire du bien
» aux mortels, et non pas leur ravir ce qu'ils
» ont ; si tu n'es qu'un homme, songe tou-
» jours à ce que tu es. Au reste, ne pense
» pas que les Scythes, pour contracter une
» alliance, fassent aucun serment. Ils n'ont
» point d'autre serment que de garder la foi
» sans la jurer : de telles précautions convien-
» nent aux Grecs , qui signent leurs traités,
» et appellent les Dieux à témoin. Pour nous,
» nous ne nous croyons religieux qu'autant
» que nous avons de bonne foi. Qui n'a pas
» honte de manquer de parole aux hom-
» mes, ne craint point de tromper les Dieux.
» Et de quoi te serviraient des amis à qui tu

» ne te fierais point? Considère que nous veil-
» lerons pour toi à la garde et de l'Europe
» et de l'Asie. Nous nous étendons jusqu'à la
» Thrace ; et la Thrace, à ce que l'on dit,
» confine à la Macédoine. Il ne s'en faut que
» de la largeur de l'Iaxarte que nous ne tou-
» chions à la Bactriane. Ainsi nous sommes
» tes voisins de deux côtés : vois lequel tu
» aimes le mieux, de nous avoir pour amis
» ou pour ennemis. »

Voilà ce que dit le barbare. Le roi lui répondit en deux mots : *Qu'il userait de sa
fortune et de leur conseil; de sa fortune,
en continuant d'y avoir confiance; de
leur conseil, en n'entreprenant rien témérairement.* Quand il eut renvoyé les ambassadeurs, il mit son armée sur les radeaux
qui étaient tout prêts, et leur fit passer le
fleuve. Le trajet coûta beaucoup de peine.
Tout était capable de rebuter les soldats : le
trouble et la confusion, inévitables dans une
telle entreprise; la rapidité du fleuve qui en-
traînait tout, et la vue d'une armée nombreuse rangée en bataille sur le bord opposé ; mais la présence d'Alexandre leur faisait
vaincre tous les obstacles. En effet, ils passent le fleuve, fondent sur l'ennemi, le mettent en fuite, et le poursuivent jusqu'au delà
des bornes de Bacchus, qui étaient marquées
par de grosses pierres, et par de grands arbres, dont les troncs étaient tout couverts de
lierre. Alexandre renvoya aux Scythes tous
leurs prisonniers sans rançon, pour leur montrer que ce n'était point la haine et l'animosi-
té, mais l'amour de la gloire qui lui avait mis

les armes à la main contre un si vaillant peuple. Les Scythes, touchés de cette clémence
du roi, lui firent faire des excuses par leurs
ambassadeurs, témoignant qu'ils étaient prêts
à faire tout ce qu'il plairait au prince de leur
ordonner.

Alexandre se voyant délivré si heureusement du soin d'une si grande guerre, passa
quelque temps après dans la Bactriane, où
le traître Spitamène s'était réfugié ; mais
Alexandre, désespérant de l'atteindre, retourna saccager la Sogdiane. Entre les autres prisonniers sogdiens, il y eut trente jeunes hommes des plus grands seigneurs du pays, tous
bien faits et de bonne mine, lesquels ayant
su qu'on les menait au supplice par le commandement d'Alexandre, se mirent à chanter des chants d'allégresse, à sauter et à dan-
ser, témoignant une joie excessive. Le roi,
étonné de les voir aller à la mort si gaîment,
se les fit amener, et leur demanda d'où leur
venait ce transport de joie, voyant la mort
devant leurs yeux. Ils répondirent que si tout
autre que lui les faisait mourir, ils s'afflige-
raient ; mais qu'étant rendus à leurs ancêtres
par l'ordonnance d'un si grand roi, vainqueur de toutes les nations, ils bénissaient
une mort si glorieuse, et dont les plus vaillans
hommes souhaiteraient de mourir. Alexandre,
admirant cette grandeur de courage, leur
demanda s'ils voulaient bien qu'il leur donnât la vie, à condition qu'ils ne seraient plus
ses ennemis. Ils l'assurèrent qu'ils n'avaient
jamais été ses ennemis ; qu'étant attaqués, ils
s'étaient défendus ; et que, si l'on fût venu à

eux autrement que par la violence , ils auraient tâché de ne pas se laisser vaincre en
politesse et en générosité. Le roi leur demanda
encore quel gage ils lui donneraient de leur
foi. « Point d'autre, répondirent - ils, que
» cette même vie que nous recevons de vo-
» tre bonté; et que nous serons toujours prêts
» à vous rendre quand vous nous la rede-
» manderez. » Quatre d'entre eux, qu'il mit
au nombre de ses gardes, le disputèrent aux
Macédoniens en zèle et en fidélité.

Le roi, après avoir laissé un petit corps de
troupes dans la Sogdiane, vint à Bactres. Là,
ayant assemblé tous les généraux, il fit amener Bessus en leur présence; et, après lui
avoir reproché sa perfidie, et lui avoir fait
couper le nez et les oreilles, il l'envoya à Ecbatane pour y souffrir le dernier supplice,
sous les yeux de la mère de Darius. Plutarque nous a laissé la description de ce supplice. On fit courber par force des arbres l'un
vers l'autre, et l'on attacha à chacun de ces
arbres un des membres du corps de ce parricide ; ensuite, quand on leur eut laissé la
liberté de retourner à leur état naturel, ils
se redressèrent avec tant de violence, qu'ils
emportèrent chacun le membre qui y était
attaché, et l'écartelèrent de la sorte. C'est
encore aujourd'hui le même supplice qu'on
fait souffrir aux criminels de lèse - majesté
au premier chef, en les faisant tirer à quatre
chevaux. On dit qu'Alexandre abolit dans le
pays des Bactriens une coutume inhumaine
et barbare, qui y régnait depuis long-temps;
c'était de faire manger, tout vivans, par les

An. M. 3675.
Av. J.C. 329.

*Strab. l. 11.*
P. 517.

chiens ceux à qui une vieillesse décrépite, ou
une maladie mortelle, ne laissait aucune espérance de pouvoir prolonger leur vie.

ARTICLE XII.

## Mort de Clitus et de Callisthène.

*Quint. Curt.
l. 8. c. 1. 8.
Arrian. l. 4.
p. 161. 171.
Plut. in Alex.
p. 693. 696.
Justin. l. 12.
c. 6. 7.*

Alexandre, après toutes les expéditions
dont nous venons de parler, et plusieurs autres moins considérables, revint à Maracande,
où il apaisa quelques mouvemens qui s'é-
taient élevés dans le pays. Artabaze l'ayant
prié de le décharger du gouvernement de cette province, à cause de son grand âge, il en
pourvut Clitus. C'était un vieil officier de
Philippe, et qui s'était distingué en beaucoup
de rencontres. Ce fut lui qui, à la bataille du
Granique, abattit le bras du barbare qui allait frapper le roi. Sa sœur Hellanice avait
nourri Alexandre, qui ne l'aimait pas moins
que sa propre mère. Comme, pour toutes
ces raisons, il considérait fort Clitus, il lui
confia une des provinces les plus importantes de son empire, avec ordre de partir dès
le lendemain.

Avant son départ, il fut convié le soir à un
festin, où le roi, après avoir beaucoup bu,
se mit à célébrer ses propres exploits, sans
garder aucune mesure dans les louanges qu'il
se donnait à lui-même. Il alla jusqu'à rabaisser et déshonorer la mémoire de son père,
s'attribuant l'honneur de la fameuse victoire
de Chéronnée. Clitus, qui était aussi échauf-
fé par le vin, se mit à raconter les actions et
les guerres de Philippe dans la Grèce, les pré-
férant à tout ce qui se faisait alors. Quelque

peine que le roi sentît intérieurement, il dissimula, et paraissait écouter patiemment ce que Clitus disait à son désavantage. Mais celui-ci, poussant toujours l'insolence plus loin, comme s'il eût pris à tâche d'irriter le roi et de lui insulter, en vint jusqu'à prendre la défense de Parménion et des vieux capitaines de Philippe, qui valaient, disait-il, beaucoup mieux que ceux qui avaient la témérité de les décrier.

Alexandre lui ayant dit sur cela qu'il plaidait sa propre cause, Clitus se lève, et les yeux bouffis de vin et de colère : «C'est pourtant cette main, lui dit-il, en étendant le bras, qui vous sauva à la bataille du Granique. C'est par le sang et les blessures de ces Macédoniens taxés de lâcheté, que vous êtes devenu si grand. Mais la fin tragique de Parménion nous apprend quelle récompense, eux et moi, nous devons attendre de nos services. » Ce dernier reproche piqua jusqu'au vif Alexandre; il se retint pourtant encore, et se contenta d'ordonner à Clitus de sortir de sa table. «Il a raison, dit Clitus en se levant, de ne vouloir point souffrir à sa table des hommes libres, qui ne savent dire que la vérité. Il fera bien de passer sa vie avec des barbares et des esclaves, qui adoreront volontiers sa ceinture persienne, et sa robe blanche.» Le roi ne fut plus le maître de sa colère, et s'étant jeté sur la javeline d'un de ses gardes, il alla se poster à la porte de la salle du festin, pour attendre Clitus qu'il perça d'un coup de javeline, et qu'il renversa mort par terre, en lui disant ces paroles : *Va-t-en maintenant trouver Philippe, Parménion et Attale* (1).

La colère du roi étant comme éteinte tout-à-coup dans le sang de Clitus, son crime alors se montra à lui, avec toute son énormité et toute sa noirceur. Ne pouvant soutenir l'idée affligeante qu'il avait tué un serviteur fidèle, à qui il était redevable de la vie, qu'il venait de faire l'office de bourreau, en punissant par un meurtre horrible des paroles indiscrètes, qui pouvaient être imputées au vin; ne pouvant, dis-je, soutenir ces tristes réflexions, il se jette sur le corps de son ami, en arrache la javeline, et s'en serait percé lui-même, si ses gardes ne lui eussent saisi les mains, et ne l'eussent emporté par force dans sa chambre. Il passa la nuit et le jour suivant à fondre en larmes, couché par terre et résolu de se laisser mourir. Les Macédoniens, pour calmer la douleur du roi, déclarèrent, par un décret, que Clitus avait été tué avec justice. Le philosophe Anaxarque avait donné lieu à ce décret, en soutenant que la volonté des princes est la loi souveraine de l'Etat. Faibles ressources contre les cris d'une conscience justement alarmée, que les flatteries et les faux raisonnemens ne sont pas capables de faire taire !

La faute de Clitus était grande, et ne peut s'excuser. Il était à la vérité de son devoir de ne prendre aucune part à des discours qui tendaient à flétrir la gloire de Philippe son bienfaiteur, et de marquer son im-

(1) I nunc, inquit, ad Philippum, et Parmenionem et Attalum. *Quint. Curt.*

probation par un morne et modeste silence; mais en venir à des reproches injurieux et sanglans, c'est ignorer ce qui est dû à la personne sacrée des rois; à l'égard de qui, non-seulement toute parole de mépris et d'insulte est interdite, mais encore toute parole peu respectueuse et peu mesurée; dans quelque circonstance qu'on puisse se placer, parce qu'ils tiennent, à notre égard, la place de Dieu même. Il faut pourtant avouer que la circonstance du repas diminue beaucoup la faute de Clitus. Une faute commise dans ces circonstances est toujours faute; mais mérite-t-elle d'être lavée dans le sang du coupable? Un auteur compare à la foudre la colère, quand elle se trouve unie à la puissance. Que sera-ce donc si l'on y joint encore l'ivresse? On en voit ici les effets dans Alexandre. Ce prince, vainqueur de tant de peuples, succomba à ces deux vices, qui ternissent toute la gloire de ses belles actions. C'est, dit Sénèque, qu'il avait plus travaillé à vaincre les autres qu'à se vaincre soi-même; ne sachant pas que le plus grand et le plus glorieux de tous les empires, est celui que l'on prend sur ses passions.

Après qu'Alexandre eut tout soumis dans la Perse, il pensa à porter la guerre aux Indes; mais avant de partir, il crut qu'il était temps de faire éclore le dessein qu'il avait formé depuis long-temps, de se faire rendre les honneurs divins. Il voulait que non-seulement on l'appelât, mais qu'on le crût fils de Jupiter, comme s'il eût pu commander aux esprits aussi-bien qu'aux langues. Dans une si folle prétention, il ordonna donc une fête, et fit un festin avec une pompe incroyable, où il convia les plus grands seigneurs de sa cour, tant macédoniens que grecs, et les plus qualifiés d'entre les Perses. Il se mit à table avec eux, et après y avoir demeuré quelque temps, il se retira. Alors Cléon, l'un de ses flatteurs, de concert avec le roi, prit la parole, et s'étendit fort sur les louanges d'Alexandre et sur les obligations qu'on lui avait, qu'on pouvait, disait-il, reconnaître et payer à peu de frais et avec deux grains d'encens seulement, en le reconnaissant pour Dieu, puisqu'aussi-bien ils le croyaient tel ; que ceux qui faisaient profession de sagesse, devaient donner aux autres l'exemple de la vénération qui était due à un si grand roi. On voyait bien que ces dernières paroles s'adressaient au philosophe Callisthène; il le sentit bien lui-même, et y répondit d'une manière sage, mesurée et digne en même temps de la liberté d'un philosophe.

« Si le roi, dit-il, eût été présent au discours
» que tu viens de faire, aucun de nous ne
» serait en peine de te répondre ; car lui-
» même te l'aurait interdit, et n'aurait pas
» souffert que tu le portasses à prendre les
» coutumes des barbares, en rendant odieuse
» sa personne et sa gloire par une si indigne
» flatterie. Mais puisqu'il est absent, je te ré-
» pondrai pour lui. J'estime Alexandre digne
» de tous les honneurs qu'un mortel peut
» recevoir; mais il y a de la différence entre
» le culte des Dieux et celui des hommes. Le
» premier comprend les temples, les autels,

» les prières et les sacrifices; le second se
» borne à de simples louanges et à des hom-
» mages de respect. Nous saluons ceux-ci,
» et tenons à gloire de leur rendre soumis-
» sion, obéissance, fidélité; mais nous ado-
» rons les autres; nous leur consacrons des
» fêtes, et chantons à leur gloire des hymnes
» et des cantiques. Il ne faut donc pas, en
» confondant tout, ni rabaisser les Dieux à
» la condition des mortels, ni élever un mor-
» tel à la condition d'un Dieu. Alexandre en-
» trerait dans une juste indignation, si on
» rendait à un autre les hommages qui ne
» sont dus qu'à sa personne sacrée; devons-
» nous moins craindre celle des Dieux, si
» nous communiquons leurs honneurs à des
» mortels? Notre prince est fort au-dessus
» des autres, je le sais; c'est le plus grand
» des rois et le plus glorieux des conquérans;
» mais c'est un homme et non un Dieu. Pour
» avoir ce titre, il faut qu'il ait dépouillé ce
» qu'il a de mortel; et nous avons bien inté-
» rêt de souhaiter que cela n'arrive que le
» plus tard qu'il se pourra. Les Grecs n'ont
» adoré Hercule qu'après sa mort, et lorsque
» l'oracle l'a commandé. On nous cite l'exem-
» ple des Perses. Mais depuis quand les vain-
» cus font-ils la loi aux vainqueurs? A-t-on
» oublié qu'Alexandre a passé l'Hellespont
» pour assujettir l'Asie à la Grèce, et non
» pas la Grèce à l'Asie? »

Le profond silence avec lequel Callisthène
fut écouté, marquait assez ce qu'on pensait.
Le roi, caché derrière une tapisserie, avait
tout entendu. Il rentra dans la salle, et se

contenta que les Perses se prosternassent selon leur coutume. Polysperchon, qui était
auprès de lui, voyant qu'un d'entre eux, à
force de s'incliner, touchait du menton contre
terre, lui dit en se moquant: *Qu'il frap-
pât encore plus fort.* Le roi, piqué de cette
raillerie, le fit mettre en prison, et rompit
l'assemblée. Il lui pardonna pourtant dans
la suite. Il n'en fut pas ainsi de Callisthène.
Pour s'en délivrer, il lui supposa un crime
dont il était bien éloigné. Il le rendit com-
plice de la conjuration d'Hermolaüs contre
sa personne. Callisthène avait été lié particulièrement avec ce jeune homme. C'en fut
assez. On le jeta dans un cachot, on le mit
dans les fers, on lui fit souffrir les plus rudes
supplices pour le contraindre de s'avouer
coupable. Il protesta toujours de son innocence, et expira dans les tourmens.

Callisthène était un grand philosophe, parent d'Aristote, qui l'avait donné à Alexandre son élève, comme la personne la plus
propre, par sa sagesse et ses lumières, à lui
donner des conseils capables de l'empêcher
de tomber dans les excès où son sang bouillant et sa jeunesse le portaient. On l'accu-
sait de n'avoir point les manières douces et
insinuantes de la cour. Aristote avait tenté
inutilement d'adoucir son humeur; et prévoyant les suites que pourrait avoir cette liberté brusque de dire son sentiment, il lui
répétait souvent ce vers qu'on a traduit d'Homère :

> Ta liberté, mon fils, abrégera tes jours.

Sa prédiction ne fut que trop vraie.

Au reste, rien n'a tant déshonoré la mémoire d'Alexandre, que la mort injuste et cruelle de ce grand homme. La mort de Callisthène, dit Sénèque, est pour Alexandre un reproche éternel, un crime ineffaçable, dont nulle belle qualité, nulle action guerrière, quelque éclatante qu'elle puisse être, ne peut couvrir la honte. Si l'on dit d'Alexandre, il a tué des milliers de Perses, il a détrôné et fait périr le plus puissant des rois de la terre, il a subjugué des provinces et des peuples sans nombre, il a pénétré jusqu'à l'Océan, et porté les bornes de son empire depuis le fond de la Thrace jusqu'aux extrémités de l'orient: *Oui*, dit Sénèque, en répondant à chacun de ces faits, *mais il a tué Callisthène*; et la grandeur de ce crime étouffe celle de toutes ses actions (1).

---

## CHAPITRE III.

Ce chapitre, que nous divisons en quatre articles, renferme les conquêtes d'Alexandre aux Indes.

### ARTICLE PREMIER.

*Alexandre part pour les Indes. Digression sur ce pays. Conquêtes de ce prince dans cette partie du monde.*

ALEXANDRE, pour arrêter les murmures qui s'élevaient dans son armée, prit la route des Indes. Un excès de vanité et de folie le porta

*Quint. Curt. l. 8. c. 9. An. M. 3677. Av. J. C. 327.*

(1) Ex his quæ fecit, nihil tam magnum erit, quàm scelus Callisthenis.

à entreprendre cette expédition, projet très-
inutile en lui-même, et très-dangereux pour
les suites. Une folle envie de courir le monde, de troubler le repos des peuples, qui ne
lui devaient rien, et de traiter comme ennemi quiconque refuserait de le reconnaître
pour maître; de ravager et d'exterminer tous
ceux qui oseraient défendre leur liberté, leurs
biens, leur vie contre un injuste agresseur
qui venait du bout du monde les attaquer
gratuitement. C'est un abrégé de ce que la
conquête des Indes va exposer à nos yeux,
après que j'aurai dit un mot de la situation,
des mœurs, et de quelques raretés du pays.

Ptolémée divise l'Inde en deux parties :
l'Inde en deçà du Gange, et l'Inde au delà
du Gange. Alexandre n'a jamais pénétré jusqu'au Gange. L'Inde est bornée au septentrion par la grande Tartarie, au midi par
l'Océan ou la mer de l'Inde, à l'orient par la
Chine, et au couchant par la Perse. Tous
les Indiens sont libres, dit Arrien, et il n'y
a point d'esclaves parmi eux. Ils ne dressent
point de monumens aux morts, et croient,
avec raison, que la réputation des grands
hommes leur tient lieu de tombeau. Les la-
boureurs et les pasteurs y sont extrêmement
considérés, parce qu'on regarde, avec fondement, la culture des terres et la nourriture des troupeaux comme deux sources de
richesses et d'abondance. C'est une loi inviolable de ne toucher jamais à ces sortes de
personnes pour les emmener à la guerre. Il
n'est pas permis d'exercer deux professions,
ni de passer de l'une à l'autre. Il est aisé de

voir

Arrian. de<br>Ind. p. 324.<br>328.

voir combien ce règlement devait contribuer à perfectionner tous les arts. Nous avons vu quelque chose de semblable en Egypte. Il y a des magistrats qu'on appelle surveillans, qui ont l'œil sur les actions des autres, et qui examinent tout ce qui se passe, soit dans les villes, soit dans la campagne, pour en faire le rapport au prince. Le caractère de ces officiers ou magistrats, est l'exactitude, la sincérité, la probité, l'amour du bien public. Il n'est point encore arrivé, dit l'historien, qu'aucun de ces magistrats ait jamais été accusé de mensonge. Heureuse nation, si cela était ainsi !

On appelle les prêtres de ces pays-là, Brachmanes. Ils s'emploient aux sacrifices publics et particuliers. Ils aident le prince de leurs conseils, et lui rendent les mêmes services que les mages au roi de Perse. Leur application particulière est l'inspection des astres, pour prédire le changement des temps et des saisons. Ils croient que le monde a commencé et qu'il finira. Ils admettent la métempsycose et l'immortalité de l'ame. La plupart d'entre eux vivent seuls et dans la solitude, se nourrissant de fruits, d'herbes et de légumes, n'étant point mariés et ne possédant aucun bien. Il n'y a rien qu'ils souhaitent autant que la mort, regardant cette vie comme très-onéreuse. Ces philosophes subsistent encore dans les Indes, sous le nom de *Bramines* ou de *Brames*.

Il y a dans l'Inde des éléphans en plus grand nombre que partout ailleurs. L'éléphant est le plus grand, le plus gros et le plus fort de tous les animaux terrestres. On en a vu quelques-uns hauts de treize ou quatorze pieds. Cet animal, malgré la pesanteur énorme de son corps, est d'une docilité et d'une industrie qui approchent de l'intelligence humaine. Il est susceptible d'attache, d'affection, de reconnaissance, jusqu'à sécher de tristesse quand il a perdu son gouverneur. Arrien, qui n'est pas un témoin suspect, dit en avoir vu un qui dansait avec deux cymbales attachées à ses jambes, qu'il frappait l'une après l'autre en cadence avec sa trompe, pendant que les autres dansaient en rond autour de lui, observant tous le nombre et la mesure avec une justesse étonnante. Ce sont les dents ou plutôt les défenses de ces animaux qui nous fournissent d'ivoire. Il est temps de retourner à Alexandre.

Dès que ce prince fut entré dans les Indes, tous les petits rois de ces contrées vinrent au-devant de lui se ranger sous son obéissance. Le roi les reçut fort humainement, et leur commanda de l'accompagner et de lui servir de guides. Après avoir dompté quelques peuples de peu de nom, il marcha vers la ville de Nyse, qu'il se contenta de bloquer, dans l'espérance que les habitans, fatigués par la longueur du siége, viendraient se rendre à discrétion. Ce qui arriva comme il l'avait prévu. Alexandre les traita avec beaucoup de bonté et de douceur. De là il tira vers la ville de Mazagues, dont le roi était mort depuis peu. La ville paraissait imprenable, tant parce qu'elle était bien fournie, qu'à cause que la nature et l'art semblaient l'a

voir fortifiée à l'envi. Les barbares firent mine
de résister pendant quelque temps. Mais enfin, désespérant de pouvoir se défendre, ils
se rendirent. La reine vint trouver Alexandre
avec une grande suite de dames; le roi la reçut avec beaucoup de politesse, et la rétablit
dans ses Etats. Il reçut au siége de cette place
un coup de flèche au gras de la jambe : les
douleurs qu'il ressentait de sa blessure, lui
arrachèrent ces paroles : *Tous jurent que je
suis fils de Jupiter ; mais ma blessure me
crie et me fait sentir que je suis homme* (1).

Enfin Alexandre, après seize jours de marche, arriva au fleuve Indus, qui donne son
nom au pays. Tous les rois de cette contrée
vinrent, ou eux-mêmes, ou envoyèrent des
ambassadeurs au roi pour lui remettre leurs
Etats : il n'y eut que Porus, qui était le prince
le plus puissant et le plus courageux de ce
pays, qui ne voulut point se soumettre, et
reconnaître Alexandre pour son maître. Il
fallut l'attaquer et le vaincre, et ce n'était
pas une chose aisée, attendu que l'Hydaspe,
qui est un fleuve très-large, très-profond et
très-rapide , séparait les deux rois, et que
Porus gardait l'autre bord avec une bonne et
nombreuse armée, pour en défendre le passage. Alexandre était fort embarrassé. Voyant
que pour passer l'Hydaspe, la force ouverte
ne pouvait rien, il appela à son secours la
ruse. Il donna le change à l'ennemi, et saisit le moment d'une violente tempête, dont
l'obscurité couvrit et favorisa son passage.

(1) Omnes jurant me esse Jovis filium , sed vulnus hoc
hominem me esse clamat. *Senec. epist.* 56.

Porus , averti du passage d'Alexandre , vint au-devant de lui. Le combat fut long et opiniâtre. Porus s'y distingua beaucoup , montrant une grande capacité et un courage intrépide. Mais qui pouvait résister au courage et à la fortune d'Alexandre ? Porus vaincu , parut devant Alexandre , qui , lui ayant demandé comment il voulait qu'on le traitât : *En roi*, lui répondit Porus. Mais , ajouta Alexandre , ne demandez-vous rien davantage ? *Non*, répliqua Porus, *tout est compris dans ce seul mot*. Alexandre , touché de la grandeur d'ame de ce prince , lui laissa son royaume , et y ajouta d'autres provinces. Porus lui demeura fidèle jusqu'à la mort. On ne sait ici lequel on doit le plus admirer , ou le vainqueur ou le vaincu.

An. M. 3677.
Av. J.C. 327.
*Quint. Curt.*
*l. 9 c. 1.*

Alexandre , après la célèbre victoire qu'il venait de remporter sur Porus , s'avança dans le pays des Indes , où il assujettit à son empire beaucoup de peuples et beaucoup de villes. Il se regardait comme un conquérant de profession et par état , et il se portait tous les jours à de nouveaux exploits , avec tant d'ardeur et de vivacité , qu'il semblait se croire chargé d'une commission personnelle pour forcer toutes les villes , ravager toutes les provinces et exterminer tous les peuples qui refuseraient son joug. Ce prince , résolu de faire toujours la guerre , se proposait de pousser ses conquêtes jusqu'au delà du Gange ; mais les murmures, les plaintes, les larmes et la résistance inflexible des Macédoniens , qui avaient vieilli sous les armes , et qui tournaient sans cesse leurs yeux et leurs

désirs vers la douce patrie, le forcèrent de
changer de dessein. Il en coûta beaucoup à
Alexandre de paraître céder; mais voyant ses
soldats obstinés, il fit publier qu'on se pré-
parât au retour. Cette nouvelle causa une
joie incroyable; tout le camp retentissait de
louanges et de bénédictions qu'on lui donnait de s'être laissé vaincre à ses soldats, lui
qui était invincible à tous les autres. Jamais
Alexandre ne parut plus grand, ni plus glorieux que dans cette journée, où il voulut
bien, en faveur de ses sujets, sacrifier quelque chose de sa gloire et de sa grandeur.

Avant de partir, il fit dresser douze autels
pour servir de trophées et d'actions de grâces
de ses victoires, ou plutôt, pour parler vrai,
pour être des témoignages éternels de sa folle
vanité. Les autels qu'il dressa étaient hauts
de 75 pieds. Il fit tracer un camp qui avait
plus du triple de circuit qu'auparavant, et
l'environna de fossés qui avaient cinquante
pieds de profondeur, sur dix de largeur. Il
ordonna aux fantassins de dresser et de laisser chacun dans leur tente, deux lits de sept
pieds et demi de long; et aux cavaliers, de
faire pour leurs chevaux des auges une fois
plus grandes qu'à l'ordinaire. Tout le reste
était à proportion. La vue d'Alexandre, dans
ces ordres pleins d'une vaine extravagance,
était de laisser à la postérité des monumens
de sa grandeur héroïque et plus qu'humaine,
et de faire croire que lui et les siens étaient
au-dessus des autres mortels. Quelle folie ! An. M. 3678.

Alexandre repassa l'Hydaspe, et quelques Av. J.C. 326.
jours après, il vint camper sur les bords de

l'Acésine. Ce fut là que Cœnus mourut de maladie. Il fut regretté généralement de toute l'armée. Il n'y avait point de meilleur officier que lui. C'était un de ces hommes rares, zélés pour le bien public, qui agissent sans aucune vue d'intérêt ou d'ambition, et qui aiment assez leur roi pour oser lui dire la vérité aux dépens de tout. Cependant Alexandre ayant fait tout préparer pour son départ, il s'embarqua sur l'Acésine ; et après plusieurs jours de navigation, pendant laquelle l'armée eut beaucoup à souffrir, il entra dans le pays des Oxydraques. Il les battit en plusieurs rencontres, fit un grand nombre de prisonniers, marcha contre la ville d'Oxydraque et en forma le siége. C'est une espèce de miracle comment cette ville obscure et de peu de conséquence, n'a pas été le tombeau de ce conquérant. Comme le siége tardait trop à son gré, il monte sur la muraille, et se jette seul dans la place. Il est étonnant qu'il ait pu échapper aux traits qu'on lança contre lui. Il y reçut une blessure dont on le crut mort ; et si ses officiers et ses soldats n'eussent fait l'impossible pour sauver leur roi et leur maître, le vainqueur des nations aurait péri, non à la tête de son armée, ou au siége de quelque place considérable, mais dans le coin d'une ville obscure, où sa témérité l'avait poussé. La ville fut prise et tout fut passé au fil de l'épée. Après que le roi fut entièrement rétabli de la blessure qu'il avait reçue, les principaux officiers de sa cour, et ses plus intimes amis, crurent qu'il était de leur devoir de répandre leur cœur en sa présence, et de

lui exposer leur crainte. Ce fut Cratère qui
porta la parole :

« Nous commençons, dit-il, seigneur, à
» vivre et à respirer, en vous voyant dans l'é-
» tat où la bonté des Dieux vous a rétabli.
» Mais, quelle a été notre alarme et nôtre
» douleur ! Ah, seigneur ! épargnez-nous dé-
» sormais une pareille affliction ! Une mé-
» chante bicoque mérite-t-elle d'être achetée
» au prix d'une tête comme la vôtre ? Laissez-
» nous ces menus exploits et ces petits com-
« bats, et réservez votre personne pour des
» occasions dignes d'elle. Nous frémissons en-
» core d'horreur, quand nous pensons à ce
» qui s'est passé sous nos yeux. On a vu l'heu-
» re que les plus viles mains du monde al-
» laient enlever les dépouilles du plus grand
» prince de la terre. Permettez-nous, Sei-
» gneur, de vous le dire : vous n'êtes point à
» vous ; vous nous appartenez ; nous avons
» droit sur votre vie, dont la nôtre dépend ;
» et nous osons vous conjurer, en qualité de
» vos sujets et de vos enfans, de ménager
» une vie si précieuse avec plus de soin, sinon
» pour vous, du moins pour les vôtres et pour
» le bonheur de l'univers. »

Le roi fut sensiblement touché de ces témoignages de leur affection ; et les ayant tous
embrassés l'un après l'autre, avec une tendresse extraordinaire, il leur répondit en ces
termes : « Je ne puis assez vous remercier
» tous tant que vous êtes ici, qui êtes la fleur
» et l'élite de mes concitoyens et de mes amis,
» non-seulement de ce que vous préférez au-
» jourd'hui mon salut au vôtre, mais encore

» de ce que, dès l'entrée de cette guerre, il
» n'y a sorte de preuves que je n'aie reçues
» de votre zèle et de votre affection ; et si
» quelque chose est capable de me faire dé-
» sirer une plus longue vie, c'est le plaisir de
» jouir plus long-temps d'amis aussi précieux
» que vous. Mais souffrez que je vous dise,
» que vous et moi avons des pensées bien dif-
» férentes. Vous souhaitez de me posséder
» long-temps, et toujours même, s'il se pou-
» vait ; et moi, ce n'est pas sur l'âge, mais
» sur la gloire que je mesure ma durée. Je
» pouvais borner mon ambition aux limites
» de la Macédoine ; et, content du royaume
» de mes pères, attendre, au milieu des dé-
» lices et dans le sein de l'oisiveté, une hon-
» teuse vieillesse. J'avoue qu'à compter mes
» victoires, et non pas mes années, on doit
» trouver que j'ai beaucoup vécu. Mais vous
» semble-t-il, qu'après avoir fait un seul em-
» pire de l'Europe et de l'Asie, vainqueur des
» deux meilleures parties de l'univers, dans la
» dixième année de mon règne, je doive m'ar-
» rêter au milieu d'une si belle carrière, et
» cesser de travailler pour la gloire, à laquelle
» je me suis entièrement dévoué ? Sachez que
» cette gloire ennoblit tout, et qu'elle donne
» une vraie et solide grandeur à ce qui pa-
» raît le plus petit. En quelque part que je
» combatte, je croirai être sur le théâtre du
» monde, et à la vue de toute la terre. J'ai
» fait de grandes choses jusqu'ici, je l'avoue ;
» mais le pays où nous sommes, me repro-
» che qu'une femme en a fait encore de plus
» grandes : je parle de Sémiramis. Que de

» peuples soumis à son obéissance ! que de
» villes bâties ! que de superbes et prodigieux
» ouvrages achevés ! Quelle honte pour moi
» de n'avoir pu encore égaler sa gloire ! Je
» la surpasserai bientôt, si vous secondez
» mon ardeur. Défendez-moi seulement des
» sourdes menées et des trahisons domesti-
» ques, qui font périr la plupart des princes ;
» je prends le reste sur moi, et vous réponds
» de tous les événemens de la guerre. »

Un tel discours fait connaître à fond le caractère d'Alexandre. Il n'avait aucune idée de
la véritable gloire ; il n'en connaissait ni le
principe, ni la règle, ni la fin. Il la mettait
où certainement elle n'était pas. L'erreur populaire faisait la sienne et l'entretenait. Il
pensait que sa destination était de ne vivre
que pour la gloire, et qu'il ne pouvait en acquérir que par des conquêtes sans mesure,
sans justice, sans ordre. Dans ses impétueuses
saillies pour une gloire mal entendue, il ne
suivait, ni la raison, ni la vertu, ni l'humanité ; et, comme si ses caprices ambitieux
eussent dû être la règle de tous les autres
hommes, il trouvait étrange que ses officiers,
et même que ses soldats, n'entrassent pas dans
ses vues, et ne se prêtassent que de mauvaise
grâce à ses folles entreprises.

Alexandre, après avoir tenu ce discours,
congédia l'assemblée, et campa plusieurs
jours dans ce même lieu. Il s'embarqua ensuite sur la rivière, et son armée le suivait
par terre en cotoyant les bords. Enfin, après
une navigation de neuf mois, il arriva à Patale, où l'Inde se sépare en deux larges bras,

*Arrian. in Indic. p. 314.*

et forme une île semblable au Delta du Nil.
De là, continuant à descendre, il arriva à
l'Océan ; et contemplant avec des yeux avi-
des cette vaste étendue de mer, il crut que ce
spectacle, digne d'un grand conquérant comme lui, le dédommageait avantageusement de
toutes les fatigues qu'il avait essuyées, et de
tant de milliers d'hommes qu'il avait perdus
pour y parvenir. Il fit des sacrifices aux Dieux,
et en particulier à Neptune . et, bien content de lui-même, il alla retrouver le reste
de sa flotte et de son armée qui étaient res-
tées à Patale ou dans les environs.

### ARTICLE II.

*Alexandre retourne à Babylone. Son ma-
riage avec Statira. Mort d'Ephestion.*

Alexandre, de retour à Patale, prit sa route par terre vers Babylone. Il se trouva dans
une si extrême disette de vivres, qu'il perdit
beaucoup de monde, et qu'il ramena à peine
des Indes la quatrième partie de son armée.
La peste, suite ordinaire de la famine, mit
le comble à la misère des soldats, et en fit
périr un grand nombre. Enfin, après une
marche de soixante jours, il arriva sur les
confins de la Gédrosie, où il se trouva dans
l'abondance de toutes choses. De là, il passa
dans la Carmanie, qu'il traversa, non dans
un équipage guerrier et de conquérant, mais
dans une espèce de mascarade et de baccha-
nale, avec toutes sortes de dissolutions. Il
voulait par là imiter le triomphe de Bacchus.
Cette marche si désordonnée et si dissolue,
dura sept jours, pendant lesquels l'armée ne

*Arrian. in
Indic. p. 314.*

An. M. 3679.
Av. J.C. 325.

désenivra point : Heureuse, dit Quinte-Curce,
qu'il ne vînt point dans l'esprit des vaincus
de l'attaquer dans cet état ; car mille hommes bien armés et bien résolus seraient venus fort aisément à bout de ces vainqueurs
du monde, noyés dans le vin et dans la débauche.

On vint faire en Carmanie, à Alexandre,
bien des plaintes de l'oppression que les gouverneurs et les autres officiers avaient fait
souffrir aux peuples de diverses provinces,
pendant son absence ; car, ayant compté qu'il
ne reviendrait jamais des Indes, il n'y avait
point de rapine, de tyrannie, de cruauté et
d'injustice qu'ils n'eussent exercées sur les
peuples. Ce prince, vivement touché des vexations qu'ils avaient souffertes, et sensible jusqu'au fond du cœur à des plaintes si bien
fondées, fit mourir tous ceux qui furent con-
vaincus de malversation. Il croyait qu'un roi
doit cet exemple éclatant de sévérité à sa gloire, à la consolation de ses peuples, et enfin
à la sûreté de ses Etats. C'est un grand malheur pour un royaume, que tout y retentisse
de concussions, de vexations, d'oppressions,
de corruptions, sans que jamais on y voie un
seul exemple de punition, et que tout le poids
de l'autorité publique ne tombe que sur le
peuple, et jamais sur ceux qui le ruinent.

Alexandre, continuant son chemin, passa
par Passagarde, ville de Perse. Il donna dans
cette ville un festin à ses amis, où l'on poussa
la débauche si loin, que du nombre des convives, il y en eut quarante-un qui moururent
de cette débauche. De là, il alla à Persépolis,

et ensuite à Suze. Il trouva dans cette dernière ville toutes les captives de qualité qu'il y avait laissées. Il épousa la princesse Statira, fille aînée de Darius, et donna la plus jeune à son cher Ephestion. Les noces furent célébrées à la façon des Perses. A l'occasion de son mariage, il voulut acquitter toutes les dettes de ses soldats. Cette libéralité fut considérable, et causa un sensible plaisir. On dit qu'elles montaient à près de dix mille talens. Comme les soldats semblaient avoir douté de la foi du prince, il leur fit des reproches, et leur dit : *Qu'un roi ne doit jamais manquer de parole à ses sujets, ni les sujets soupçonner qu'un roi fût capable d'une si honteuse prévarication* : maxime vraiment royale, qui fait la sûreté des peuples, et la plus solide gloire des princes.

An.M. 3680.
Av. J.C. 324.

Quelque temps après, pendant un séjour que le roi fit à Ecbatane, il se livra à de tels excès de vin et de débauche, qu'Ephestion y perdit la vie. C'était l'ami le plus intime du roi, le confident de tous ses secrets, et, pour tout dire en un mot, un autre lui-même. Ephestion n'était pas moins aimé des autres que du roi même. Modeste, égal, bienfaisant, sans orgueil, sans avidité, sans jalousie, il ne savait ce que c'était que d'abuser de son crédit. Il fut regretté de tout le monde; mais sa perte causa à Alexandre une douleur excessive, et peu convenable à un prince comme lui.

### ARTICLE III.

*Alexandre entre à Babylone.  Différens projets de ce prince. Sa mort. Deuil universel de tout l'empire.*

Alexandre étant arrivé à une lieue et demie de Babylone, les Caldéens, qui se piquaient de connaître l'avenir par l'inspection des astres, députèrent vers lui quelques-uns de leurs anciens, pour l'avertir qu'il courait grand risque s'il entrait dans la ville, et l'exhortèrent vivement à passer outre. La grande réputation des astrologues babyloniens fit une vive impression sur son esprit, et le remplit de trouble et de frayeur. Les philosophes grecs ayant su le fondement de sa crainte et de ses scrupules, allèrent le trouver, lui démontrèrent, par de fortes preuves, la vanité de l'art des astrologues, et lui inspirèrent un tel mépris pour toute divination, que sur-le-champ il marcha vers Babylone avec toute son armée. Il savait qu'il était venu dans cette ville des ambassadeurs de tous les pays du monde, pour lui rendre à l'envi leurs hommages, comme à celui qui devait être leur maître. Cette vue, qui flattait agréablement la plus vive de toutes ses passions, aida beaucoup à étouffer en lui toute autre pensée ; de sorte qu'il se hâta d'arriver à cette grande ville, pour y tenir comme les états-généraux de l'univers. Après une superbe entrée, il donna audience à tous les ambassadeurs, avec toute la dignité et tout l'air de noblesse qui conviennent à un grand roi, et en même temps avec l'affabilité et les

*Arrian. l. 7. p. 294. 309. Quint. Curt. l. 10. c. 4. 7. Plut. in Alex. p. 705. 707.*

*Diod. l. 37. p. 377. 388. Justin. l. 12. c. 13. 16.*

manières gracieuses d'un prince qui veut s'attacher les cœurs.

Les ambassadeurs de Corinthe lui ayant offert, de la part de leur ville, le droit de bourgeoisie, il se mit à rire d'une offre qui lui paraissait infiniment au-dessous de lui ; mais, quand il eut appris que Corinthe n'avait accordé ce privilége qu'à Hercule seul, il l'accepta avec joie, se piquant de marcher sur ses traces, et de lui ressembler en tout. Mais, s'écrie Sénèque, en quoi ce jeune insensé ressemblait-il à Hercule ? Celui-ci faisait du bien à tous les peuples chez qui il passait. Au contraire, Alexandre, appelé justement le brigand des nations, mit sa gloire à apporter partout la désolation, et à se rendre la terreur des mortels.



Pendant près d'un an qu'Alexandre passa à Babylone, il roula plusieurs projets dans sa tête : le tour de l'Afrique par mer, la découverte complète de toutes les nations qui sont autour de la mer Caspienne ; la conquête de l'Arabie, la guerre contre Carthage, le dessein de se rendre maître du reste de l'Europe; mais la mort de ce prince, qui arriva bientôt après, ne lui laissa pas le temps d'exécuter aucun de ces projets, non plus que celui de réparer les digues de l'Euphrate, dont le dessein était infiniment plus louable que tous les autres, et l'exécution d'une utilité infinie pour Babylone, qui, depuis la rupture des digues, était privée des commodités du commerce. Car il était resté si peu d'eau dans le lit de l'Euphrate, qu'à peine suffisait-elle pour porter quelques petites barques. Le véritable obstacle au succès de cette entreprise, était l'anathème de Dieu, prononcé contre cette ville impie et ivre du sang des saints. *Je perdrai le nom de Babylone*, avait dit et juré le Seigneur des armées, plus de trois cents ans auparavant : *Je la rendrai la demeure des hérissons, je la réduirai à des marais d'eau bourbeuse..... C'est le Seigneur des armées qui l'a ordonné avec serment ; qui pourra s'y opposer ?*

Isai. 14. 22.

Ibid. v. 27.

Il ne réussit pas mieux dans le projet de réparer le temple de Bélus, malgré la diligence dont il usa. Ce prince mourut avant que l'ouvrage fût achevé. Dieu avait brisé, par les mains de Cyrus, l'idole de Bélus, le Dieu rival du Seigneur d'Israël. Il démolit ensuite son temple par Xerxès. Ces premiers coups de la main du Tout-Puissant sur Babylone, annonçaient la ruine que la ville devait attendre pour elle-même ; et il n'était pas plus possible à Alexandre de réussir à relever ce temple, qu'à Julien, dans la suite, de rétablir celui de Jérusalem. Comme ses troupes passaient à tour de rôle pour travailler à cet ouvrage, quand le tour des Juifs qui servaient dans son armée, fut venu pour y travailler comme les autres, on ne put jamais les engager à y mettre la main. Ils représentèrent que leur religion défendant l'idolâtrie, il ne leur était pas permis de rien faire au bâtiment d'un temple destiné à un culte idolâtre, et pas un ne se démentit. On employa inutilement la violence et les punitions pour les y obliger. Alexandre admira leur constance, leur accorda leur congé, et les renvoya chez eux. Cette délicatesse des Juifs est une leçon pour bien des chrétiens, qui leur apprend qu'il ne leur est point permis de prendre aucune part, ni de coopérer à rien qui soit contraire à la loi de Dieu.

Malgré tout ce que je viens de dire des occupations d'Alexandre pendant son séjour à Babylone, la plus grande partie de son temps fut employée à jouir des plaisirs que cette ville lui fournissait. Il célébrait tous les jours de nouvelles fêtes, et était tous les jours dans les festins, où il s'abandonnait sans réserve à son intempérance pour le vin. Il se trouva un jour dans une partie de débauche où il but avec tant d'excès, qu'il tomba sur le carreau. Dans cet état, une violente fièvre le saisit, et on le transporta chez lui à demi mort. Le mal empirant, et se voyant sans espérance, il tira son anneau du doigt, et le donna à Perdiccas, lui commandant de faire porter son corps au temple d'Ammon.

Quelque faible qu'il fût, il fit un effort, et, se soutenant sur son coude, il donna sa main mourante à baiser à ses soldats, à qui il ne put refuser cette dernière marque d'amitié. Puis, comme les grands de la cour lui demandèrent à qui il laissait l'empire, il répondit : *Au plus digne ;* et Perdiccas lui ayant demandé quand il voulait qu'on lui rendît les honneurs divins : *Lors*, dit-il, *que vous serez heureux.* Ce furent ses dernières paroles, et bientôt après il rendit l'esprit. Il avait vécu trente-deux ans huit mois, et en avait régné douze. Sa mort arriva au milieu du printemps, la première année de la CXIV<sup>e</sup>

olympiade. Voilà, s'écrie Sénèque, en marquant les funestes effets de l'ivrognerie, ce héros invincible à toutes les fatigues des voyages, à tous les dangers des siéges et des combats, aux plus violens excès de la chaleur et du froid ; le voilà vaincu par son intempérance, et terrassé par cette fatale coupe d'Hercule (1).

Dès que le bruit de la mort d'Alexandre se fut répandu, tout le palais retentit de cris et de gémissemens. Victorieux et vaincus, tous le pleurèrent également. Les Perses le pleuraient, comme le plus juste et le plus doux maître qui leur eût jamais commandé ; et les Macédoniens, comme le meilleur et le plus vaillant prince de la terre ; murmurant les uns et les autres contre les Dieux, de ce que, par envie, ils l'avaient ravi aux hommes à la fleur de son âge et de sa fortune. Un si grand deuil ne demeura pas renfermé dans les murs de Babylone ; il se répandit dans toutes les provinces, et la nouvelle en vint bientôt à la mère de Darius. Cette princesse, qui avait supporté avec patience la mort de son père, celle de son mari, de quatre-vingts de ses frères massacrés en un jour par Ochus, et, pour tout dire en un mot, celle de Darius son fils, et la ruine de sa maison, n'eut pas assez de force pour supporter la perte d'Alexandre. Elle ne voulut plus prendre de nourriture, et se laissa mourir de faim, pour ne pas survivre à ce dernier malheur.

Il n'est pas aisé de décider si c'est par l'excès du vin, ou par le poison qu'Alexandre

_______________
(1) Elle tenait six bouteilles.

mourut. Quinte-Curce et Justin assurent que
l'excès du vin fut un voile  dont les successeurs d'Alexandre se servirent pour couvrir
l'horreur d'un crime si affreux. On dit qu'il
fut commis par le ministère des fils  d'Antipater, qui les avait engagés à ôter  la vie à
leur maître pour sauver la sienne. Ce qu'il y
a de sûr, c'est que jamais il ne put se laver
de cette tache, et que tant qu'il vécut, les
Macédoniens le détestèrent comme le traître
qui avait empoisonné Alexandre. On jeta même quelques soupçons sur Aristote, mais sans
beaucoup de fondement.

Il arriva, après la mort d'Alexandre, de
grands désordres parmi les Macédoniens, pour
la succession au trône. Au bout de sept jours
de confusion et de disputes, on convint qu'A-
ridée, frère bâtard d'Alexandre, serait déclaré roi ; et que si Roxane, qui était grosse
de huit mois, accouchait d'un fils, il serait
joint à Aridée, et mis sur le trône avec lui ;
et que Perdiccas serait chargé de la personne
de l'un et de l'autre. Car Aridée était un im-
bécille, qui avait autant besoin de tuteur
qu'un enfant en bas âge. L'appareil du magnifique convoi d'Alexandre dura deux ans
entiers. Ce qui donna lieu à Olympias de
plaindre le sort de son fils, qui, ayant voulu
se faire mettre au nombre des Dieux, était
privé, pendant tant de temps, de la sépulture, privilége accordé généralement aux plus
vils des mortels.

Le monde a toujours été partagé sur le jugement que l'on doit porter du prince dont
nous venons de rapporter l'histoire. Les uns

l'ont loué et admiré avec une espèce d'extase, comme le modèle d'un héros parfait, et c'est l'opinion qui paraît avoir prévalu ; d'autres, au contraire, l'ont représenté sous des couleurs qui ternissent beaucoup, si elles n'effacent pas l'éclat de ses victoires. Cette diversité de sentimens vient sans doute de celle des qualités d'Alexandre ; et il faut avouer que jamais prince ne fut plus mêlé que lui de bien et de mal, de vertus et de vices (1).

On doit d'abord reconnaître dans Alexandre un naturel heureux, cultivé et perfectionné par une excellente éducation. Il avait de la grandeur d'ame, de la noblesse, de la générosité. Il aimait à donner, à répandre et à faire plaisir. Accoutumé de bonne heure à une vie sobre, dure, simple, éloigné de tout luxe et de toute délicatesse, ce qui est un excellent apprentissage pour le métier de la guerre et pour toutes sortes de professions, il devint le guerrier le plus accompli de son temps. Je ne sais si jamais prince eut l'esprit plus cultivé qu'Alexandre. Eloquence, poésie, belles-lettres, arts de toutes sortes, sciences les plus abstraites et les plus sublimes, tout lui devint familier. Sage, modéré, grand et élevé dans ses vues ; également capable de former de grands projets et de les exécuter. Présence d'esprit, fermeté d'ame, courage, intrépidité, et, plus que cela encore, une prudence consommée. Qualités qui font le vrai caractère d'un héros, caractère qu'il soutint merveilleusement, et dans ses expédi-

Plut. in Alex<br>p. 687.

(1) Malis bonisque mixtus. *Tacit.*

tions dans la Grèce, et dans la guerre contre Darius, jusqu'après le siége de Tyr.

Mais ce qui met Alexandre au-dessus de presque tous les conquérans, et, on peut le dire sans exagération, au-dessus de lui-même, c'est l'usage qu'il fit de la victoire après la bataille d'Issus ; c'est ici le bel endroit d'Alexandre. Cette victoire l'avait rendu maître de l'empire des Perses ; il avait entre les mains, outre Sysigambis, mère de Darius, sa femme et ses filles, princesses d'une beauté qui n'avait rien de pareil dans toute l'Asie. Alexandre était jeune et vainqueur. Cependant son camp devint pour les princesses un asile sacré, ou plutôt un temple où la pudeur fut mise en sûreté, comme sous la garde de la vertu même. Que manque-t-il donc à la gloire d'Alexandre, pour en faire le prince le plus grand, le plus glorieux et le plus respectable qui ait jamais paru sur la terre ? Le voici :

Alexandre n'avait point un goût épuré sur la vraie gloire. Il ignorait que la réputation d'un prince qui sait dompter son ambition et y donner un frein, est au-dessus de la gloire qui revient des conquêtes les plus brillantes. Alexandre ne connaissait pas une telle philosophie. Aller toujours en avant, se soumettre tous les jours de nouveaux peuples, porter la terreur partout, désoler et ruiner les pays et les villes qui refusaient son joug ; telle est l'idée qu'il s'était formée de la gloire, et qu'il n'a cessé de suivre dans tous ses projets et dans toutes ses expéditions. Et c'est précisément ce qui lui a fermé le sanctuaire de la véritable gloire, et en a fait, d'un grand roi, un brigand, un voleur, un cruel ravageur de provinces, un infâme meurtrier de ses amis et de ses meilleurs officiers. C'est ce que lui dit fort sensément l'ambassadeur des Scythes, parlant à lui-même : *Tu te vantes de venir exterminer les voleurs : tu es toi-même le plus grand voleur de la terre.* Voilà la juste définition d'Alexandre, de laquelle il n'y a rien à rabattre.

Un pirate lui parla dans le même sens, et encore avec plus d'énergie. Alexandre lui demandait quel droit il croyait avoir d'infester les mers : *Le même que toi*, lui répondit-il avec une fière liberté, *d'infester l'univers ; mais, parce que je le fais avec un petit bâtiment, on m'appelle brigand ; et parce que tu le fais avec une grande flotte, on te donne le nom de conquérant* (1). Cette réponse était pleine d'esprit et de vérité. Eh ! comment appeler, en effet, cette folle et injuste ambition, qui lui faisait tout ruiner, tout envahir, entasser royaume sur royaume ? Quel titre avait-il contre une infinité de peuples, à qui le nom même de la Grèce était inconnu, et qui ne lui avaient jamais fait aucune insulte ? A-t-on donc tant de tort de comparer ce prétendu héros, qui ne s'est rendu illustre que par le malheur des peuples, à un incendie et à un déluge, qui ravagent et détruisent tout, ou à des bêtes féroces qui ne vivent que de sang et de carnage ?

(1) Sed quia id ego exiguo navigio facio, latro vocor; quia tu magnâ classe, imperator. *Senec.*

On ne voit point dans ce prince les premières, les principales et les plus excellentes qualités d'un grand roi, qui sont d'être le père, le tuteur, le pasteur de son peuple; de le gouverner par de bonnes lois, de le rendre florissant par le commerce de terre et de mer, et par le progrès des arts; d'y faire régner la paix, l'abondance et la justice, et d'en bannir l'injustice, l'oppression, et tout ce qui pourrait troubler l'harmonie d'un État sagement gouverné; en un mot, de se regarder comme l'homme de son peuple chargé de pourvoir à tous ses besoins, et de lui procurer toutes les douceurs de la vie. Alexandre n'a rien eu de tout cela; ce qui est pourtant le capital, le solide et le principal d'un grand roi. Il se piquait fort de marcher sur les traces d'Hercule. Je n'y vois d'autre ressemblance que dans la qualité d'aventurier, qui était commune à tous les deux, avec cette différence qu'Hercule faisait du bien partout où il passait, et qu'Alexandre portait la désolation partout.

Les actions de ce prince, il faut l'avouer, ont un brillant qui éblouit, et qui étonne l'imagination avide du grand et du merveilleux. Mais faut-il se laisser éblouir par un dehors fastueux et éclatant, et se livrer aveuglément aux préjugés et aux préventions? Alexandre avait de grandes qualités, on ne peut le nier; mais qu'on mette dans l'autre plat de la balance ses défauts et ses vices, une estime présomptueuse de lui-même, un mépris dédaigneux des autres et même de son père, jusqu'à le méconnaître pour tel

une soif ardente de la flatterie et de la louan-
ge, la folle pensée de se croire fils de Jupiter, de se faire attribuer la Divinité, d'exiger
d'un peuple libre et vainqueur, des hommages serviles et de honteux prosternemens ;
l'excès indigne des débauches et du vin, vice
dont le nom seul fait horreur et ne peut se
souffrir ; une colère violente et qui va jusqu'à
une brutale férocité ; le supplice injuste et
cruel de ses plus braves et plus fidèles officiers, le meurtre de ses meilleurs amis au
milieu de la joie du festin. Croit-on, dit Tite-
Live, que tous ces défauts ne fassent point de
tort à la réputation d'un conquérant ? Mais
l'ambition effrénée d'Alexandre, qui ne con-
naît ni règle ni mesure ; l'audace téméraire
avec laquelle il affronte les dangers sans raison et sans nécessité ; la faiblesse et le peu de
mérite guerrier des peuples qu'il a eu à combattre : tout cela n'affaiblit-il point les raisons qu'on croit avoir de lui donner le surnom
de grand et la qualité de héros ? J'en laisse le
jugement à la sagesse et à l'équité du lecteur.
Pour moi, je suis persuadé que si on le rap-
prochait de Cyrus, de Miltiade, de Cimon,
d'Epaminondas, d'Annibal, de Fabius et des
Scipions, Alexandre, avec tous ses titres de
grandeur et toutes ses conquêtes, paraîtrait
bien médiocre, même pour le mérite guerrier, auprès de ces hommes véritablement
grands et dignes de toute leur réputation.


FIN DU TROISIÈME VOLUME.

# TABLE

# DU TROISIÈME VOLUME.

## LIVRE ONZIÈME.

SUITE DE L'HISTOIRE DES GRECS ET DES PERSES,
PENDANT LES QUINZE PREMIÈRES ANNÉES DU
RÈGNE D'ARTAXERXE MNÉMON.



## LIVRE DOUZIÈME.

## LIVRE TREIZIÈME.

### OCHUS MONTE SUR LE TRONE DE PERSE. SES CRUAUTÉS.



## LIVRE QUATORZIÈME.

### HISTOIRE DE PHILIPPE, ROI DE MACÉDOINE.

## LIVRE QUINZIEME.

### HISTOIRE D'ALEXANDRE.

FIN DE LA TABLE DU TROISIÈME VOLUME.

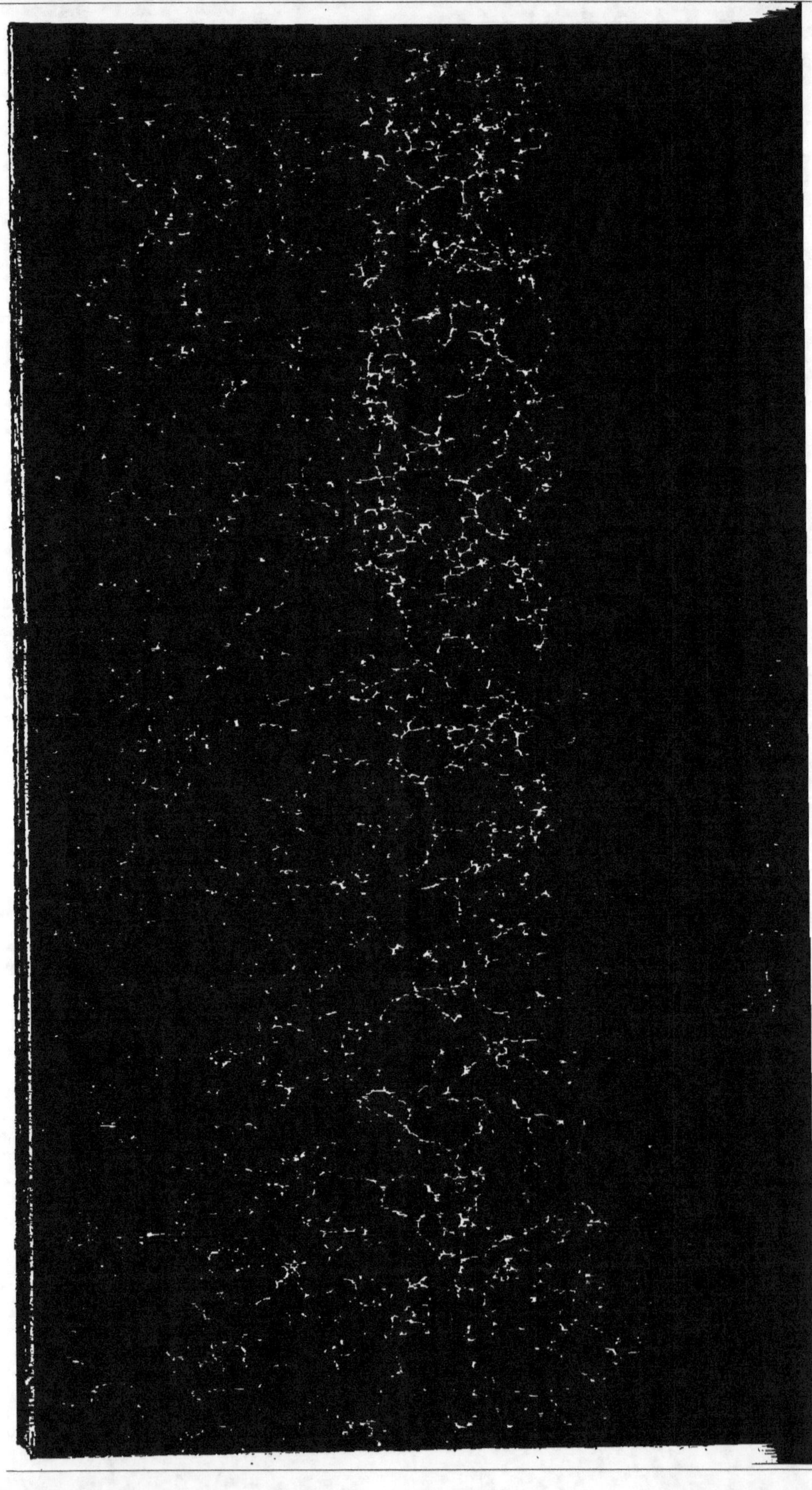

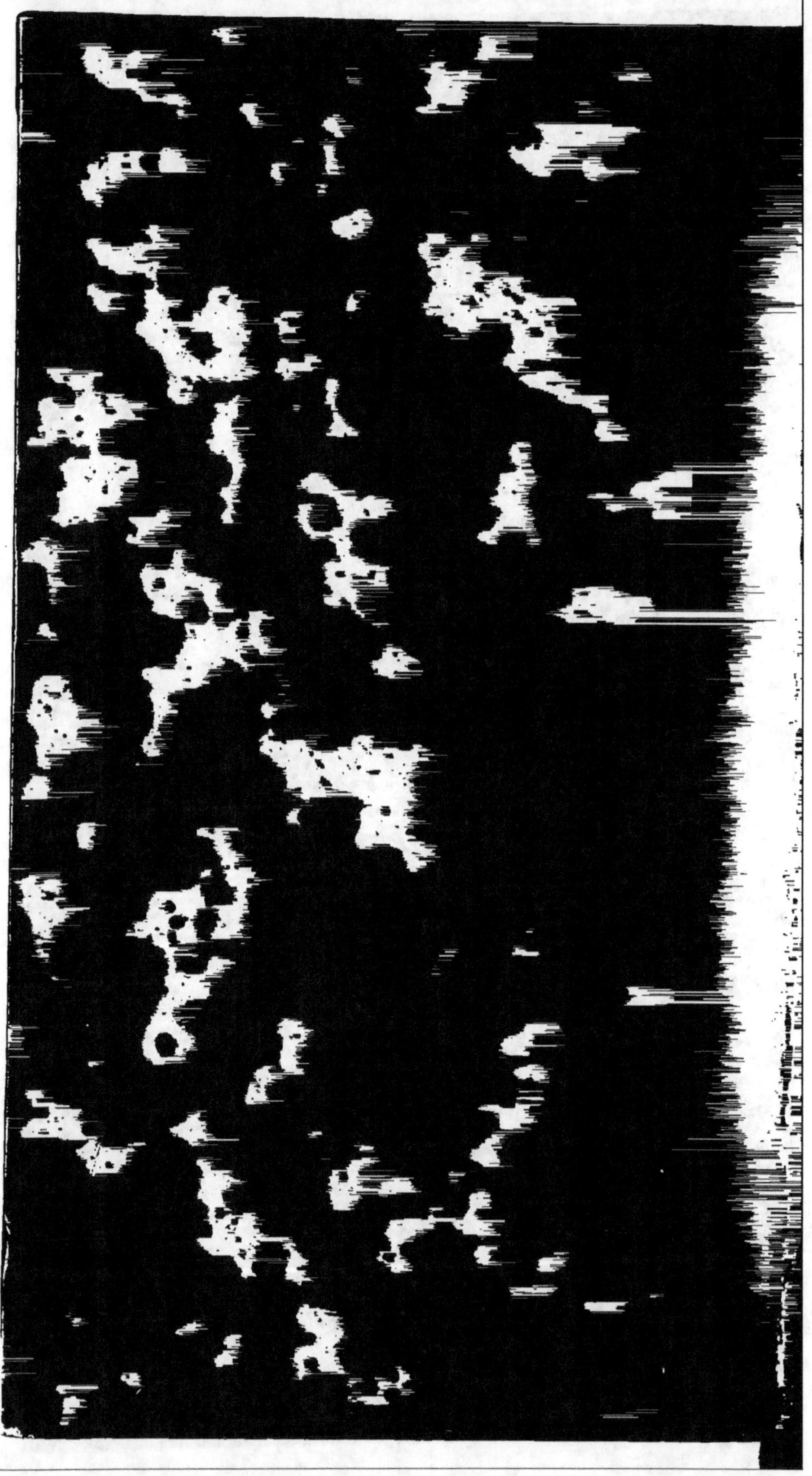